# 중대재해법과
# 사업주

130만 사업주, 미래 사업주, 간부들에게

안전 품질 관리 및 사망사고를 예방을 통한

생산성 향상과 기업 성장의 비법을 제공한다

# 중대재해법과 사업주

김재준 지음

좋은땅

징기스칸이 세계 정복자가 되는 데는 가장 중요한 강인함을 배웠다.

어린 시절 불우하여 고난의 역경을 벗어나는 길은 누가 가르쳐 주지 않았고

글을 쓸 줄 모르기에 스스로 강한 인간이 되어야 했다.

적은 수의 늑대 무리는 많은 양들을 순식간에 도륙시켜

가장 맛있는 부위만 빼먹는 걸 보면서

늑대 소굴 속에서 양들을 지키고 살아남는 법을 스스로 배웠기에

자신이 가려는 길을 자손들이 앞장서

세계 최고의 넓은 영토를 가장 빠른 시간에 점령했다.


대한민국에서 가장 강한 중대재해법이

130만 사업주들을 상대로 사망 사고를 막으라고 했기에

기업과 임직원들이 앞장서서 안전 프로가 되어야 한다.

# 금융제국과 기업의 사업주

금융제국을 만든 인간들은 어떤 환경 속에서 성장하여 최고의 야심가들이 주시하고 덤벼드는데 그 속에서 어떻게 금융권을 지배할 수 있었을까.

영국과 프랑스가 주도한 워털루 전쟁에서, 돈이 많은 영국에 더 많이 투자함으로써 전쟁을 유리하게 만들어 내는 건 아무도 모르는 음지에서 이루어진다. 프랑스의 영웅 나폴레옹이 승리하게 되면 유럽을 지배하여 금융업으로 유럽을 장악하기 어렵기에 오 형제가 준비하여 관리하기 편한 영국에 승리를 만들어 나간다.

전쟁이 중반전에 진행하자 가상 결과를 가지고 하루 먼저 영국 땅에 도착한다. '이긴 전쟁의 승전보를 패한 것처럼 팔아라' 이 말은 부자들이 전쟁에 진 것으로 착각하게 만들어서 가진 재산을 헐값이 되기 전에 모두 다 앞다투어 팔아 버린다.

세 마디가 영국의 부자들을 거지로 내몰 정도로 유명 인사들의 입을 너무 쉽게 믿는 세상이 되면서 자신들이 거지가 되는 줄은 몰랐다. 세상을 지배하는 돈은 음지에서 만들어지고 양지에서 성장한다고 가르친다.

혼자서 하는 능력보다 오 형제가 협력할 때 힘은 몇 십 배로 강하고 성과도 몇 천 배의 만들어 내는 힘을 어릴 때부터 알려 준다. 형제가 반목하는 순간 힘은 깨지고 적이 된다는 걸 부모가 가르치면서 형제로서 지켜야 되는 의무를 대를 이어 서로 뭉칠 때 살아남는다는 중요한 기술을 알려 준 것이다.

날이 밝아오자 영국 전역에는 승리 소식이 전해진다. 주식과 채권은 똥값이 되기 전에 한 푼이라도 건지고 싶어 다 팔아 버린 뒤에 울려 퍼진 승리는 영국을 주도했던 부자들을 한숨과 통곡 소리뿐이었다. 형제들이 각 나라로 떠나서 전쟁을 통해 원하는 걸 얻는 것은 형제가 뭉칠 때 가능했다.

유럽 금융계를 로스차일드 가문이 지배하는 세상이 되었다. 한국도 어릴 때부터 형제들의 힘을 뭉치게 만들어 주고 자녀들도 강한 리더십을 기르게 만들어 주어야 다가올 험한 세상에서 살아남을 것이다.

보호막이 없어지는 사회가 다가온다. 아프리카 세렝게티와 같은 방어막이 없어지는 야수들의 세계가 펼쳐질 것이다. 인간은 사자와 하이에나 같은 고수들 세계에서 어떻게 살아남을 것인가. 우리가 가진 방어 무기는 회사에서 활용했던 지식 경험이 사자들에게 통할 것인가. 평생 사자 옆에서 살았던 강자들도 살아남을 보장이 없는데 누구도 알려 주지 않았고 알려고도 하지 않고 겪어 본 사람들이 없는 사회를 알려 주지 않았다.

누가 기업의 안전에 대해서 중대재해법을 피해 갈 비법을 알려 줄 수 있는가. 어설프게 알고 믿고 있다가 이 세상 가장 무서운 법인 중대재해법에 걸려들 것이다. 아마추어 식으로 알면 안 된다. 어설픈 아마추어 흉내 내다가 죽는다. 중대재해법을 이길 수 있는 안전의 프로가 될 때 세계적인 그룹으로 성장할 길이 열릴 것이다.

# 목차

머리말    006

## 제1장   중대재해법

**1. 조선업과 건설 공사**    017

1) 구포 열차 사고로 대기 발령    018

2) 가덕 신공항과 하이퍼루프(초고속 진공 열차) 기술과 동남 경제권    032

3) 싸움의 중재자    036

**2. 중대재해법 적용대상**    040

1) 중대재해법이 무서운 이유    040

2) 중대재해법 차등화 적용    045

3) 다가올 한반도 미래 위험    047

4) 명문가 가문 창조    051

**3. 기업 경영**    054

1) 사망 사고가 발생하면    054

2) 위험의 사각지대를 제거하는 활동    055

3) 사업주를 대신하여 관리자들이 해 줄 업무    060

4) 한국 금융 시장을 쥐락펴락한 론스타    061

5) 세계 최고 IQ 210을 한국이 보유    068

6) 과거 삼국지를 한국에서 재현시키면    070

**4. 기업의 변화**    076

1) 건설사별 매출과 사망, 산재 사고 비교    076

2) 사망 사고가 감소하지 못하는 근본적 원인    077

3) S 건설사 도급액 대비 사망 사고가 감소한 이유     080

4) 산업계 미래 전망     081

**5. 안전 프로**     083

1) 안전 시공 계획서 최초 발표(1994년)     084

2) 용접 불량률 개선(1994년)     087

## 제2장   관리적 사고가 많은 나라

**1. 붕괴 사고에 숨어 있는 위험**     093

1) 작은 위험도 2중으로 점검     095

**2. 콘크리트 여러 위험들**     096

1) 반복 공정은 고층으로 갈수록 느슨해진다     096

**3. 콘크리트 붕괴 사고의 고리를 끊는 방법**     098

1) 3인이 콘크리트 타설에 책임지는 시스템     098

2) 유망 사업 발굴     099

3) 위험을 보면서 방치     102

4) 병원에 들어가야 하는 환자의 심정     103

## 제3장   기업의 생존 방식

**1. 그룹 회장이 보는 미래**     110

1) 그룹 회장이 미국에서 자존심을 버리다     111

2) 그룹 총수     113

**2. 목표를 어떻게 설정하는지 생존이 달라진다**     115

1) 청태종의 긍정적인 리더십     118

## 제4장　2개 관계사 공정 안전 경험

1. 조선소의 불황과 호황                                    125
   1) 70년대 조선소 가동                              125
   2) 조선소 어려움                                    131
   3) 80년대 일본의 기술력                            132

2. 삼성건설 17년                                          136

3. 위기와 운이 함께 오는 환경                              138
   1) 운이 오는 길                                    139
   2) 주거는 어떻게 변화할 것인가                      141
   3) 구 상가 건물 오피스텔과 사무실                   144
   4) 사고가 줄지 않은 여러 여건들                     147
   5) 사망 사고 근절 대책                             148


## 제5장　대기업과 중소기업 안전 관리

1. 열악한 작업장                                          150
   1) 일당제 근로 작업을 경험                         150
   2) 안전한 사업장                                   152

2. 국제그룹 몰락                                          155
   1) 한국의 기업 현황                                155
   2) 중국 황제들이 보여준 2세들 보호방식              158
   3) 일본 경제를 소생시키려고                        168

## 제6장   사업장에서 추진해 볼 기법

**1. 안전벨트 훅크 2개 착용**    173
  1) 공장 마감 후 인계 방식    174

**2. 많이 발생하는 사고**    176
  1) 제조업 사고 유형    176

**3. 부산 신항만 부두 1단계**    182
  1) 신항만 세부 공정    182

**4. 중요한 무재해 활동**    187
  1) 근로자 관리자 모두 안전 감시자    187
  2) 무재해는 이런 각오로 시작해야 할 것이다    189
  3) 중대재해법에서 빨리 벗어나야 한다    193
  4) 선박 폭보다 넓은 크레인 폭    194
  5) 중국인들에게 다가올 미래    197
  6) 미국의 힘    201
  7) 품질의 명품제를 만들다    204
  8) 고령자들의 경륜을 백두산에    206
  9) 기업도 매출 10배 성장에 도전    212
  10) 부서장들이 점검 후 지적하고 개선하는 제도    214

## 제7장   중대재해법에서 사업주 근로자 보호

**1. 공무원들 연봉제 선택**    219
  1) 사망 사고 예방은 가능한가    220
  2) 삼성자동차공장 건설에서 겪은 애환    222
  3) 실타래를 풀기 어려운 사고들    226

**2. 대형 사건 사고들**                                              230

   1) 물(바다, 강)에서 일어난 사고                              230

   2) 육지에서 일어난 사건 사고                                 235

   3) 3대 발명품                                             242

**3. 법 앞에 서야할 사업주를 보호할 자료들**                          244

   1) 안전 시공 계획서 발표 후 사업주 결제와 두 가지 의미      244

   2) 사망 사고 발생 시 절차                                 246

   3) 사망자의 유족과 합의할 때 중요한 확인                    246

   4) 책임자들 반성의 시간                                   251

**4. 기업 로비에 사망 사고 제로 추진판 배치**                         253

   1) 무재해 달성장을 세계 문화유산에 신청                     254

   2) S건설을 벤치마킹하여 무재해 시작                        256

   3) 사망 사고를 감소시키지 못하는 환경                      257

## 제8장 미래를 창조할 새로운 경영층

**1. 위기에 왜 약한가**                                              262

**2. 여론에 왜 끌려가는가**                                          266

**3. 참다운 주인상**                                                269

# 제1장

# 중대재해법

1994. BS7750 환경인증

울산 삼성석유화학 3차 증설 공사

화학단지 "배관 파이프" "탱크" 용접 불량률 최초 개선(1994년)

안전 시공 계획서 최초 발표 후 시공

삼성에 입사하여 열정과 패기를 키우면서 연봉제로 매일매일 경쟁의 시대를 만들면서 근무하는 직원들은 다른 기업들과 다른 생각으로 성장해 나갈 것이다. 구조조정이라는 더 큰 바위를 매일매일 깨면서 더 나은 미래를 위해 나가야 할 것이다. 내가 사랑했던 삼성 가족의 행복을 주었던 회사를 떠나서 보호막도 없고 적응력도 갖추지 못한 상태에 회사에서 활용했던 지식과 경험만 가지고 사회로 나왔다. 아프리카 세렝케티와 같은 야수들의 세계가 펼쳐지는 속으로 들어가야 한다. 사자 옆에 생존하던 하이에나도 살아남기 어려운 환경을 누구도 알려 주지 않은 사회에서 imf 금융위기와 같은 어떤 위기가 다가올지 모르는 미래에 성공한다는 의욕만 가지고 기나긴 터널 속으로 가족을 데리고 가야 한다.

삼성건설과 삼성중공업에서 27년 안전과 시공으로 근무하면서 남들이 모르는 대기발령까지 당하면서 알게 된 것은 건설업과 조선업에서 위험은 항상 있다가 기회를 보고 도발한다는 것이다. 생산공정을 달성하려고 활동할 때 위험도 같이 성장하거나 위험이 숨어 있다가 빈틈을 보고 무방비 상태의 인간에게 예상하지 못한 인적·물적 사고로 사망에 이르게 하고 기업을 무너지게 하지만 예방 기술이 없어서 무너지는 건 아니다. 이 말은 누구나 알고 있지만 사고를 누가 당해야 하고 누가 처리해야 하는가. 대한민국은 산업 단지와 국토 개발이 동시에 건설되면서 육지 바다 하늘에서 고속 도로와 지하철 공항의 시대를 유럽은 수백 년 걸려서 안전하게 만들지만 한국은 몇 십 년에 완성시킨다. 참여자들에게 피해를 줄 위험은 생각하지 않았기에 그 속으로 사망 사고의 위험은 잠수해 버렸고 언제든지 돌출하여 가장 약한 체력을 소유한 근로자들에게 위해를 가해왔으며 앞으로도 가할 것이다.

1863년 세계 최초로 지하철이 영국에서 개통되고 111년 후 1974년 8월 대한민국도 지하철 시대를 열 만큼 시간은 뒤져도 기술은 그들을 넘게 된다. 건설업이 국가 성장기인 70년도 삼성종합건설이 설립되어 거제 조선소 등 큰 공사들을 초기부터 활발하게 진행하면서 실력을 키워 나갔다. 제조업은 같은 공정이 수십 년간 같은 장소에서 같은 사람들로 이어 가기에 기술 전수가 이루어지고 대응력도 빠르기에 안전사고를 쉽게 제거해 나갔다.

건설업은 땅속에 무엇이 있는지 모르고 무에서 유를 창조하는 프로젝트가 시작되면 생소한 사람들이 참여하여 악조건의 공정으로 새로운 업무를 최선을 다해서 완공시켜 발주처에 인계하고 모두 떠나간다. 시간이 지나면서 회사를 떠나가기도 하고 기술의 맥이 끊기기도 할 것이다. 새로운 프로젝트는 새로운 직원들이 다시 시작하면서 남은 건 과거의 성과이며 새로운 변화를 대응하려면 모든 부분이 새롭기에 경력이 짧다면 위기도 겪을 것이고 위기를 만들기도 하고 대응력이 약해질지도 모른다. 과거의 이미지를 팔아 먹으면서 쉬운 데 얹혀서 안전과 품질 공정 기술 개발이 약해져도 과거 영광이 약한 부분을 기업이 감싸 주는 걸 외부는 모른다. 이런 약한 부분을 알고서 보강할 수 있다면 유럽과 미국 프랑스처럼 1.5~2배 이상 높은 금액으로 수주 전선에 뛰어들어 콘크리트가 단단한 수백 년 수명의 건축물을 만들어 낼 것이다.

산업안전보건법이 1981년 시행된 지 44년 동안 매일매일 6만 개 건설회사 40만 개 제조업과 83만 7천 개 중소기업에서 생산하는 창조물 속에는 너무 광범위한 종류의 산업 재해 위험들이 잠재하고 있기에 사업주와 임직원들과 현장의 근로자들 사이의 위험 간격을 어떻게 좁혀 사고를 막는 게 안전과 품질 기술이다. 누구에게 다가올지 모를 사망 사고가 발생하면 누구는 고통 속에 인생을 하직하고 누구는 가혹한 법의 심판을 받아 세상과 격리된 속에서 견디어야 하고 누구는 유예 시간 속에 가슴 졸이면서 살아야 할 것이다. 그런 악순환이 반복될 것이고 가혹한 중대재해법이 코로나 바이러스 경기 침체에 관계없이 덤볐다. 사망 사고가 발생하고 책임을 묻지 않은 무과실책임주의(손해가 발생하더라도 고의나 과실의 유무가 불확실하더라도 배상의 책임을 진다)가 수십 년간 흐르면서 산업안전보건법과 대치 상태로 죄를 묻지 않았기에 산업계 관리들은 사망 사고 합의 과정에 유가족에게 멱살을 잡히고 얻어맞으면서 합의가 끝나고 장례가 치러진 후 기업에 재발 방지 대책을 세우면서 근무하는 게 용서였다. 그사이 대한민국 정부와 기업과 근로자들은 어떤 변화를 겪었을까. 누구도 모르는 사망 사고의 원인을 파헤쳐 보고 대책을 끄집어내려고 누가 앞서서 시도해 봤을까.

## ■ 인간 존중에서 사망 사고

인간 존중을 내걸었던 특별한 기업들은 사망 사고가 발생하면 합의 과정에 투입되는 공사 중단으로 손실금 등이 허비되는 걸 알고서 사고 근절 정책으로 사망 사고 발생 사업장 책임자에게 징계를 내린다. 안전시설에 투자를 하고 사고 예방 측면으로 공법을 개선하고 수십 년간 사망 사고를 예방하겠다고 매진했던 기업들은 시간이 흐르면서 서서히 효과가 나타나면서 다른 기업들보다 사고를 획기적으로 감소시키고 있었다. 긴 과정을 참고 견딘 것은 사업주의 안전 의지가 확실한 것은 매년 사업장을 자주 순찰하면서 열악한 환경에서 작업하는 근로자들을 보면서 회사를 도우러 왔다는 생각이 앞서기에 잘해 주어야겠다고 다짐한다. 임직원들을 독려하면서 그들이 앞장서서 무재해 활동을 적극적으로 추진한 결과는 사망 사고의 맥을 끊는 기술을 알아 나간다.

## ■ 사고는 운으로 인식

한쪽에서는 안전에 투자하는 인건비와 시설비 돈은 허실이라고 인식했고 '사고는 운이다.'라는 생각이 한편으로 존재하면서 안전 쪽으로 투자를 적게 하는 게 돈 번다는 무과실책임주의 사상이 산업계 속에 같이 공존해 왔기에 사망 사고를 줄이지 못하고 있었다.

# 1. 조선업과 건설 공사

## ■ 조선산업

조선소는 선박을 건조하는 데 만 몇 천 명의 원청사 하청업체 임직원들이 참여하여 거대한 크레인들이 수십 수백 톤 블록을 인양하여 뒤집기도 하고 같이 고공에 달고서 이동시키는 인 입식 크레인 설치 기술과 운전 기술 관리 기술은 노사 분규가 한창이던 그 당시 환경에서 중요 하고 위험한 장비 관리에 집중했는지 모른다.

## ■ 건설업

서산 시내에서 30키로 떨어진 어촌에 90만 평을 매립하고 NCC 유틸리티 공정에 3000명이 참여한 건설 공사에 안전 관리로 처음 참여했다. 울타리 너머에서 기술의 현대가 같은 도로를 같이 출퇴근하면서 누가 먼저 생산된 제품을 탱크로리에 싣고서 서산 시내로 통과하는가를 아 래 직원들의 입씨름이 되었다. 똑 같은 규모의 초대형 건설공사이기에 누가 알려주지 않아도 서로의 마음속에 먼저 완공시키려고 열심히 경쟁했다. 양사는 바다를 매립하면서 경쟁의 시대 에 리더하던 유능한 전무님이 총대를 잡고 추진력이 강한 상무님과 임원들 외부에서 차출되어 참여한 간부들 그 당시 현대는 "해 봤어." 하던 고수의 패를 자랑했다. 출퇴근 도로를 같이 사 용하고 울타리 담을 사이에 두고 80년대 말 삼성건설과 현대건설이 한판 붙은 경쟁의 시대를 열 만큼 중요한 삼성종합화학 건설이었다.

## ■ 사고가 발생하는 여러 요인들

- 근로자의 안전 미숙과 이것쯤이야 하는 무방비 작업과 설마 나에게 닥치겠어 하는 무관심 생각.

- 감리의 무관심과 업무 회피.
- 관리자의 관리 미숙과 대충 넘기는 무관심.

27년 안전 관리로 3가지가 주요 사고 원인으로 인식하면서 개인에게 문제가 닥치는데 방심하다가 개인이 감당할 수 없는 기업의 이슈를 만들면서 기술 문제까지 겹쳐 기업에 위기를 만들거나 무능한 기업으로 전락시킨다.


## 1) 구포 열차 사고로 대기 발령

Natm 공법은 북구 낙동강을 따라서 진행하고 Sheld 기계로 추진하던 공법은 사상구 모라 변전소에서 출발하던 공정으로 하늘을 볼 수 없는 지하 50m 터널 속에서 안전 관리를 하다가 구포 열차 사고가 발생했다. '몇 시에 집으로 돌아오겠다'고 하며 떠났던 사랑하는 가족이 아무런 이야기도 없이 영영 집으로 돌아가지 못한 78명의 사연은 평생 가슴 아플 것이다.

사고 발생 후 철길 아래서 31m 넘는 거리에서 발파했기에 회사는 발생 원인을 찾지 못해 해명하는 데 급급했고 뼈아픈 자성의 계기가 되었다. 건설업의 특성상 사고 방지를 위한 노력과 위기 상황에 대처하는 능력이 필요했고 주례 구치소에 불려 가서 검사로부터 조사도 받으면서, 내가 만든 실적들을 다 빼앗기고, 내가 근무하던 부서에서 이름 석 자가 없어지는 대기 발령을 당했다. 먹고 잠자고 근무할 곳을 빼앗기는 고통과 시련의 시간은 빨리 흘러가지 않았다. 근무하고 싶어도 받아 주는 데가 없는 이유는 사고 현장에 근무하여 자신들 작업장에 가면 부정 탄다고 아무데도 불러 주지 않았다. 그들이 불러줄 만한 실력도 없었던 평범한 직원이었기에 건설과 조선소의 업무들을 소여물처럼 되씹어 볼 수 있었다.

잠 못 드는 밤들을 겪으면서 아침에 일어나니 머리 뒤 500원 동전 크기 세군데 머리카락이 흘러내려 내가 만져도 젤리처럼 미끌거려 징그럽다는 감촉은 감추기 바빴다. 잠이 오지 않는 밤마다 60도의 고량주를 마셔야 잠들 수 있었던 그때의 괴로움을 통해 본인이 실력이 없으면 아무도 불러 주지 않는다는 걸 알았다. 사고를 겪으면서 토목 건축 기계 설비 전체 공정을 모르고 안전 관리를 한다는 게 얼마나 무능한 일인지 그런 지식으로 근로자 생명을 구한다는 건 어려운 자신을 능력의 한계를 스스로 알게 되었다.

안전의 프로는 주변 공정을 시공부서보다 더욱 많이 알아야 사고를 막으려고 공정 속으로 들어가서 같이 녹아 버릴 때 그 분야 전문 지식을 찾아낼 것이다. 조선소 크레인 설치 장비 안전관리 건설에서 화학플랜트 공정을 되새겨 보았다. 삼성에서 내 자리가 보전되려면 '저놈은 뭔가 되는 것 같다 자기들에게 이익이 될 것이기에 불러 주자.' 할 정도의 남들보다 앞선 실력이 필요한 걸 퇴직할 때까지 잊지 않았다. 실력은 일류회사 근무한다고 세월이 흐른다고 그냥 만들어지는 게 아닌 걸 그때 알면서 벗어나는 길은 대기발령이 준 고통을 자기분야 최고의 지식과 모든 공정을 더 많이 더 깊이 스스로 만들어야 삼성에서 생존할 수 있을 것이다.

혼자서 겪어야 했던 가슴 아픈 고통과 시련은 정년퇴직 때까지 잊을 수 없었고 잊지 않고 중요한 공사와 안전 위기 때마다 대응력을 찾으면서 생각하면서 넘겼다. 누군가 그런 고통을 당했을 때에 벗어나려면 실력과 실적이 창의성이 스스로에게 강한 질책이 될 때 건설공사 중에 다음 진행될 프로젝트에 가는 시간이 정해질 수 있을 것이다. 그사이 가기 전까지 안전사고를 근절시켜 주려고 더욱 노력하고 안전을 정착시켜 주면서 공사에 공정을 크게 개선시켜 주면서 다음 프로젝트에 가게 된다. 삼성에서 경기가 좋을 때나 불황이 닥쳐도 IMF 환란에도 금융위기에도 수백 명이 구조조정될 때도 안 잘리고 살아남을 수 있다면 어떤 기업에서도 생존할 만큼 실력과 정신력은 강할 것이다.

## ■ 삼성은 대충 근무한다고 월급 주지 않는 냉정한 기업이다

개인들의 실적과 실력이 자신의 책상을 보전할 것이다. 항상 긴장하고 동료와 웃으면서 경쟁하고 주어진 목표를 쟁취하기 위해 노력할 때 기업에 성과를 안겨 주면서 자신의 자리가 보존되는 것이다. IMF 때 수백만 명이 길거리로 나갈 때도 월급이 안 나올까를 걱정하지 않았던 개인들 매년 급료가 일정하게 오르기에 경쟁을 걱정하지 않아도 되는 호봉제에서 실적으로 결정하는 연봉제가 처음 두렵기도 할 것이다. 대한민국 산업계가 호봉제로 근무하다가 IMF가 오자 위기를 알게 된 기업들이 연봉제로 근무하면서 호봉제가 상상할 수 없는 실적만이 책상이 보전되는 매일 긴장하고 매일 성과에 매달리면서 작업장에서 누구도 다쳐서는 안된다는걸 새기면서 근무할 것이다. 공사를 개선 시켜주는 연봉제 자체가 경쟁을 유도하는 그 속에서 경쟁의 시대를 당연하게 여기고 성과를 만들면서 근무할 것이다. 인생의 중요한 위기를 당하면 벗어나려고 발버둥 칠 때 벗어날 길도 있을 것이다.

과거 자신이 큰 위기를 당하면 벗어날 방법을 찾게 되고 어려움에 처해 색다른 경험을 해 보면 고통을 다시 겪지 않으려고 노력할 것이다.

### ■ 경험 없이 덤빈 창업

2008년 1월 내 인생을 다 바쳤던 삼성에서 27년 정년퇴직을 하고 평생 젊은 줄 알고서 회사라는 울타리를 벗어나 생존 경쟁의 사회로 나간다. 오다가다 본 사회는 너무 화려하게 보여 빨리 창업을 하고 돈을 벌고 싶었던 시간도 있었다.

빨리 내 사업을 펼치고 싶었던 창업은 회사에서 안전을 공정 단계에 넣어서 원가를 절감하고 공법을 개선시켜 공정과 시공부서에 도움 주는 걸 겪어 보고 도움 받았던 부서장들이 성공할 것이라고 부러워했던 생산성 향상과 재해 예방을 2008년 2월에 창업하여 기업에 기술을 제공해 줄 수 있었다. 회사에서 대형 건설현장에서 보고 겪은 시공 업무와 안전 업무 경력에 1군 건설사들의 업무를 주입시켜 본인의 인생판을 바꾼다는 심정으로 사회에서 생산성 향상과 재해 예방 컨설팅 창업을 했다. 기업에서 습득한 도전 정신 창의력을 활용하여 살고 싶어서 몸부림치면서 남은 건 세상에서 배고픈 것보다 더한 고통은 없다는 것과 남들이 어려울 때 도움 준 것이 없기에 내 곁을 떠나가게 만들었던 많은 가까운 사람들 아쉬움은 내가 가난하면 누구도 밥 한 끼 사 주는 이가 없다는 걸 직접 겪었다. 배고파도 보험가입해 주라는 이야기를 자존심에 형제들에게 보험업무만 한다고 되돌아서기를 반복했다.

실패는 성공의 어머니라는 말은 배부른 놈들이 씨부리는 헛말이며 실패하면 노숙자로 떨어진다는 세상이다. 학맥 인맥이 없으면 불러 주는 데가 없는데 어떻게 활용해 볼 것인가. 부인이 다니던 교회서 도움을 받았던 고마움은 평생 잊을 수 없었고 자식들이 생활 전선으로 뛰어들면서 살아날 수 있었다. 본인이 일어서고 싶어도 한번 무너진 나약함과 버리지 못한 자존심이 인생을 어떻게 멍들게 하는지 알아 가는 때도 올 것이다.

평생을 바쳐 만들고자 했던 노후를 보장하려고 야심차게 펼친 창업도 기업들이 한 푼이라도 아껴서 살아남으려던 그때 견디지 못하고 무너졌고 살아남고 싶어도 뿌리가 없어 생존의 방식을 경험하지 못해 가진 자금도 없어서 쉽게 무너졌다. 남는 건 나약해진 정신력은 회사 생활을 다시 한다면 전혀 다른 회사 생활이 될 것이라고 환상에 젖어 보지만 기업마다 구조조정하던 그 당시 불러 주는 데도 없었고 혼자서는 생각대로 되지 않는 게 인생이다.

안전관리 경험과 사회에서 비참한 경험들은 중대재해법에서 사업주를 보호해 줄 수 있는 회사에서 전혀 다른 경험할 수 없는 사회의 오묘함에 삼성의 경륜을 믹싱시켜 전혀 다르게 만들어서 보여 주고 싶었지만 기회는 없었다.

사업주는 중대재해법에 안전하도록 기업이 성장하도록. 임직원들이 회사에 살아남으려면 무얼 할 것인지를 찾을 길도 잇을 것이다.

### 가. 조선과 건설에서 경험했던 보약들

- 조선소 인입식 크레인 설치 기술과 운전관리 기술 안전관리 업무.
- 90만 평 종합화학공장 건설에 안전관리로 참여 한화그룹에 매각됨.
- 구포(Sheld공법) 북부산(Natm공법) 전력구 공사에 안전관리 근무 중 구포 열차사고가 발생하여 대기발령.
- 대한민국 산업 단지들이 20년간 못 찾은 배관 파이프, 탱크용접 중 용접 불량 원인을 찾아서 개선시켰으며 울산 삼성석유화학에서 BS7750 환경인증을 준비하여 인증획득과 ISO 9001 품질경영 시스템 인증 지원 업무
- 대표님이 상주했던 50만 평 면적에 4500명이 출역하고 매일매일 1700명이 2m 이상 고소 지역으로 올라가서 추락 위험을 제거하면서 삼성자동차공장 건설에 참여.
- 당진 화력 3, 4호기 발전소에서는 안전벨트 양쪽에 훅크 2개씩 착용하고 이동 중에 1개는 항상 걸려 있게 TOP DOWN 공법을 사용
- 18년간 원자력 4기를 건설한 기량이 우수한 건설사가 주도하던 울진 원자력 발전소 5, 6호기에 처음 참여하여 힘든 안전 관리를 몇 개월 지나서 그들을 따라잡으면서 새로운 안전관리 시스템을 선보였다.
- 10개 공동 도급으로 참여한 리딩사로서 부산 신항만 60만 평에서 1000명의 근로자들과

260대의 크고 작은 장비들이 투입되어 3년간 앞이 보이지 않고 잠수사에게 가해지는 압력의 바닷속에서. 파도치는 3.2km 부두를 만들어 나가는 해상에서. 60만 평을 매립하여 27개 동의 크고 작은 건축물을 건축하여 3년간 무재해를 달성하여 노동부 장관상을 수상하고 삼성건설에서 정년퇴직할 수 있었다.

- 사회에서 생산성향상과 재해예방 컨설팅 사업은 2008년 미국의 리먼사태로 야심차게 준비했던 컨설팅 창업의 문을 닫았고 세상의 무서움을 인간의 나약함을 보면서 살고 싶어 발버둥 쳤던 시간도 겪었다.

## ■ 탄생과 컴컴한 새벽의 죽음

인간이 이 세상에 혼자 태어나서 처음 우주 속의 귀중한 공기를 마시고 숨 쉬면서 바라본 세상은 신비함을 참지 못해 바로 응애 큰 소리로 태어났다고 천하에 큰 소리로 신고한다.

태어나는 순간 세상을 움켜잡으려고 하늘을 향해 빈 주먹을 불끈 쥐고 중원의 군주가 별거냐고 외치면서 각자의 운명을 개척하면서 미래를 위해 열심히 숨을 쉬면서 일어서다가 엉덩이를 땅바닥에 부딪히고 다시 일어서기를 반복하다가 누가 가르쳐 주지 않는데도 어느 날 두 발로 서면서 바라본 세상은 꿋꿋하게 걸어가라고 끈기와 도전정신을 알려 주었고 스스로 배우면서 힘든 세상을 혼자서 헤쳐 나갈 것이다.

기나긴 세월에 애꿎은 환경변화와 이놈 저놈 이년 저년 하면서 부딪히면서 아웅다웅하면서 심성도 변하고 거칠은 인생살이로 살아갈 것이다.

성공했던 실패했던 자신의 살아온 발자취를 홀로그램으로 남기고 평생 움켜쥔 걸 다 놓아 버릴 때가 올 것이다.

평생 모은 건 한 톨도 가져갈 수 없는 게 이승에서 모두 두고 자란 머리카락은 단정히 빗은 후 입은 옷과 의사가 주는 마지막 사망 증명서를 쥐고서 기나긴 인연의 끈도 잘라 버리고 사랑했던 가족 주변의 인연을 모두 남겨두고 혼자서 다시 못 올 머나먼 길을 떠나가는 인생 얼마나 아쉬울까.

요양병원 경비 서면서 껌껌한 새벽에 죽은 시신들이 장례식장으로 가면서 운구차가 달릴 때 떨어지지 못하도록 시신을 카트에 눕히고 노끈으로 꽁꽁 묶어서 장례식장으로 떠나가기 전 병원 입구 출입문을 열어 주면서 마지막을 배웅할 때 아쉬운 생각들이 막 스쳐 갔다.

인간은 언젠가는 사랑하는 동반자를 이 세상에 홀로 남겨 두고 하느님 곁으로 부처님 곁으로 혼자가 되어 떠나간다는 사실이다.

사람들은 이 세상을 하직한다고만 모두 말했지 죽어서 어떻게 떠나가는지 말을 못 했지만 하직할 때도 힘들고 어려운 절차를 남겨 두고 떠나간다.

한국의 사망 사례를 기준으로 장례문화가 정착되었다가 코로나 때는 화장장 잡기가 어려웠기에 인구가 없는 지방에 장례식장을 크게 지어 돌아가는 시간을 편안하게 해 줄 수 있어야 할 때이다.

만난 사람들이 이 세상에서 마지막이 될 수도 있다는 사실을 너무 늦게 알면서도 가족의 소중함을 늦게 알았고 밤늦게 요양병원에서 운구차에 실려 떠나가는 시신들을 문을 열어 주고 장례식장으로 가는 길을 바라보라고 권하고 싶었다. 여러 생각들과 오랜 경험들을 모아서 중대재해법으로 기업에 해 줄 이야기가 많이 있을 것이다.

### ■ 거대제국 미국도 파산할 수 있다.

경기 호황으로 부동산이 상승하자 미국의 투자 은행들이 신용 등급이 낮은 저신용자들에게 저금리로 대출을 많이 제공해 주택을 구입하라고 부추겨서 주택시장이 계속 상승하는 거대한 거품을 형성시켰다. 대출을 갚지 못하자 주택 가격이 폭락하면서 금융 기관들까지 같이 몰락한 미국의 금융 시장과 주택 시장의 파산이 거대제국 미국과 달러의 위험을 보여 주었다. 기업의 파산이 어떻게 세계 경제에 파국으로 몰고 가는지 미국 시장이 세계 금융권의 기업들에 어떤 영향을 미치는지 생생하게 보여 주었다.

6000억 달러 부채로 158년 전통의 리먼브라더스가 파산당하면서 신용 회복에 실패할 정도로 미국이 발생시킨 금융 위기가 세계 경제를 파산시켰다. 대출금은 문제가 터지는 시간이 언제인지 모르지만 유능한 금융권의 프로들은 예측할 것이지만 호황에 젖으면 판단력이 약해져 지적하는 부류들이 외톨이가 될 수 있다. 국가의 중대사도 그렇고 IMF도 그렇고 2016년 12월 9일 대통령 탄핵 시 비선실세를 몰랐다고 국회의원들이 말했고 탄핵에 참석했던 새누리당 의원들은 배신자란 낙인을 받았지만 실제 국민들은 비선실세를 가장 잘 알고 있을 의원들이 국민에게 거짓말을 했다고 버림받았는 걸 그들은 국민들의 생각을 읽지 못했다.

　권력주변의 참모들도 바른 소리를 하면 내쳐지기에 가장 확실한 방법은 죽어도 몰랐다고 하면 법이 살려 주고 여론은 조금 후 잊어버리지만 지금은 젊은이들이 탄핵을 주도하기에 탄핵 거부 시 정치생명이 끝날 수 있다.

　한국은 은행이 기업의 저승사자 겸 구세주이기에 IMF에 살아남은 대기업들은 허리띠를 졸라매어도 대기업 반이 금융위기로 10년 만에 다시 무너지듯이 은행을 멀리하면 살아남을 수가 없는 구조를 만들어서 돈을 가장 쉽게 벌어 가는 게 은행이다.

　평생 직장인들은 경제가 좋을 때도 쉽게 창업하면 안 되고 사회에서 면역을 키우고 세상의 변화를 알려고 해 보고 돈 벌기 어렵다는 걸 체험한 후에 시작해야 하고 부모의 재산이 풍족하여 몇 번이고 지원이 가능할 때 시작하는 건 굶지 않을 것이다. 기업들도 망하는 세상에서 퇴직금 등으로 시작하면 망한다는 걸 알려 준다. 보다 낮은 기업에 들어가서 몇 년간 노후 준비를 한다면 어떨까. 평생 직장인들은 그런 기회가 없을 것이기에 창업은 쉽게 할수록 쉽게 망한다. 배고픈 고통을 겪어 보면 사회에서 절대 촐싹거리지 않는다. 리먼브라더스 사태를 보면서 거대한 기업일수록 여러 공정으로 이어져서 더 쉽게 무너진다는 걸 보여 주었다. 그 후 재기하고 싶어 노력했지만 견디지 못하고 접어야 했다. 조급한 마음으로 이 일 저 일 쉬운 일들에 덤비면서 겪은 환경은 다시는 겪고 싶지 않은 사회였고 명함과 팸플릿을 주고 나오던 시간이 반복될수록 지쳐 갔다.

### ■ 국가의 존재 가치는 위기가 오지 않게 사전 대비 해 주어야 한다

　가정의 가장도 가족을 보호해야 하는데 믿으라 믿으라고 했지만 실패의 고통은 가족에게 큰 피해를 주게 되었다. 국가의 관리 잘못으로 IMF와 금융 위기를 당하면서 국민들의 삶을 피폐하게 만들었다. 정치권이 말과 행동이 다른 걸 보여 주면서 사회적 공감대를 형성하는 게 어렵다. 국가 1886조, 기업 2734조, 개인 1800조 원의 채무가 많아 한국이 결코 안전한 나라가 아니며 선진국이 조만간 달러를 회수한다면 IMF는 저리 가라 할 정도로 더 큰 환란이 닥칠지도 모르는데 국가는 어떤 대책으로 막을지 궁금하다.

이처럼 위기가 잠재하는데 더욱 위험을 만드는 계엄을 선포하고 통제하려는 왜 국민들 어렵게 만들려고 하는지 어떤 의도인지 힘든 나라로 몰아넣는다.

## ■ 국가 권력자들은 권력만큼 국가관과 자제력과 능력자를 선택해야 한다

국가의 모든 권력을 다 가진 대통령이 국민의 선거로 당선된 국회의원들이 다수당의 반대로 그들과 대화와 타협도 오랜 시간 없이 2024년 12월 3일 10시 28분 세계 역사에 없는 권력을 다 가진 대통령이 계엄령을 선포하고 군을 이용하여 국가경제야 무너지든 말든 모든 권력을 소유하려고 했다. 국방장관을 앞세워 육군총장 계엄 포고령 발표. 수방사령부 특수전사령부 부대를 동원하여 국회로 진입했지만 국회의원들을 해산시키라는 명령을 받고도 시기를 놓쳤고 실탄 지급 없이 움직였다고 했다. 군병력을 태운 헬기 3대가 용산 비행금지구역 통과 시 공군지휘부의 승인을 받지 못해 몇 십 분 지연되는 가장 큰 기여는 군인들 진입 시간을 지연시켰다. 그사이 국회 의장이 정문진입을 경찰이 막아서 옆 담을 67살 의장이 넘어가는 등 민주당 대표와 국회의장은 의원들 참석을 국민들 참여를 호소했다. 경찰 군인들과 보좌진들이 입구에서부터 밀고 당기고 의사당 안에서도 보좌진들 기자들이 장애물을 만들고 진압대 진입을 지연시켰다. 190명(민주당 154명, 국민의힘 3명, 조국혁신 12명, 진보 2명, 개혁신당 1명, 기본소득당 1명, 사회민주당 1명, 무소속 1명)이 국회 담장을 넘으면서 참석하여 해제요구를 190명이 결의하여 190명 찬성으로 의장이 통과시켰다. 4일 오전 4시 30분 대통령이 계엄을 해제하여 군이 국회에서 철수했다. 어설픈 계엄을 추진한 권력자들에게 군의 중간 실무진들과 군인들은 보여 주기 식으로 국가를 먼저 생각했기에 실탄도 없이 적극적인 행동도 하지 않은 건 실패할 계엄으로 알았다. 대통령이 27% 지지를 받기에 국민으로부터 탄핵을 시키라는 명령을 전국에서 국민들이 추운 밤에 탄핵을 외쳤다.

12월 7일 대통령 탄핵을 당원들의 만류를 뿌리치고 국가 대의에 참석하여 탄핵 찬성에 합류했던 국민의힘 안철수 의원, 김상욱 의원, 김예지 의원 3명은 국민의 힘 국회의원들로부터 욕을 많이 먹으면서도 탄핵에 참석하고 105명은 참석하지 않아 부결되었다. 대통령의 권한이 너무 커서 다시 군통수권을 가지고 2차 계엄령을 발동할 것 같아서 권력을 행사하지 못하도록 대통령의 권한을 막아 버려 대한민국의 위기를 빨리 줄이려고 12월 14일 다시 탄핵시키라고 했다. 국수부 공수처 검찰이 각각 전략으로 내란 공범자들을 먼저 구속시키라고 국민들은 명령한다. 3일 22시 28분 계엄 발동 후 4일 04시 30분 계엄해제까지 5시간 32분 짧은 시간이었지만 환율이 뛰고 세계는 아직도 계엄을 할 수 있는 나라로 인식하고 미국도 부정적으로 평가해 버리고 일본은 한국이 어찌 되든 상관없고 윤대통령과 우호관계가 깨질 수 있다고 걱정했다. 국민들을 불안하게 만들어 버린 과정은 1년 전으로 가 봐야 한다. 2023년 11월 28일 프랑스에서 부산 엑스포 165개국 투표에서 사우디 119표, 한국 29표를 얻을 때 대한민국은 이미 신뢰를 잃어버렸고 복구하기 어렵게 된 것을 그때 보여 주었다. 최고 권력을 마음대로 휘두르려는 대통령이 계엄령을 발동한 걸 국민들 70프로 이상은 용납하지 않고 믿을 수 없어 젊은 군인들은 현명하기에 정당하지 않으면 쉽게 명령에 따르지 않는다는 걸 보여 주었다. 12월 14일 16시 윤대통령 탄핵 표결에서 300명 참석 204명 탄핵 찬성, 반대 85명 기권 3표 무효 8표로 대통령의 업무가 정지되었다. 국민 지지 30프로 이하에 군 하부는 국민들의 민심을 알고 미온적이었다.

비상계엄을 보면서 AI가 인간의 오판을 막으려고 앞으로 인간이 국가에 영향을 줄 수 있는 걸 예방하는 조언자로 등장하면서 깊이 있는 감정까지 조정할 것이다.

### ■ 삼성에서 근무는 호텔이었다

삼성에서 근무했던 시간은 그 당시는 항상 긴장했지만 사회에서 보니 일류 호텔이었고 최고의 복지와 급료는 다시 볼 수 없는 부러움이었다. 사망 사고를 근절시키겠다는 정부의 의지를 알고서 29년 경험에서 겪은 기술에 사회에서 보고 듣고 연구해 본 고도의 기술을『중대재해법과 사업주』를 펼쳐 사업주와 관리자들 근로자들을 도우려고 심혈을 기울였다. 1983년에 삼성이 반도체를 시작하면서 어려움을 정권 때마다 겪으면서 성장했는데 최고 전문가들은 2020년부터 10년이 위기라고 말할 정도로 어려운 환경을 가슴에 담아야 할 것이다.

### ■ 자존심을 빨리 버릴수록 살아남는다

즐겁고 기나긴 여정을 살았지만 90까지 완성해야 할 목표들이 남아 있다. 정년퇴직 후 여러 직업에 도전했지만 남들이 다하는 일에 도전하여 실패를 하면서 실패의 맷집도 저절로 키웠으며 자존심은 쓰레기통에 버렸다. 시도하면 성공할 것이라는 자존심이 인생을 망친다는 걸 알아 가는 데 오랜 시간이 흐른 후 알게 되지만 모든 걸 잃고 난 후 알게 되어 가슴 아프고 배고프고 인생에서 가장 비참함을 알게 되면서 살고 싶을 때 가장 먼저 버려야 하는 게 자존심을 회사에 근무할 때 버려야 했는데 늦었다.

부동산 중개할 때 도로변 전봇대에 홍보물을 붙여야 하는데 아는 사람이 차를 타고 가면서 볼까 싶어서 부끄러워 숨어 있다가 사람들이 지나가고 난 후 얼른 부착하고 숨기를 반복했다. 남들은 관심도 없는데 아는 사람도 없는데 시간 허비를 하고 다녔다. 아무도 없을 때 부착하고 조금 있으면 구청 청소하는 인부들이 다니면서 찢어 버리는 보여 주지도 못하고 열심히 부착하러 다닌 꼴이었다.

진정 배가 고프고 수입이 없을 때 인간의 지저분한 망상을 헌신짝처럼 버리고 일을 하는 의미를 알아 갈 때는 생각이 전혀 달라질 것이다. 사람들이 많이 보는 자리에 전단지를 부착해야 하는 걸 뒤에 알게 된 것은 어떤 분이 전화가 와서 안내하는데 길 건너편에서 건물을 보고는 내부로 들어가지 않고 주변 변화를 보면서 바로 매매계약을 할 정도로 이익을 낼 줄 아는 건물과 인연이 되는 주인은 있었다. 건물을 리모델링한 후 많은 돈을 얹어서 새로운 주인에게 넘기는 걸 보았다. 사람들이 많이 다니는 시간에 적극적으로 부착하고 다니면서 많이 보라고 나누어도 주고 문 앞에도 부착하는 등 시도를 했지만 한국에서 머리 써서 돈 버는 데 가장 중요한 사실은 따로 있었다. 돈 되고 좋은 직업은 학맥과 인맥이 가문이 없으면 굶어 죽을지 모른다. 자력으로 일어서서 돈을 벌었다고 하는 그 말은 억세게 운이 좋거나 도움 받은 걸 밝히지 못하는 자존심 때문에 부끄럽기 때문에 고생했다고 할 것이다. 기자 출신이 뒤에 입사하여 보험 영업을 잘 하던 걸 보면서 지역의 유지에 많은 인맥들의 지원으로 성과가 엄청 높은 걸 보았다.

부동산도 끼리끼리 도우면서 살아가는 걸 보면서 권력도 인맥의 힘 앞에서 실력은 전혀 도움되지 않는 걸 보여 주기에 국가는 정체되는지 모른다. 시진핑 주석은 어릴 때 부친이 추방되어 온갖 고초를 겪으면서 배고프고 힘든 시절을 겪었기에 밀 한마디도 조심하지 않으면 뒤에 자신의 발목을 잡는다는 걸 부친을 보면서 조심하며 성장했다. 2013년부터 중국 주석으로 하늘 아래 최고 자리까지 갈 때 어떠한 경우에도 얼굴색 하나 변하지 않고 입은 닫고 귀와 눈은 활짝 열어 두고 자신이 미국의 제재에 흔들리면 14억 인구를 데리고 가는 게 어렵기에 강인한 본성을 감추고 유연하게 전진한다.

## 나. 코로나 때 사업주의 저승사자인 중대재해법이 등장했다

코로나 바이러스가 인간의 활동을 통제하고 경제를 침체시키는 데 국가의 세수를 제일 많이 내고 있는 기업가들에 가혹한 제재를 가하려고 2022년 1월 27일부터 사망 사고를 막으라고 중대재해법을 등장시켜 권력의 힘을 과시한다.

기업과 사업주는 어떻게 해야 사망 사고를 줄이고 발생했을 때 피해를 최소화할 방법을 찾아야 하는데 가장 어려운 현실이 닥칠 것이다. 청문회에 세우다가 여론의 질타도 받았기에 이제는 사망 사고를 제거하라고 사업주에게 법이 다가가기에 언론과 여론에도 당당하게 죄를 기업에 전가시키는 고도의 당당한 수를 펼친다. 건설업과 대기업 중소기업 사업주들이 안전한 사업장을 만들고 싶은 욕망은 간절하고 풀어야 할 과제는 갈수록 쌓여 갈지 모른다. 1600만 명의 산재 보험에 가입한 관리자 근로자들은 안전한 일터에서 일하고 사랑하는 가족이 기다리는 가족 품으로 돌아가고 싶을 것이다.

### ■ 젠슨 황(포천지 선정 100대 기업 중 가장 영향력 있는 기업인 2위)

1963년생 대만계 이민자 젠슨 황이 9살 때 부모를 따라 미국에 정착하고 스탠퍼드 대학원을 나오고 1993년 작은 아파트 안에서 엔비디아를 창업한 후 6년간 누적된 적자로 폐업 위기를 겪기도 했으면서 살아남아 고생 끝에 31년 만인 2023년 6월 기업가라면 도전하고 싶은 꿈의 1조 달러에 진입했다. 2024년 11월 4일 엔비디아가 3조 3천 960억 달러로 애플 MS를 제치고 미국 시총 1위로 등극하는 62세 대만 이민자가 세운 엔비디아가 AI를 등에 업고 지구상에 탄생하면서 어떤 위력을 발휘할지 얼마나 튀어 오를지 궁금하다.

산업의 흐름을 사전에 예측하고 발 빠르게 행동으로 옮기는 게 적중했다. 강력한 리더십과 혁신적인 기술로 세계적인 인물로 만들고 연봉 300억 원 재산은 90조 원 정도로 세계 갑부 대열 상위권으로 진입하면서 대만은 엄청나게 아쉬워할 것이지만 미국으로는 승자의 공식을 만들어 나간다. 엔비디아는 미국의 시총 1위로 기업들을 긴장하고 분발하게 만들어 주고는 나를 따르라 하면서 4조 달러를 향해 더 빠르게 독주할지 모른다.

### ■ 일론 머스크(포천지 선정 100대 기업 중 가장 영향력 있는 기업인 1위)

1971년 남아프리카 공화국 출생 펜실베이니아대를 졸업하고 테슬라에서 전기차를 주도하고 우주 소행성들에 광물질을 수거할 준비와 우주 관광의 시대를 선점하려고 개발하고 있는 스페이스 엑스 최고 경영자로 성장한다. 미국 47대 대통령 선거 도널드 트럼프 후보를 지지한다고 먼저 2500억 원을 선거자금으로 지원하고 자신이 하고 싶은 이야기와 행동을 하고 세계 1위 갑부답게 자신감을 보이는 재산 377조원으로 미래 자율주행 산업에 성장동력을 선점하려고 한다.

### ■ 샘 올트먼(포천지 선정 100대 기업 중 가장 영향력 있는 기업인 8위)

1985년 출생. 독일서 이민 온 유대인 출신 스탠퍼드대 1년 자퇴 OpenAI 대표로 이들 3인은 미래 패권 시장의 주인이 되려고 치열한 싸움을 벌이고 AI 기술은 다음 세대 돈과 기술 패권을 잡기 위한 두뇌 싸움이 전개된다. 2015년 일론 머스크와 창업 후 빠져나간 자리를 MS 빌게이츠 회장은 모두 다 수익이 없다던 기업에 130억 달러를 OpenAI에 투자를 하고 MS가 시총 1위로 등극할 정도로 오랜 세월 세계 경제계를 주도하고 있다. 세계가 시작하는 AI에 권력이 앞장서야 하는데 해야 할 기술에는 뒷짐 지고 반도체에 무얼 투자하고 무얼 만들 것인지 주도한다고 말한다.

### ■ 삼성(포천지 선정 100대 기업 중 가장 영향력 있는 기업인 85위)

두 번의 경제 환란을 겪으면서 정부가 앞장서서 기업들을 튼튼하게 성장하게 해 주어야 하는데 한국 권력은 기업을 죽였다 살렸다 하는 기술이 수십 년간 탁월하기에 한국에서 세계적인 그룹으로 성장할 저력은 있지만 매출을 달성하기 어려운 환경이다. 바이든 대통령이 삼성의 반도체 생산을 미국으로 투자하게 20조를 가져갈 정도로 야심차지만 성장하고 있는 반도체를 권력이 나서서 성장시키겠다고 하고 있다. 삼성이 좋은 기회로 삼아서 미국의 넓은 세상에서 미래 사업을 펼칠 기회를 미국이 만들어 주었기에 삼성은 판을 펼칠 시기가 권력이 변화할 때 올 것이다. 세계의 노령자들이 20억 명의 시대가 펼쳐진다면 준비할 미래는

- 건강하게 오래 살고 싶은 걸 원할 의료 산업.
- 화상 영상으로 진찰하고 약을 타 오고 요양해 줄 로봇 개발.
- 1200km/h 하이퍼루프 초고속열차 시대 건설과 전장 부품 개발.
- 후쿠시마 핵 처리수가 인간에게 위험하다면 바다에서 생산되던 중요한 어종과 재료들을 생산할 대타를 만들 기회 창출.
- 바다 위를 달릴 최고 속력 500km/h 달리는 위그선이 등장하면 여객기 750km와 비교해 보면 어느 걸 타고 미국과 상해로 가고 싶을까.
- 빛과 같은 속도인 레이저 빔이 미래의 전쟁 판도를 바꿀 것이다.


수천 km 밖에서 적의 항공기 탱크 항공 모함 미사일 등 무기를 타격하는 레이저 빔 개발이 전쟁을 사전 제거시키면서 공격과 방어를 동시에 진행하면서 기름 가스 소비하지 않고 빛으로 강자의 기술을 선점할 것이다. (무기 개발, 광학 렌즈, 카메라 등 기술을 보유했고 반도체로 가능성)

### 다. 배고픔을 벗어나려고 물량 위주 생산

한국은 6.25 전쟁을 겪은 후 배고픔을 벗어나려고 기업들은 물량 위주로 성장했기에 그런 대위기를 견딜 만큼 인구도 적고 국토가 적어도 강자의 바탕은 충분하여 2번의 경제 환란을 겪으면서 잘 이겨 냈다. 살아남은 기업들은 선진국 기법을 모방하여 군살을 빼는 체질 개선을 하면서 실적으로 평가받는 서구식 연봉제를 임직원들에게 적용하고 혁신과 변화를 적극적으로 추진하면서 가다가 코로나 바이러스가 전 세계의 하늘과 땅의 왕래를 끊어 버리고 경제를 침체시키는 그 속에 중대재해법까지 등장시켰다. 정부의 강남 개발로 돈을 벌어 본 부동산에 관심을 가진 똑똑한 사람들이 외국의 투자자들의 돈을 벌어 가는 고수들의 수법을 그냥 둘 리 없었고 산업계에 구멍만 보이면 멧돼지 주둥이처럼 후벼 팔 것이다.

### 라. 국가 위기

2008년 미국이 발생시킨 리먼브라더스 사태의 여파가 한국을 다시 덮친 그 후에 미국의 세계 투자 세력들이 다시 들어와서 자금력의 위력을 발휘하면서 IMF에 살아남았지만 수익이 좋은 우량 기업들이 위기에 처하자 골라 잡아 기업 건전성이 떨어진다는 이유로 헐값에 수거하는 게 IMF와 똑같았다. 정부와 기업이 손을 댈 수 없었던 국산에만 강력하던 노조의 입김을 쉽게 없애 버리고 구조 조정이란 명분으로 체질을 다시 쉽게 고강도로 개선시킨 후 수익을 창출하여 가져가는 걸 한쪽에서는 배우고 있었다.

국가 위기에 살아남은 기업들은 체질을 개선시켜 탄탄한 기업이 될 수 있었지만 2번의 국가적 위기를 겪은 근로자들은 치명적인 삶의 터전을 빼앗겨 버렸고 준비 없이 길거리로 불시에 내몰려 많은 노숙자들을 만들었다. 한국은 조직이 거대하고 관계사가 많아야 하고 인원도 많을 때 힘 있는 조직으로 능력자로 직원들 복리후생에 잘 해야 리더십을 인정받았다. 한국은 학맥과 인맥이 없으면 성장은 어려운 구조로 짜여 있다.

선진국은 조직을 날렵하게 줄이고 1인 3역을 즐겨 하는 프로들의 시대를 오래전부터 만들면서 연봉도 수백억까지 받아 가는 리더들의 그릇의 크기와 활동하는 환경이 전혀 다르기에 외국의 이민자들이 미국으로 찾아간다. 아프리카의 세렝게티 최고의 포식자인 사자처럼 숨어 있다가 비실거리는 약자들만 골라 일격에 물어 죽여서 배고픔을 해결하는 미국인들이 아니다. 바다 건너 멀리 있던 그들은 권력과 금융권이 보는 데서 당당하게 미래에 수익이 많을 것만 고를 줄 알았고 이익을 만들고 빼앗아 가져갈 줄 알았다.

한국이 내부에서 오랫동안 싸움하게 5억 원 소송까지 걸어서 큰 돈에는 잠잠하게 만들 줄 알았던 금융 프로들이 단시간에 큰 돈을 벌어 가는 걸 한국의 금융 전문가들이 그냥 두지 않고 모방의 달인들답게 금융 고수들이 된다. 세상에는 무서운 강자들이 등장하면서 큰 이익을 더 많이 더 쉽게 만들어 가져가는 걸 직접 보여 주었기에 금융 전문가들이 벤치마킹하면서 돈을 벌어 간다.

### ■ 코로나의 위력은 자기 나라에 가두어 둔다

2번의 국가 위기를 당해 본 사업주들은 기업을 튼튼하게 대비하면서 경영 중에 전 세계에 불시에 닥친 코로나19는 화이자, 모더나를 생산하던 미국의 외부 행사와 접촉이 많던 전 트럼프 대통령까지 모르고 감염시킨다. 하늘과 땅으로 바다로 아프리카 오지까지 무색 무미 무취의 코로나19 바이러스 하나가 지구 역사에서 처음 70억 인구를 가장 짧은 시간에 가장 빠르게 자동으로 왕래를 끊어 버리고 세계 경제를 침체시켜 버렸다. 다음에 더 큰 게 올 수 있는 시장으로 취약한 인간의 나약함을 보여 주었다. 뭉치면 살고 흩어지면 죽는다는 우리가 남이가 하던 학맥 인맥의 시대가 서서히 저물어 가면서 뭉치면 죽고 흩어지면 산다는 유행가 가사처럼 번지는 새로운 시대를 코로나가 강제로 정리해 버렸다. 그 어려운 과정을 벗어나기도 전에 정부가 산업계에 종사하는 근로자 보호라는 명분으로 사망 사고를 근절시키려고 강한 법을 등장시킨다. 5인 이상 기업들에 중대재해 기업 처벌법을 적용시켜 130만 명의 사업주들의 희망을 한 번에 꺾어 버렸다.

기업은 피나는 노력과 시련과 희생이 있었기에 성장하고 환경에 견디면서 기업을 성장시키려고 노력해 왔는데 중대재해법은 생산을 위축시켰다. 고통과 노력 없이 성장한 기업들이 언젠가 일찍 무너진다고 한다. 여기에서 살아남은 기업들은 과거 고통을 잊지 않기 위해 도전하고 창조하고 연구하는 과정을 거치고 정부의 눈치를 보면서 견디면서 매일매일 경쟁사와 시장과 고객들과 싸움을 근로자들을 보호해야만 생존이 가능하다.

## 2) 가덕 신공항과 하이퍼루프(초고속 진공 열차) 기술과 동남 경제권

2030년 가덕도 신공항이 개항된다면 미국으로 가는 길이 쉬워지면 경제계와 기업들은 영종도공항에서 출발하거나 가덕 신공항에서 출발하거나 거리나 시간상으로 비교가 될 것이고 한국의 수출 수입에도 큰 영향을 줄 것이다.

1200km/h 속도로 서울역에서 출발하여 부산역에 20분에 도착하는 초고속 하이퍼루프(Hyperloop) 진공 열차 시대가 등장하면 어떤 변화를 줄 것인가.

지상에서 가장 빠른 운송 수단으로 20분대 승객을 수송한다면 KTX 2시간 30분. 고속버스 4시간 30분 항공기 1시간과 비교해 본다. 진공 상태의 터널을 이용하는 자기 부상은 차량을 공중에 띄워서 달리는 원리이다. 어디든지 갈 수 있는 고속 도로 동해와 남해로 넓은 면적의 탁 트인 바다에 5개의 해수욕장이 펼쳐진 생동하는 동남쪽 부산은 적당히 낮은 아름다운 산과 우수한 바다 경치를 보여 주고 있는 부산은 어떤 변화와 비전을 보여 줄 것인가.

부산항은 태평양 쪽으로 넓은 영도가 자연 위기를 방어해 줄 요새와 같은 위치로 동서로 흐르는 빠른 물은 고여 있지 않는다. 북극항로 태평양 인도양으로 갈 수 있는 천혜의 조건을 갖추고도 개발을 할 기회가 없었다. 최고의 해양 조건을 갖추고도 권력자들이 서울로 서울로 하고 있기에 개발의 여력은 넘쳐도 기다렸던 세월이 길었다. 신항만의 남 북항 부두를 연결하는 연결잔교와 거제도를 연결하는 D건설의 거가대교의 40m 깊이의 침매터널 등 신공항 주변에서 오래전에 토목공사를 건설하여 안전하게 운영하고 있다.

### ■ 부산서가 태평양 시대를 주도한다

가덕 신공항이 개발되어야하는 이유가 있다. 인간의 생각도 시대마다 변화할 수 있는 시대를 만들어 나간다. 하이퍼루프를 타자 부산에 내려야 하는 20분 시대는 상상의 환경이 다가온다. 부산역에서 승용차로 가덕 신공항까지는 30~40분대로 갈 수 있지만 지하철이 연결되면 더욱 쉬울 것이고 항공기는 김포공항서 출발하여 진해 방향으로 회전하여 남해 바다를 날아서 다대포 근처서 하굿둑 위로 날아 김해 공항으로 진입한다. 큰 태풍도 겪으면서 6.25 때도 살기 위해 남쪽 영도 다리를 보고 찾아왔던 부산이 큰 기상을 펼칠 만큼 지리적 여건을 갖추고도 성장을 못했다.

서울서 부산으로 하이퍼루프 기술을 세계 최초로 건설하여 보여준다면 중국과 미국 등에 거대한 지역 간에 거대한 기술을 인간이 만든 최고의 속력을 넓은 미국과 중국에 남미에 유럽에 항공기보다 더 빠른 운송수단이 나타난다면 한국의 기술을 수출할 기회가 기다릴 것이다. 가장 위험한 보안문제 더운 날 추운 날 연결 부위들의 수축과 평창의 기술문제가 발생하는 열과 압력 토지 보상 수리 시 다음 배차 간격 지진대의 토목 분야 등으로 산적한 문제점들을 풀어야 할 것이다. 미래의 거대한 수익을 보고 야심차게 출발했던 선진국들이 기술적인 문제로 미온적일 때 한국 철도 기술연구원이 2009년 1월부터 준비해 온 만큼 항공기를 능가하는 최고의 기술 집합체를 선점하려고 하고 있다. 둥지를 틀고 역경을 이겨 내고 성공한다면 세계에 모든 기술을 흡수할 것이다. 하이퍼루프 진공 열차 시대를 시도해 볼 만한 새로운 기술이고 대한민국이 펼칠 만하고 독보적으로 시대를 끌고 갈 꿈의 미래가 기다린다.

부산이 성장하는 해양의 장점을 개발하여 1시간 날아가는 하늘보다 하이퍼루프의 20분 시대는 경제가 받쳐 주는 나라들은 달려올 것이지만 미국 등도 그냥 있지 않을 만큼 검증받은 하이퍼루프를 타고 달리고 싶을 것이다.

성공하려면 건설 제조업에 사망 사고를 제거하여 안전한 구조를 인정받아야 거대한 프로젝트를 선점할 것이다. 한국도 영국처럼 낮은 사망 사고가 되어야 하며 그렇게 되려면 한국의 모든 관리자들은 안전 분야 전문역량을 키우고 자기들 분야에서 설계와 공정단계에서 위험을 찾아내어 개선시키는 자기 분야 프로들이 되어야 한다. 거제와 울산에 거대 조선소 3개와 천년고도 경주 가야 고분 김해 등 부산의 위상을 세계에 전파할 하늘과 해상 여건을 갖춘 천혜의 자원을 하이퍼루프와 신공항이 개발해 줄 것이다.

가덕 신공항이 2029년 12월 개항하면 활주로가 돌출되는 부두 앞 해상에는 파도를 막아 줄 방파제 설치 공사를 감안하고 거대한 프로젝트를 구상했을 것이고 4년의 대프로젝트에 바쁜 공사는 와자지껄할 것이다. 항만과 공항이 7km 안에 있고 고속 도로가 연계되는 성장 동력을 갖추었다. 북컨테이너와 남컨테이너 사이를 연결하는 넓은 면적에 파일을 바닷속 깊이 박아 파일과 파일 사이로 철골 빔을 연결하고 그 위로 파도치고 밀물과 썰물의 차를 감안하여 거푸집을 설치하고 철근을 엮어 나가고 콘크리트를 타설하여 만든 연결 잔교는 자동차 전용부두 기능을 활용하려던 경험까지 S 건설이 보유했다.

뻘탕을 준설한 바다 속 50m 아래를 다지면서 3.2km 기초를 쌓아 나갔던 북컨테이너에 참여한 리딩사로서 S 건설은 제일 많은 지식과 자료를 보유하고 10개 공동도급으로 참여했기에 건설 공정을 동시에 다 경험할 수 있었다. 신공항 부지 주변서 거대한 부두를 건설했던 경험사의 기술은 다양하다. 전면 1km 앞면 옆면에 거센 파도를 차단하는 방파제를 만들어서 태평양의 파도를 차단시킨다면 낚시꾼들의 좋은 낚시터가 될 것이다.

## ■ 천년고도 경주를 품고 있는 부산

서울은 3년간 폐허가 될 때 부산은 건재한 도시로 대한민국을 지탱했다. 하늘 바다 강 고속

도로 거대한 항만 가덕 신공항 모두 갖추어진 천혜의 도시는 새로운 미래를 창조할 추진력을 갖추고 있다. 서울 위에는 북한이 야욕을 드러내고 있기에 서울의 경제 산업 문화의 너무 큰 차이는 시기를 할 수도 있지만 허영심과 무능한 인간들의 오판으로 잘못되는 순간 남북한은 복구할 수 없는 파멸의 땅만 남을 것이다.

모든 경제가 서울에 집중되기에 남북한이 서로 화합하여 평화를 유지하자고 해야 하는데 이빨을 드러내고 싸우려고 으르렁대는 그곳에 국민들은 안전하길 바란다는 게 어려운 현실이지만 통제할 중간급 인재들이 많이 있다.

천년고도 경주는 어린이들이 쉽게 갈 수 있는 지역으로 1천 년 전의 선조들의 살아 있는 과거를 볼 수 있기에 부산으로는 외국 관광객을 품을 수 있는 여건을 만들 수 있다. 중국은 50년부터 400년까지 수십 개 나라들이 생존했지만 내치와 외치를 정리하면서 이이제이 전략으로 살아남은 경주는 천년의 세월은 대단한 국가가 옆에 존재하였기에 그들의 정신력은 세월이 흘러도 살아 있을 것이다.

### ■ 새로운 동해안 시대가 후쿠오카까지 연결시킨다

지금까지 무궁화로 8시간 걸렸던 부산서 강릉까지 긴 여정이었지만 동해안의 새로운 시대를 만들려고 준비한 것이 강릉 포항 경주 울산 부산까지 363km 4개 시도를 연결하여 1300만 명의 인구가 2시간 30분대로 광주 전남의 남서해안 300만 명이 가까운 가덕신공항을 같이 이용할 새로운 동남지역 경제권을 형성시킬 시대가 2030년 열릴 것이다.

지자체들이 모여서 새로운 경제 시장을 새롭게 활용할 때이다.

하루 1회 부신과 후쿠오카까지 운행하는 고속 여객선으로 워터 제트 추진식으로 물위에 띄워 달리는 파도에 영향을 적게 받는 3시간 소요되고 야간에는 카페리호가 출발하여 아침에 부산에 도착하여 강원도까지 하루 생활권으로 연결시킨다면 동남권 관광과 산업계의 시대를 다시 열게 될 것이다.

### 3) 싸움의 중재자

70년간 남북한이 적대 관계였기에 삿대질 말고 하트를 연출할 시대도 되었는데 적대감으로 살아왔는지 남북한의 문제를 파고들 때이다. 남북한 적대감. 미국과 중국의 경제 제재. 우크라이나와 러시아 전쟁 이스라엘과 중동의 전쟁을 보면서 대안을 가지고 중재할 수 있어야 하는데 그런 기술을 70년간 누구도 보여 주지 못하고 적대감은 증가하고 군비 경쟁만 돌출시키는 수를 두고 있다. 남북한의 적대 관계를 화해로써 조정시킨다면 세계 분쟁 지역에 중재자로 등장하면서 국익을 위해 화해시켜 복구해 주는 큰 돈을 벌 수 있는 70년 남북한에서 배워서 세계에 팔아먹을 기술은 한국에서 먼저 실행해 보고 세계에 팔아야 할 때이다.

그럴 리더는 분명 다가올 것이다. 지금으로 없다면 다음 세대에 나타날지 그사이 전쟁이 없어야 할 때이다. 북한서 넘어온 탈북민들 그들이 남쪽에서 북쪽을 향해 풍선을 날리는 접경 지역에서 평생 살아온 주민들에게 고통을 주면 안 된다. 북한이 날리면 세계 여론에 호소하여 세계가 중재하도록 고립화시키는 방법이고 남한이 그렇게 안전하게 한다면 세계에 동정을 살 것이고 수출에 영향을 주어 북한과 차별화될 수 있을 것이다. 북한을 성질 나게 하지 말고 남한이 잘사는 방법이 국민들이 피로감을 줄여 주는 대안으로 해야 할 때이다. 수천 조 통일 비용이 든다고 전문가들이 말하는데 인구가 줄어들어 세금 내기도 벅차고 국가 개인 기업 채무도 많다는 걸 젊은 세대와 국민들은 알고 있다. 현무-5 탄도 미사일은 지하 100m 이상 지하 벙커들을 타격한다는 성능이 우수한 무기들을 선보이는 게 국력 성장과 국민들을 안정시키는 방법이다.

### ■ 한국은 위기이기에 국가는 이런 리더를 원한다

대선 후보 토론회 때 후보들에게 최악의 수를 던져서 개인의 제일 중요한 인성과 자질을 국가 경영 능력을 테스트 하고 국가가 최악이 된다는 과정에서 이겨내고 비전을 담을 그릇 등을 찾아야 하는데 중요한 건 관심도 없게끔 비리나 캐고 과거를 들먹여서 지지율을 추락시키는 데 주력한다. 국가 성장에 전혀 도움 안 되는 데 집중하여 국민들은 피로감만 쌓인다. 경제 위기가 오지 않게 국정운영 방법과 위기가 다시 닥친다면 어떻게 경영을 할 것인가 등이 국가 통수권자로서 가져야 할 중요 국정 운영 철학인데 중요한 건 보여 주지 못 하고 상대 쥐어 박는 언쟁만 벌인다. 5천만을 리드할 인물을 찾아야 하는데 지자체장 뽑는 수준으로 추락시켜 버리고 좌우로 편을 갈라서 복싱선수처럼 펀치를 강하게 날리게 하여 국가 성장이 안 되는 쪽으로 후보 토론회서 국민들 앞에서 국가보다는 경쟁을 유도한 세월이 수십 년이고 국민들도 강하게 펀치를 날리는 후보를 선호하게 물이 들어 버렸다.

IMF 위기 때 살기 위해 싼 물건을 구매했던 주변 국가가 중국이기에 등을 돌리면 안 되는데 국가 간에 움직이는 힘은 경제 논리보다 권력자의 이념에 의해 달라진다.

한국은 하이퍼루프 시대를 만들어 경제 위기가 없을 것이라는 과정 속에 생각해 보자. 1일에 갈 수 있는 중국의 수출 길과 1개월 걸리는 아메리카 항해 길을 같은 금액으로 수출액과 영업이익을 나타내면 한국이 이익을 많이 남긴다고 관세를 높게 매기는 미국은 지적한다. 기업에 큰 부담을 줄 것이고 한국이 수출로 이익을 많이 남긴다는 게 아니라는 걸 알려야 할 것이다.

유일한 미래를 권력자들이 위기감을 만들고 있는 이유는 누굴 위함인가. 제일 가깝고 제일 큰 거래처인 중국과 소원해지면 수출도 감소하고 기업들의 비즈니스에 악영향을 주고 북한을 통제할 중국이 등을 돌릴 것이다. 국가가 중국과 가까울 때 중국도 한국의 기업들을 쉽게 다룰 수 없겠지만 국가가 등을 돌리면 기업들까지도 비즈니스하기도 어려울지 모른다. 돈 벌려고 들어갔다가 망해서 나오면 그 사업들은 중국이 기술이 차지할 것이다. 선박 운송비를 절약시키고 거리의 시간을 단축시키면서 거래량이 제일 많은 중국과 기업 수출이 정상적으로 흘러가게 해 주어야 북한도 다독거려 줄 수 있다.

코로나가 끝나 갈 때 경기 침체는 심각하여 중국과 러시아와 소원함을 풀자고 앞장서서 해결할 때이다. 북한이 옆에 있기에 외국에서 볼 때 한국에서 기업을 경영하는 건 불안감을 느끼고 투자하려 한국으로 들어오는 건 꺼릴 것이다. 수출로 이겨 내기가 쉽지 않기에 가장 가까운 거리의 북한의 긴장을 완화시키고 통제해 줄 중국과 러시아와 미국을 끌어들여 북한의 위험을 해소시켜 줄 때이다.

백성을 버리고 도망간 나약한 선조에게 위험을 선택하고 살기 위해 시구문으로 도망간 인조 시대에 당했던 두 임금의 능력이 나라를 전쟁으로 넣었지만 백성을 지키고 나라를 살리려고 활약했다가 사라져 간 광해군의 전략이 필요한 때인데 빛을 보지 못한다.

## 가. 국가 성장은 리더의 능력과 세계의 기회와 국민들 근성이 일치했다

한국이 폐허에서 일어선 저력은 국민들 근성이 강토를 지킨다는 정신이 수천 년 내려왔고 세계는 성장의 시대로 출발했기에 돈을 벌려고 외국으로 갈 수 있었던 기회가 다가왔다. 국가의 리더는 세계를 보는 안목이 탁월하여 잘 선택하여 중동과 독일 미국 등이 개발을 장려하던 시대로 기회도 잘 찾았다.

국가의 개발에 필요한 철강산업과 화학계열 개발이 필요한 시대를 잘 선정하여 세계 모든 국가들이 개발의 시대를 원했지만 극소수만 달성했다.

그 당시 특출한 기업가들이 등장하면서 국가의 성장 동력을 만들었다.

국민들을 한 방향으로 같이 가자던 그 당시 훌륭한 리더가 앞장섰기에 새마을 운동 등을 하면서 국가는 눈부신 성장을 했다.

## 나. 러시아 주도 우크라이나 전쟁 복구

전쟁이 끝나면 러시아가 점령한 우크라이나 땅을 개발하려고 어떤 나라가 참여할지 궁금하다. 한국의 기술력이 통째로 들어가서 세계 최고의 도시로 건설해 주면 세계가 놀랄 만큼 러시아에 최고의 복구 능력을 보여 준다고 해 봐야 할 때이다. 러시아와 등을 돌렸기에 도우는 실력을 보여 주겠다고 해도 러시아를 움직이기는 어려울 것이다. 이런 일은 트럼프 대통령이 집권한 후 러시아와 사이가 괜찮기에 한국의 기업 그룹들이 대기업 건설 제조업 총수들이 같이 들어가는 방법을 찾는다면 한국이 우크라이나에 지원한 건 정부이기에 잊고 한국 기업에 맡기고 싶을 것이다. 러시아는 북한을 움직여 남북한 적대감을 낮추는 데 중재해 주게 하여 국민들을 안심시키는 일도 기업 리더들이 앞장서면 가능할 수 있을지 투자할 기회는 흘러가 버린다면 아쉬움을 남기면 절대 안 된다.

건설업 제조업이 먼저 점령지 땅을 복구할 기회가 된다면 침체되는 한국 경제를 성장의 시대로 만들 것이다.

트럼프 대통령은 철저한 기업가 대통령으로 자국의 이익일 때 움직인다. 러시아의 점령지역 전쟁 복구를 미국이 할 수 있다고 덤빌지 세계 정서는 이념보다 자국의 경제 이익을 위해 움직이는 시대이다. 전쟁이 끝나면 독일, 프랑스 등 유럽은 우크라이나와 러시아에 양다리를 걸치고 가스와 석유를 팔아 주는 조건으로 복구에 참여할 여력이 충분하다. 우크라이나는 전쟁 복구비용이 나올 게 없는 빈약한 나라로 전락했기에 유럽과 미국은 러시아 점령지역 복구건설에 주력할 것이다.

　유럽은 수백 년 비즈니스 기술은 탁월하기에 그때쯤 한국 기업들이 러시아 점령지역에 복구하려 뛰어들기는 어려울지 모르는 수백 년 유럽의 영업 기술력은 한국에 참여를 제한할지 모른다.

　한국 기업들이 러시아 지분으로 참여한다면 일본을 뛰어넘을 기회가 될 것인데 일본이 방관자가 아닐 것이다. 한국기업들이 러시아와 호흡이 맞으면 얼마나 웅장하고 위대한 일을 그룹들이 직접 나선다면 가능할 것이고 그들은 좋은 이미지를 만들어 두고 러시아 우크라이나 전쟁 때 철수했다.

　현대자동차는 2023년 12월 단돈 1만 루블(14만 원)에 러시아 쏠라리스에 매각하고 철수하면서 차후 들어오는 조건으로 공장을 두고 왔기에 다시 갈 구실을 만들어 두고 철수했기에 기업들이 나서야 할 때이다. 미국은 어떤 반응을 보일지 미국은 자국 건설업 제조업 투자 기회를 한국에 주기 싫을 것이다.

　우크라이나는 국민들이 민병대나 자발적으로 앞장서서 국가를 위해 싸운다는 이야기는 들리지 않았고 서방세계에 무상으로 무기공급만 열심히 요청하여 자국 파괴에 러시아를 끌어들었기에 백성들만 난민신세로 만들어 대통령의 신뢰는 상실되었다. 전쟁이 끝나면 무상으로 투자했던 서방세계는 어떤 보답을 요구할지 농산물과 광물질 개발에 참여하드라도 개발과 운송에 한계가 있다. 지금의 경제 논리는 의리를 따지는 시대가 아니며 자국의 이익에 얼마큼 기여할 것인지부터 생각하고 관여할 것이다. 미국도 바이든 정부의 정책이 다르듯이 트럼프 정부 정책은 크게 이익을 보고 달리기에 지는 해는 버려야 한다. 세계 200개국에서 하위로 처지지 말고 중간 정도에서 양쪽의 이익을 가져올 전략이 국가에 이익을 만들어 줄 것이다. 경제 10위 안의 선진국이라고 하기에 미국에 방위비 부담도 증가하고 세계에 내는 기여금도 많아지기에 한국 지지도 29위를 인정받을 것 같으면 중간 정도로 가면서 국가 부강에 기여하게 하는 게 유리할 것이다.

# 2. 중대재해법 적용대상

## 가. 2022. 1. 27. (50인 이상) 모든 기업 시행

중대재해법에서 근로자가 1명 이상 사망하면 사업주나 경영 책임자에게 1년 이상 징역이나 10억 원 이하의 벌금, 법인에는 50억 원 이하의 벌금을 부과하는 법이 등장했다.

## 나. 5명 이상 ~

2024. 1. 27. (5인 이상) 중소기업 시행

## 다. 유해 요인과 질병자

- 유해 요인으로 1년에 3명 이상 다치거나.
- 동일 사고로 6개월 이상 치료할 부상자가 2명 이상 발생하거나.
- 동일한 유해 요인으로 급성 중독 등 대통령으로 정하는 직업성 질병자가 1년에 3명 이상 발생하면 사업주에게 중대재해법이 7년 이하 징역 1억 원 이하 벌금 적용은 엄청 어렵고도 고통일 것이다.

## 1) 중대재해법이 무서운 이유

중대재해법을 벗어나려고 모든 기업들이 경주 선상에서 동시에 출발하여 사망 사고 제거는 기업마다 각각 다른 결과가 나타날 것이다. 건설업과 제조업은 몇 년 사이 원자재값 상승 인건비 상승 고금리로 대출 이자 부담과 지방 미분양 등으로 수익성이 극도로 악화되어 심각한 경영난에 직면하고 있다.

이런 위험한 시기에 중대재해까지 발생하면 중소기업은 치명상을 당한다.

사망 사고가 발생하는 순간 법은 신속하게 발생된 사업장 내부와 활용했던 서류와 인력들을 고용 노동부 경찰 등 여러 명의 조사관들이 동시에 덤비면서 기업은 자생능력을 상실해 버리면서 복구하기 어려워진다.

### ■ 구속되는 사례

HK 제강은 2022년 3월 16일, 방열판을 인양하던 중 가로 3m, 세로 1.4m, 두께 6~12cm, 1.2톤의 무게를 리모콘으로 달다가 노후된 섬유 벨트가 끊어지면서 피해자의 다리가 바닥에서 방열판에 끼여 사망하는 사고를 겪었다. 이후 중대재해법을 근거로 사업주에게 근로자의 안전을 보장하지 않았고, 추락 낙하물 예방 대책도, 중량물 안전 계획서도 없이 작업을 위반하여 근로자를 사망에 이르게 했다고 사업주를 구속했다. 이 회사는 오랜 시간 점검 시 지적을 받아 왔다는 특이한 점을 법이 내세웠다.

- 2020. 12. 고용 노동부 지청 감독에서 안전 조치 의무 위반으로 벌금형을 받은 걸 써먹는다.
- 2021. 5. 사망 사고. 2022. 3. 사망 사고로 고용 노동부 지청이 안전 조치 의무 위반을 적발했다.

하청업체도 14년간 원청사의 작업장에서 사업을 하면서 사망 사고를 당하고 결과는 원청 기업 경영 책임자에게 실형이 선고되었다.

중대재해법이 위험한 줄 알면서 당연히 제거해야 하는 불량줄을 그대로 사용하여 사고가 발생했다는데 눈으로 보이는 위반 사항들이 오랜 시간 방치했을까 의문으로 남는다. 복잡한 구조물에서 사망 사고가 나는 게 아니고 보이는 데서 간편한 부재를 묶어 인양하다가 낙하하여 끼어서 난 사고는 어떻게 설명할 것인가. 앞이 안 보이고 무거운 잠수복을 입고 누르는 바닷물에 무전기로 깃발로 위에서 내려주는 돌들을 원하는 위치로 이동하라고 신호할 때 압력에 견디면서 하루에 백 키로 정도 무게 암석을 수백 개 위험을 안고서 깔아 준다. 눈뜨고도 보이는 데서 간단한 작업도 위험을 발생시키는 건 관리적인 측면에서 점검하고 개선해야 하는 순서다. 대한민국의 130만 사업주들은 작업환경에서 임직원들이 안전하게 잘 하겠지 믿으면서 경영하는지 심각하게 관리하는 조직들을 한번 되돌아볼 때이다.

## ■ 사망 사고의 연결 고리

기업의 관리 방식과 직접 작업하는 근로자들 간의 풀리지 않는 어떤 한계가 존재하는데 그 기준을 찾아내기 어렵기에 사망 사고가 계속 발생할 것이다. 언제 어디서 어떻게 발생할지도 모를 위험을 찾아내려고 집중 점검하도록 개선시켜야 하는데 발생된 사망 사고의 죄를 묻는 쪽으로 집중하여 사업주에게 쉽게 법으로 밀어 붙인다.

배고파서 아메리카 꿈을 꿈꾸고 미국행 이민선을 탔던 야심가들은 수백 년 내려온 유럽 기업들의 선진 경영과 민주주의를 만들어 나갔던 그 속에는 자연스런 안전기업이 녹아 있는 인간 보호정책들을 미국에 전파하고 판이 변하는 큰 틀에 올라타고 31년 안에 3조 달러를 달성하면서 새로운 강자들이 등장하는 시대를 미국은 만들고 있었다. 다가올 미래 세상의 변화를 먼저 찾아 낸 후 인공 지능(AI) 제국을 누가 먼저 선점할 것인지 지금부터 선두 주자들이 등장하는 걸 지켜볼지 먼저 선점하려고 무서운 속도로 AI를 점령하려고 앞으로 달려야 할 자리에 안전을 얹어 보자.

안전만 강조하다 보면 뒤처질 수 있기에 처지면 안 되기에 앞서가는 공정 속에 안전을 넣어서 활용해야 할 때이다. AI는 어떻게 대응할 것인지 인간들보다 지능이 우수한 인간과 똑같은 AI가 인류의 미래를 바꿀지도 모를 그 속에서 세계적 인물들이 두각을 나타내면서 AI를 먼저 선점하려고 주도하고 있는 초고속 하이퍼루프 열차에 도전할 시대가 되었다. 표준화된 지식들을 가진 인간을 넘을 AI도 복잡한 구조 속에 사고를 막으려는 안전에는 넘볼 수 없는 한계가 AI에게 있기에 안전직종은 계속 성장할 것이다.

## ■ 40만 개 대기업

40년 활용했던 산업안전보건법에서 똑같은 공정 속에서 안전 시설물을 잘 설치하고 안전 보건 계획서와 위험성 평가 등 사고 예방에 필요한 서류들을 잘 갖추었다면 중대재해법을 시스템적으로 사업주를 보호할 수 있을 것이다. 매출 규모가 크고 사업장 수는 많아도 조직이 잘 갖춰질수록 인원들이 많을수록 수십 년 운영했던 경력들이 중대재해법을 기업에 유리하게 잘 활용하여 사업주의 과실로 만들지 않을 기술이 지상의 제조업에는 있을 것이다.

쇠를 만지는 조선소는 수십 미터 높은 데서 수십 미터 낮은 데서 밀폐공간에서 위험을 내뿜으면서 매년 수척의 수십 척의 거대한 선박을 만드는 작업 공간 속에서 작업 자체가 위험 공간이기에 추락 낙하물 협착 화재 폭발의 위험을 매일 2만 명 이상의 근로자들이 안전하게 작업하는 건 불가능하다.

## ■ 6만 개 건설업

세상에 존재하지 않는 무에서 유를 창조하는 건설업은 장엄하고 그 속에서 일어나는 여러 과정들은 복잡 미묘하고 어디서 어떤 위험이 닥칠지 모른다. 그들이 만든 그 속에서 안전하게 생활하면서 부를 창출할 수 있게 만들어 주는 기업의 사업주 고급 기술자들부터 근로자들까지 진정한 애국자들이다. 북한의 지하 콘크리트 구조물이 100m라면 남한은 정밀타격 무기를 개발하면 북한은 지하 더 깊은 곳으로 도망가고 남한은 더 깊은 콘크리트 구조물을 타격하는 능력을 서로 키우면서 건설 기술은 정밀 무기 개발을 더욱 발전시키는 세계가 못하는 일을 남북한이 만들고 있다. 그 속에는 언제 발생할지 모르는 수많은 위험을 제거하면서 서로 제거하면서 다듬어서 세상에 당당하게 내어놓을 줄도 알고 있다.

고도의 기술을 갖춘 남북한이 개성에서 운영했던 것처럼 남북한이 공동 개발한다면 세계 최고 경제 대국이 될 수 있는 저력을 갖추게 될 것이다.

## ■ 83만 7000개 중소기업

중소기업들은 2년 유예를 받아 인력을 투입시켜 매출을 달성하는 과정에 언제든지 발생할 수 있는 사망 사고를 제거하려는 평가 기준은 사업주가 안전 조직 및 관련 규정 시스템을 사고 예방 측면으로 맞게 만들었는지 적절히 운영했는지 만든 서류들의 법을 잘 지키는지 요구할 것이다.

초등학교 다닐 때 한 반에서 공부 잘 하는 학생 못 하는 학생 똑같이 섞어서 구구단을 끝까지 혼자 서서 외우는 놈은 집으로 일찍 갈 수 있었다. 못 외우는 놈들은 끝까지 남아서 외우라고 하던 선생을 얼마나 원망하면서 가라고 할 때까지 기다렸을까.

기업을 사람 수로 묶어서 결과를 가지고 벌을 주려고 하기에 공사가 복잡하고 위험해지면 위기는 나타나게 되고 법을 감당하기 어려운 기업들도 있을 것이다. 대기업의 하청업체로 사업에 참여했던 중소기업들은 원청사가 노동부 지자체 점검 등을 직접 받으면서 활용해 왔다. 하청업체는 공정을 잘 지키고 우수한 품질을 제작하고 사고 예방에 주력하면 좋은 평가를 받으면서 적은 관리자로 법적 서류 맞출 시간이 없었다.

중소기업 사업주도 사고를 예방하려고 원청의 계획서 등을 카피하여 중소기업 안전계획서를 만들어서 원청사에 검증을 받아보는 방법도 있을 것이다.


### 가. 사업주의 어려움

중대재해법에서 중소기업 사업주에게 모든 서류를 잘 만들어서 공유하면서 운영하는지 물으면 적은 기업일수록 지금까지 안 해 왔으며 원청사들이 주관하여 왔기에 준비하려면 어려울 것이고 사업주도 안전을 준수하면서 혼자서 1인 3역으로 어려운 경영을 해야 하는 시대가 되었다.


### 나. 원청사의 안전 서류를 카피해서 다듬어서 활용할 때이다.

유예를 해 달라고 중소기업 사업주들이 지역별로 모여 피켓을 들고 정부에 요청하는 것보다 원청사들과 하청업체들이 40년 이상 산안법에서 사망 사고 예방 대책을 규정대로 잘 지키면서 온 계획서 등을 활용해 본다. 원청사가 수주하여 운영하는 사업장에 중소기업은 중대재해법에 대비하는 원청사의 서류들을 복사하여 하청업체가 사용해도 문제가 없을 것이다.

서류를 잘 다듬어서 같은 사업장이기에 같은 근로자들 같은 작업들이므로 잘 운영하여 사고를 막는 데 준비할 수 있기에 잘 찾으면 도움 받을 것이다. 중소기업들은 지금까지 안전을 잘 지켰기에 서류만 조금 다듬으면 가능한 것이 기본은 잘 갖춰졌기에 두려워할 필요가 없을 것이다. 중소기업들이 개별 수주할 때 시행사는 안전 관리 계획서 등 중대재해법에 필요한 구비 서류들을 요구하면서 공사 계약을 맺을 것이다. 그런 요구조건도 없이 설계상 큰 인적 물적 사고가 발생한다면 시행사의 사업주도 정부 기관장도 중대재해법으로 법에 당할지도 모르는 시대가 되었다.

중소기업 사업주로 근무하다가 너무 큰 중대재해법이 큰 기업 작은 기업 가리지 않고 같은 기준으로 죄를 묻는다고 하므로 위험을 안고 경영하기에는 큰 부담이 되고 있는 건 내부적으로 사업주를 구해 줄 조직이 약하기 때문이다. 그만 두려니 목구멍이 포도청이라 대기업처럼 연봉도 약하고 조직도 약하고 다른 기업에 가는 것도 자존심 때문에 어려움을 안고 있다. 사업주로 발을 담갔으면 세상은 잘 만든 기법들이 많기에 잘 찾아서 기업에 큰 도움 받을 기회들을 만들도록 해야 한다.

### 다. 법 적용은 동일하다

중소기업들이 산안법으로 노력해도 공사 여건이 변화하기에 사망 사고는 어디에서든지 나타날 수 있다. 사망 사고는 매출이 크고 조직이 클수록 회사의 과실이 작을 수도 있다. 중소기업은 열악한 조건이기에 몇 년간 죄를 차등화시켜 경감시켜 주면 그사이 사망 사고를 줄이는 대책을 같이 만들겠다고 하는 게 기업인들이 정부에 요구할 답이 될지 모른다. 10억 매출을 힘들게 달성하는 기업과 10조 매출을 달성하는 대기업과 같은 죄를 준다면 10조를 매출하는 조직은 중대재해법을 쉽게 빠져나가고 더욱 우수한 기법들을 만들어 사업주를 보호할 수 있지만 10억 매출 조직은 사망 사고가 발생하면 사업주가 바로 당한다는 약점을 정부가 보호해 주고 육성시켜 준다면 중소기업도 성장할 것이다. 중대재해법이 같이 출발했지만 서로 예방하려는 기법들은 회사마다 다르게 개발하면서 시간을 허비할 것이기에 잘 개선하여 우수한 기법들을 서로 공유하면서 간다면 사망 사고는 근절될 것이다.

## 2) 중대재해법 차등화 적용

산업화 시대의 무과실책임주의 동안 정부는 사망 사고 위험을 감소시킬 기술 개발은 소홀히 하여 사고를 줄이지 못했다. 법이 아무리 강하게 나가도 예방책을 세우더라도 빈틈만 보이면 사고는 언제든지 발생할 수 있는 구조로 건설업 제조업 경기가 침체되어 사업장 수가 줄어들었고 사고가 발생하면 기업을 중단해야 하는 위기감이 클 것이다.

- 2022. 1. 27. 사망 사고 발생 시 중대재해법 법 제재: 1적용
- 2024. 1. 27. 중소기업 사망 사고 발생 시 중대재해법 법 제재: 0.5적용

벌금 법규 제재를 0.5로 시한을 정해 적용해 줄 것을 건의해 보는 게 83만 7000 중소기업의 경영 위기를 조금 더 해소시킬지 모른다. 이 법을 악용할 소지가 있는 게 큰 기업에서 발생된 사망 사고를 중소기업에 전가시킬 수도 있기에 위법을 적발 시 중대재해법 최고의 법과 벌금 등을 감당하기 어려울 정도로 부과하면서 고발제도를 보호하고 활용한다면 위법은 제거될 것이다.

## 가. 사고가 많은 중소 조선업

12개 중소 조선소에서 13명이 상반기에 숨졌다고 했다. 무겁고 가장 강한 쇠를 하루 종일 귀창이 시끄러운 소움 속에서 취급하는 조선소의 사고 원인은 추락, 부딪힘, 폭발 등 9건이 발생했다. 조선업은 많은 군소 하청업체가 참여하고 언어 장벽인 외국 근로자들이 많아서 안전한 일터가 되기 위해서는 경영진과 관리자들 근로자들 모두 뜻을 합쳐서 사망 사고를 예방하겠다는 각오로 덤벼도 어려울 직업이다.

외국인들에게 말이 통하지 않아서 위험한 작업에서 그들을 보호해 줄 방법은 어렵기에 많은 제안들이 도입될 것이지만 휴대폰에 해당 국가 말을 번역하는 방을 만들거나 잠자기 전 방 천장에 한국어로 조선소 주요 단어를 번역하여 붙여 두고 읽어 본다. 민주당 환경노동위 김태선 의원실이 근로복지공단에서 제공받은 자료에 모 조선소에서 2022년985건 산재 신청 시 682건 승인. 2023년 1073건 신청 시 761건 승인으로 h조선의 2배 S조선의 3.84배로 나타나 조선의 작업이 힘들고도 위험한 것을 나타내 보인다.

## 나. 안전모도 안 쓰고

2024년 5월 건물의 리모델링 작업 중 비계 발판을 쌓아 두고 4단 위에서 외부 쪽 벽체를 고

급 재질로 부착하면서 무거운 자재를 발판 위에서 안전모를 안 쓰고 안전벨트도 착용하지 않고 벽체와 작업 발판 사이는 간격이 넓은데 그곳에서 오르내리고 작업하고 있었다. 중소기업 사업주들은 애가 타는지 피켓을 들고 정부에 부탁하고 있는데 작업자들은 가장 중요한 머리를 보호하지 않고 빨리빨리 작업하는 게 사업주를 돕는 일인지 너무 상반된 현상이 일선 사업장에서 일어난다.

사업주는 중대재해법을 유예해 주라고 소리치는데도 아래 근로자는 6m에서 위험을 노출시키면서 가장 중요한 머리를 보호하는 걸 잊고 있다. 49인 이하 기업은 관리 직원들이 적어서 대기업들이 지키는 안전 규정을 산업안전보건법 내용들을 중소기업에도 그대로 지키라고 법이 강요하고 있기에 너무 어려운지 모른다. 기존의 안전 조직이 갖춰진 기업들은 40년간 해 왔던 안전 규정을 조금씩 변화만 시켜도 중대재해법 대응에 완벽하게 개선하여 사업주를 보호할 것이다.

300인 이하는 위탁 전문 업체서 1달에 2번 사업장에 방문하여 지원하지만 현실은 서류 봐 주고 사업장 봐 주고 돌아가기 바쁘다. 작업자들은 초 단위로 움직이면서 작업하는데 도급액이 적은 기업들은 관리자들이 적은 조직으로 매출 달성도 어려울 것이다. 대기업 조직들이 갖춰진 상태에 하는 안전 업무를 관리자들이 적은 인원으로 근무하는 사업장에 이것저것 똑같이 하라는 건 기업을 접어 버리고 싶을 것이기에 전문가들이 한번 대안을 가지고 접근해 줄 필요도 있다.


## 3) 다가올 한반도 미래 위험

### 가. 방류시킨 방사능 처리수

2011년 3월 11일 오후 2시 넘어 태평양 해저 깊이 24km에서 규모 9.0의 지진이 발생하고 14~15m의 쓰나미가 육지 10km를 덮치면서 폐허로 만들었다.

후쿠시마 원자력 발전 1, 3, 4호기를 덮쳐서 바닷물을 공급하고 배출하는 취수구 배수구를 파괴시켜 물을 공급할 냉각 시스템이 마비되고 비상 발전기도 전기 공급도 파괴되어 순환되지 못한 냉각수가 끓어오르고 핵 연료봉이 고열에 노출되어 가동 시스템이 파괴되어 인간의 능력으로 고열을 낮출 수 없는 한계를 보였다. 지진의 나라인 일본이 안전을 강조했고 철저한 규정을 지키던 일본이 만든 시스템이 자연의 공격으로 쉽게 당하고 쉽게 무너진다는걸 일본도 생각해 보지 못했을 것이다.

다른 나라들에 경각심을 주고 방호조치를 할 수 있는 기회를 제공했는데 사고가 발생하기 전에 각 나라들은 안전한 대책을 세운다고 장담했지만 얼마나 위험을 줄였는지 모르지만 인간은 시간이 지나면 흐지부지해질 것이다.

제1발전소에서 3월 12일 오후 15시 수소 폭발과 방사능 유출 사고가 발생했다. 3월 14일 오전 11시 3호기 폭발했다, 3월 15일 오전 4호기 폭발 사고가 발생했다. 냉각시키는 시스템의 차단으로 바로 앞에서 공급받던 바다 물을 공급받지 못해 노심이 과열되고 핵 연료봉이 녹으면서 방호 중인 내부는 수 cm 철판이 감싸고 외부는 1m 이상 콘크리트 돔이 감싸고 있는 4~5개 방호벽을 뚫고 방사능 물질이 대기로 비산되었을지 모른다. 일본은 원자력 규제를 강화하고 지진과 쓰나미의 연관성을 철저히 대비하고도 위험을 노출시켰다. 관리 기준과 보상 기준이 평상시는 양호했지만 규모 9.0 지진 같은 거대한 위험이 불시에 닥치면서 인간이 할 수 있는 여러 대안들이 처음 당한 위기에서 무용지물이 되었다.

중국의 수십 기의 검증 안 된 원자력 발전소는 바닷가에 지어져 후쿠시마처럼 다른 여러 원인으로 폭발하면 동해 쪽에 몰려 있어 바람이 동북쪽으로 불기에 위험을 옆에 둔 한국이 원자력 발전소 수명연장을 하면 안 되는 이유다. 규정을 잘 지킬 때 중국에 수명연장을 못하도록 세계 여러 나라를 동원시켜 안전하게 가동하라고 요구할 수 있을 것이다. 한국이 원자력 발전소 설계 수명을 지켜서 폐로시켜야 하는 이유이다. 한국은 설계수명 후 폐기를 안 지키면서 중국에 지키라고 요구하는 건 혼자 부질없는 생각인지 모른다.

한국은 설계수명을 안 지키면서 수십 기의 원전을 가동하는 중국에 노후될 때 어떻게 안전 규정을 지키라고 요구할 것이며 중국이 잘 지켜 줄 것인가.

한국은 설계수명을 연장하면서 중국만 설계수명을 지키라고 하면 지킬까.

미래 세대에게 위험을 넘기면서 권력이 얼마나 중요한 역할을 해야 하는지 국민들이 생각할 때 인데 보수와 진보로 국가세수 받는 권력자들이 철저히 싸우는 과정은 후손들의 안전을 이념에 묻혀 버리는지 모른다. 지금의 세대들이 할 역할을 하지 않고 문 정부에서 원자력 발전소를 수명 연장을 하지 않는다고 조사를 하면서 윤 정부는 수명 연장을 결정하게 되면 바다 건너 중국의 수십 기 검증해보지 않은 원자력 발전소 안전성을 누가 장담할 것인가.

서쪽은 원자력 발전소 55기 가동 건설 중인 23기 건설 예정인 45기 이상으로 중국의 동남쪽 원자력 발전소는 너무 많은 발전소가 한국 주변에 있다.

한국과 가장 가까운 서울에서 400km 거리의 산둥반도 끝에 있는 스다오만 원전은 중국이 독자적으로 개발한 4세대 원전 4기로 2025년 가동을 목표로 검증이 안 된 상태에 한국 옆에 바람을 받으면서 살아가야 할 것이다.

서울과 경기도 2300만 인구는 한강이 유일한 도피처인가. 2023년 8월 24일 일본이 방사능 처리수 137만 톤을 주변에 담아 둔 걸 매일 460톤씩 방류하여 태평양의 미국 해안을 돌아 4~5년 후 한국 해안으로 돌아오면서 1호기부터 폐로 작업 완료가 40년까지 걸린다고 했다. 긴 세월 방류를 지켜보고 있는 건 한국의 바다에 얼마나 안전한지 모르는 일본 방사능 처리수가 떠다닐 나라가 된다면 얼마나 억울하고 얼마나 위험이 한국 주변에 잠재하는가.

일본은 오랜 시간 방류한다고 알렸고 준비하는 데 시간이 걸렸고 그 당시 한국정부는 반대한다는 이야기도 없었다. 수산시장에서 수조물을 손으로 떠 먹으면서 안전한 물이라고 한국이 말했지 않느냐고 빠져나갈 것이다. 후쿠시마 지진과 쓰나미에 당하듯이 언제인지 모르지만 더 큰 지진과 쓰나미가 닥친다면 바닷가에 쌓아 둔 정제되지 않은 137만 톤의 오염수를 파괴시킨다면 지구에 대재앙이 올 수도 있을 것이고 미국의 서해안 전부가 가장 먼저 오염수 직격탄을 맞아 폐허가 되어 버릴지 모른다.

미국이 조용한 걸 보면서 한국이 거품을 물고 말하기도 어렵게 되었다. 가장 안전한 방법은 일본에 압력을 가해 육지의 지하 깊숙이 가장 튼튼한 격납고를 만들어서 오염수를 담아서 콘크리트로 밀폐시켜야 태평양 국가들이 영원히 안심할 것인데 미국이 벙어리가 되어 지내는 동안 가장 먼저 위기에 당할 수 있을지 왜 조용한지 너무 궁금한 건 수년 후 처리수가 미국으로 흐른다는 게 기다려 볼일이다. 중국의 동진을 일정 부분 허용하고 미래 세대에게 안정을 물려

주어야 할 것인데 미국 국력이 중국에 밀리는 게 두려운지 처리수로도 미국 서부를 오염시킬지 모른다. 바다에서 고기를 잡을 수 없다면 섬 주민들은 무얼 하면서 생활을 할 것인지 바다에 의지하면서 귀한 줄 모르고 자손대대로 살아왔는데 심각한 일인지 인간의 생존을 위협할지 모르는데 훗날 위험이 닥친다면 터전을 잃은 사람들은 피켓을 들고 설쳐 봐야 희망이 없고 일본에 요구해 봐야 콧방귀도 안 낄 것이다. 방류 시점마다 다를 수 있겠지만 올지도 모르는 일에 문제가 터지면 국제 원자력 기구(IAEA)의 점검 결과만 믿었다고 할 것이다. IAEA는 도쿄전력에서 제공받은 방류 관련 데이터를 가지고 점검해 보니 회석된 오염수 내의 삼중 수소의 농도는 기준치보다 낮았다고 법적으로 빠져나갈지 모를 고급 두뇌들의 대응력은 일반인들과 전혀 다르다.

노심을 냉각시킬 전기가 없어 물을 공급받지 못해 치솟는 온도를 냉각수로 식히지 못해 발생하게 되었듯이 큰 위기가 발생하자 선박이나 헬기로 주변 물을 노심을 냉각시키는 방법을 시도하지 않아서 몇 명의 생각들이 수십 년 동안 주변국에 고통을 줄 것은 상상할 수 없었다. 발전소 책임자들의 생각은 고쳐서 사용한다는 자신들 주관대로 생각을 하게 되고 고도의 전문 지식이 없으면서 세상에서 가장 위험한 구조물의 한계치를 생각해 보지 않은 6시간 셧 다운만 생각 했을지 모른다. 생명을 위협할 물질이기에 세월이 얼마나 흘러야 바다에 들어가서 목욕을 할지 바닷물을 손으로 떠 먹을지 얼마나 안전할지 고기를 먹을지 미래를 알 수 없다는 게 한국의 바닷물이다.

## 다. 기후 변화

매년 한반도에 닥친 집중 호우로 농작물이 자주 잠겨 버렸다. 제14호 태풍 풀라산이 중국 상하이를 거처 약해지면서 가다가 방향을 틀어 한반도를 향해 바람은 소멸되어도 하늘에서 300mm 폭우를 쏟아부어 농작물을 큰 피해를 주면서 제주 사이로 지나간다고 했으며 기상도 오락가락 가고 싶은 곳으로 갈 것인지 불확실한 시대로 진입했다. 36도까지 올랐던 폭염이 10도 이하 떨어진다는 더위가 벗어난다는 이야기고 남은 건 농작물 중에 배추를 중국에서 금추를 사온다는 말이 있었다.

**라. 안주하기 좋은 외국**

대한민국 총인구가 5175만 명에서 얼마 남지 않은 기간에 출산율 0.7~0.8%을 올리지 못하면 인구가 줄어들 것이라고 통계청 이야기는 심각한 인구 감소가 한반도로 엄습해 온다는 미래다. 남은 인구는 부담할 세금을 국가 채무를 감당하기 어려울 것이고 동해 남해 서해 바닷물은 얼마나 안전할지 장담할 수 없는 이야기가 현실이 될 수 있다.

고기는 먹고 싶고 당장 몸에 반응하는 게 아니고 오랜 시간 잠수하다가 나타날 것인데 한국은 어린이들 태어나기 전부터 산모부터 태어난 신생아들도 방역 체계가 우수하여 정상 분만을 하고 예방이 철저하여 건강한 아이들로 성장한다. 바다에서 고기를 못 잡으면 한강에서 길게 양쪽으로 낚시로 붕어나 잉어를 잡아서 팔거나 먹을 시대가 올지 모른다는 이야기가 될 수 있지만 한강을 제외한 강들은 낙동강처럼 독소나 오염수가 있는지 확인해야 한다.

2024년 국가 부채 1880조 원, 가계 부채 1800조 원, 기업 부채 2730조 원으로 한국의 부채는 갈수록 늘어나는데 부담해야 할 인구는 갈수록 감소한다는 이야기다. 한국이 안전하지 않은 나라가 된다는 게 너무 가슴 아픈 일이다. 땅은 100.364㎢ 면적에 살아갈 인구가 감소한다는 이야기로 땅만 주인 없이 남아 잡초만 무성한 속에 동물들이 지배할 시대가 다가온다는 안타까운 미래가 된다는 이야기다. 너무 억울한 미래를 당할 것인지 변화시켜 볼 것인지는 국가의 세수 먹는 사람들이 할 일인데 늦었지만 해 볼 만한 사업이 있다. 70%가 잡목이 우거진 산림이라면 거대한 힘을 가진 도자 백호를 개발하여 지자체들이 앞장서서 산을 파서 골짜기를 메우고 그 위에 미래 후손들을 살려 줄 돈 되는 나무 건강 장수 식물들을 심어서 새마을 운동을 해 볼 때이다. 방치된 자원을 활용해 살아남아야지 인구가 감소하여 죽어 버리면 잡목들은 무얼 할 것인가.

## 4) 명문가 가문 창조

로스차일드 가문의 5형제처럼 명문가가 되는 과정의 비법을 두뇌가 우수한 유럽 금융 컨설팅 업체들이 찾아내어 최고 부유층 자녀들을 명문가로 만들어 주고 많은 돈을 벌어 가는 고급 직업이 유럽에서 출발하여 한국이 모방을 쉽게 했다. 자녀들의 중요성에 착안하고는 어릴 때부터 명문가를 만들어 주는 특별한 조직들이 성장 비법을 모방하여 돈을 벌어 간다.

한국도 2015년부터 돈이 많은 평범한 일반 가정을 찾아서 명문가로 만들어 주겠다는 새로운 제안을 하면서 호기심을 발동시켜 구미를 당기게 한다. 돈 많은 일반인들의 가문을 명문가로 창조해 주는 일을 최고의 사업으로 각광받는 직업이 다가오는데 누가 귀찮소 할 것인가. 부자들을 명문가로 만들어 원하는 걸 소유하게 해 주는 컨설턴트들은 고도의 두뇌를 소유해야 상대를 리드하면서 목적한 것을 이룰 수 있을 것이다.

자녀들의 특징은 부모의 두뇌와 유전자를 반반씩 타고 나지만 두뇌를 개발시키고 말을 조리 있고 매끄럽게 다듬고 국제적 비즈니스로 훈련시킨다. 어릴 때부터 부모의 약한 학맥 인맥을 알고는 끼리끼리 어울리면서 기초가 물들어 있는 걸 벗겨 버리고 크면서 우수한 학원을 보내고 상위권 대학으로 진학시켜서 졸업 후 국방의 의무인 카투사로 보내서 완벽한 영어를 다진 후 미국의 아이비리그 대학원에 유학을 보내기 위해 어릴 때부터 영어 중국어 아랍어를 배우게 하고 얼굴도 배우처럼 자연스럽게 성형해 주고 돈이 받쳐 주기에 최고의 행운이 들어오게 만들어 주는 것이다. 세계의 큰 물에서 놀게 처음부터 단련시킨다.

인생에 가장 중요한 것은 평생 함께 갈 배필을 만나는 것이 중요하다. 특별한 갑부들은 자손들에게 우수한 DNA를 물려주고 몰락한 집안도 선호하고 가장 어려운 미래의 환경에 살아남을 야심을 심어 줄 수 있을 것이다. 이들은 성형을 하지 않은 자연 미인과 몸 스타일도 좋고 두뇌가 우수하고 연기력을 잘하고 남들 앞에 당당하게 나타나길 좋아하는 적극적인 인재들을 선호하면서 태어나는 자녀는 얼굴과 머리와 균형이 잘 받쳐 주고 우수한 두뇌로 사교적이고 좋은 자질을 가지고 태어나서 성장하게 된다.

다음으로 준비하는 것은 좋은 습관과 우수한 실력을 만들어 주는 것이다. 대중 앞에서 당당하고 학벌과 가문과 얼굴이 잘생기고 외모에서 귀티가 나고 언변이 좋고 많은 재산은 거기에 운도 따라 준다면 어떨까. 상위층 자녀들이 육지에서 달릴 때 그들은 날개를 달고 하늘로 날아다닐 것이다. 일반인들은 노력하고 만들려고 해도 어려운 것들을 태어나면서 일정 부분을 갖추었기에 일반인들보다 훨씬 앞선 상태에서 출발하게 된다. 며느리의 역할은 원판불변의 법칙에 의해 태어나는 아이의 성장을 어디까지 사랑을 준다는 시간을 정해 둘 것이다.

재벌들은 자녀를 일정 부분 키운 후 그 후부터는 다른 측면으로 성장시키려고 일정한 시간이 지나면 엄마의 소임을 제안할지 모른다. 며느리의 인성은 자녀들에게 유전되어 미국에서는 물려준 부를 지키는 확률이 재벌 3세에게는 10% 정도 너무 낮기에 거대한 재산을 지키려면 며느리의 역할이 대단히 중요하다는 걸 알려 주었다. 어릴 때부터 위기를 겪어 보지 않고 우산 속에서 성장하게 되면 자신의 대에서 부를 더욱 키우려고 무리하게 대응하다가 모든 걸 다 잃어버리는 우를 범할지 모른다. 재벌가의 재산을 관리하고 인원 관리 등 내조를 하려면 남다른 인내와 자신의 신상을 통제해야 하기 때문에 인내심도 필요하다. 사회에서 활동하던 연예인처럼 자신의 사생활을 희생해 가면서 더한 걸 지금 시대에 할 수 있을까.

　엄청난 부를 이룬 사람들은 부를 지키기 위해 원칙을 준수하면서 어떤 환경에도 싸우는 검은 뱃속과 세상의 풍파에도 견디는 두꺼운 얼굴을 가지고 활동하는 것이다. 아이들이 더 성장하기 전에 자녀와 정을 끊어 버려야 할 이유를 역사에서 찾았던 것이다. 자녀의 좋은 스승으로 삼았던 신사임당과 한석봉 어머니는 아들 공부에만 전념할 수 있었던 옛날 경쟁이 없었던 조선 시대의 환경에 살았기에 이름을 크게 알릴 수 있었지만 환경이 복합적으로 얽히는 현대 사회에서는 그룹을 승계하기 위해서는 미래까지 부를 유지하려면 어머니의 선택은 높은 단계를 요구한다. 이 세상은 정상인들은 선택 없이 되는 게 없으며 잘 선택하고 잘 판단하여 갑부가 되어 권력자들을 부리면서 잘 살아갈 것이다.

# 3. 기업 경영

일하기 싫으면 가 버리거나 오지 않는 퇴직금이 없는 근로자들이 어떤 원인으로 일하려 왔다가 사망 사고 시민 재해 폭발 붕괴 사고가 발생하면 기업과 사업주에게 개 줄처럼 묶으려고 과실이 얼마나 큰지 법이 물을 것이다.

## 1) 사망 사고가 발생하면

- 고용 노동부는 사망 사고 발생 사업장에 공사 중단권을 발동하고 중대재해법 위반 사항 발견에 주력하므로 기업은 쉽게 대응력이 약해진다.
- 경찰도 본사와 사업장를 압수 수색 후 형사법 위반 여부를 조사할 것이다.
- 피의자와 조사 서류를 검찰로 송치할 것이다.
- 기업은 법 전문가들 앞에서 대응력이 약해 변호사에게 의뢰하므로 사업장의 안전 시설물이나 안전 활동 자료 등에 소극적이고 죄를 낮추는 데 모든 역량을 동원시켜 대응하므로 당당하게 공격하지 못한다

고용 노동부와 경찰은 여러 명들이 조사에 참여하면서 조사 결과를 모아서 검찰에 제출할 것이고 기업의 변호사와 중대재해법 형량으로 다툼을 할 것이므로 법 전문가들이 위법을 찾으려고 할 것이다. 중대재해법에서 사망 사고가 발생하기에 투입되는 인력들이 오랜 시간 사고에 대해 조사와 방어를 하면서 재발 방지 차원인지 사업주와 기업에 벌을 주겠다는 의도인지 모두 다 자신들 업무에 집중하게 될 것이다.

사망자의 명백한 과실이 아니면 사업주는 중대재해법 앞에 서야 한다. 사업주의 무죄는 사망자의 명백한 과실에 의해 발생하지 않고 해당 관리자의 명백한 책임에 의해 발생했다면 정관예우 변호사라도 법정에서 사업주의 무죄를 만들기는 어렵다고 본다.

### 나. 무죄의 조건

회사는 완벽한 시설물을 설치하여 관리하고 있으며 사망 사고자가 명백한 자신의 과실에 의해 발생했다는 걸 합의서에 기록이 되어야 법과 싸울 때 유리해질 것이다.

## 2) 위험의 사각지대를 제거하는 활동

설계와 공정 작성 단계에 안전을 안전하게 활용해 보는 앞선 활동이다. 많은 인력이 하루 종일 넓은 작업장에서 작업할 때 관리자들이 수시로 순찰해도 전체를 다 볼 수 없고 근로자는 무언가 들고 당기고 밀면서 하루에 2만 번 이상 움직이면서 행동하는 과정에 '앗차사고'의 위험에 노출될 수도 있고 심한 소음과 정서적으로 딱딱한 환경이 장시간 지속된다면 불안할 것이다.

① 안전 관리 조직

안전 관리 조직이 사업주 직계로 편성되어 큰 틀에서 지원할 수 있지만 안전제일 안전 불감증만 외치면 말로 다 해 버리는 약한 조직이 될 수 있다. 안전 관리 조직이 능력이 우수하여 시공부서들과 실적과 실력으로 경쟁하면서 알지 못하는 공정 개선안들을 제시하면서 이익을 시공부서에 주어야 한다. 안전으로 이길 수 있다면 안전 관리가 날개를 달고 달릴 수 있지만 실력이 안 되어 시공 부서에 밀린다면 근로자들만 통제하는 데 집중하므로 시설물 개선들은 어려울 것이고 안전기법도 펼치기 어려워 사고는 줄지 않을 것이다.

여러 부서들은 업무가 명확하게 구분되어 개인들 실적으로 평가할 수 있지만 안전 관리 업무는 어떤 실적으로도 평가받기 어렵다. 안전 관리자에게 공사 중 위험이 보이면 찾아서 공사 중단권을 부여하라고 사업주의 최고 권력 아래에 두었다. 현실은 직책이 높은 관리자들을 지적하지 못하고 어떤 부서도 통제할 수 없는 위치에 있기에 마지막 업체 근로자들에게 작업 거부권을 행사하라고 했는지 모른다.

② 위험성 평가

사고 발생 시 위험성 평가를 집중 점검하는데 설계 단계나 공정별 추진 계획서상에서 공사 중에 발생될 위험성을 제거 또는 최소화하기 위한 예방 활동이다. 사업장의 유해 위험 요인을 파악하여 사고 예방에 주요한 역할을 하므로 사업주는 이런 제도들을 사업장 순시 때 실행 여부를 확인해 보고 안전 계획서 등이 외부 법적 점검 대비용으로 화려하게 작성하여 활용하고 외부에서 점검 나오면 지적 건수를 줄이려고 공사를 중단시켜 버리는 행위들을 하는지 책임자에게 위험을 감추는지 확인해 볼 필요가 있다.

중요한 구조물들의 아름다움이나 화려함만 보고 평가하지만 그 속에 아름다움을 만들려면 공정이 난해한 기술들로 만들어지기에 위험이 그만큼 높은데도 누구도 이해하지 않고 화려함만 평가한다.

③ 불시에 외부 점검을 받을 수 있는 사업장은 있을까

기업은 세상과 경쟁하면서 성장했기에 수십 년간 무과실책임주의에 익숙해져 사고 책임에서 벗어나기에 사고 예방에 소홀해질 수 있었다. 사업장은 수십 년간 근로자를 데리고 생산을 했기에 위험도 제거시킬 능력을 갖춰져 있는데도 불안하여 부서들에 외부 점검을 받는다고 알리지 않고 단독으로 외부 점검을 받기 어려울 것이다.

**■ 사업장에 알리지 않고 불시에 점검을 받는다**

고용 노동부 점검을 각 부서에 알리지 않고 모른 체하고는 작업하고 있던 그대로 점검을 1회 받는다고 상상해 보자. 만약 지적 건수가 발생했다면 부서별 알리지 않았다고 추궁당할 것이다. 무재해를 달성하고 싶은 의지가 있으면 부서별 알리지 말고 당당하게 외부 점검을 받아 지적한 것은 개선한다는 자신감 있는 대응도 필요할 것이고 그래야 무재해를 달성하는 데 도움이 될 것이다.

**■ 불시에 받아보는 외부 점검**

사업주의 의중이 일선 사업장의 책임자들이 완벽한 사업장을 만들어서 언제든지 불시에 외부 점검을 받을 사업장을 만들 때 사망 사고는 근절될 수 있는 안전한 작업장이 될 것인데 그런 날이 언젠가 올 것이다.

**■ 기업에 점검중 지적 건수가 발생하면 법은 차곡차곡 모아 두었다가 언젠가 사망 사고가 발생하면 몇 년 전까지 모아서 지적 건수가 많이 발생했다고 할 수 있기에 자연 상태로 받기도 어렵고 지적 건수도 만들면 안 될 것이다.**

④ 가 보지 않은 길도 관리를 못했다고 추궁당할 수 있다.

산업안전보건법은 안전 관리자들이 작업장 사고를 막아야 한다고 명시하고 사업장들도 그렇게 하고 있다. 시공 부서 관리자들은 툴박스 미팅 후 작업장을 점검 후 사무실로 가서 협력 업체가 공사 현황 인력 배치 공사 일보를 아침에 제출하면 검토하고 결재를 하고 작업 여건들을 협의할 때 그 시간은 넓은 작업장은 관리자가 없는 공백 현장이 어느 사업장이나 발생할 것이다.

⑤ 안전이(안전 관리자가) 모두 책임져야 한다고 믿는 사업장 책임자

법 기준에 맞게 선임된 극소수 안전 관리자들이 넓은 작업장의 안전을 파악하기 전에 작업 배치 후 사고가 발생하자 공정회의 시간에 부서장들 앞에서 안전 관리자가 안전을 소홀히 하여 사고가 발생했다고 심한 질책을 받았다. 심하게 지적당하는 순간 부서장들이 사업장 관리에 느슨해질 수 있고 책임을 안전 관리자 쪽으로 전가할 수도 있는 분위기를 만든다면 현장은 안전 관리자 몇 명이 큰 사업장의 위험을 관리하는 사업장이 되어 버릴 수 있다.

⑥ 관리 소홀로 공사 중단권을 당한다고 지적하는 임원

매일 오후 4시 부서장들이 모여 당일 공정 추진 결과를 발표한다. 90명이 오전 공사중에 위험하여 중단권을 당해 공정이 지연된 내용을 임원에게 보고하자 안전에 공사 중단권을 당해 지적받을 정도로 위험을 관리 못했다고 여러 부서장들 앞에서 심하게 질책을 해 버린다. 공사

와 공정의 문제를 안전에 핑계 대지 못하게 적극적으로 관리하라고 인사권을 가진 임원의 질책은 대단한 위력을 가지고 적극적인 안전 관리할 분위기를 사업장 안에 만들어 버린다.

⑦ 위험을 제거하면서 겪는 고충들

건축 공정에서 6~7명을 데리고 업체가 불안하게 작업하는 걸 안전관리자가 개선하자고 지적하자 너무 바쁜 공정으로 시간을 지켜 주라고 해당 부서에서 요구한다고 급히 하는 일이 너무 불안했고 위험 해지는 걸 방치할 것인가. 말을 안 듣고 위험하므로 개선하라고 지적하자 옆다른 작업자들 보란 듯이 목소리를 높이고 지시한 부서를 믿는지 바쁘다고 강행한다. 위험한 걸 그대로 둔다면 사고가 발생했을 때 보고도 그냥 두었다고 책임이 안전 쪽으로 돌아올 수 있을 것이다. 안전을 시켜서 정문 밖으로 보내 버리고 개선할 생각이 될 때까지 발주처 정문에 차량 번호를 주고 출입 통제를 의뢰했다.

임원에게 공사 중단을 시켜 정문 밖으로 보냈다고 내용을 설명하자 니가 저질러 놓고 왜 뒤에 보고하느냐고 짜증을 내는 걸 들었다. 안전 관리자가 어려움을 감수할 수 있어야 하는데 고과권을 가진 임원이 성질부터 내는 건 안전 관리가 견디기 어려울지 모르지만 저질러 볼 수도 있다. 5일 정도 지나자 안전하게 조치하겠다는 각서를 시공 부서를 통해 전달받고는 출입시켜 작업을 시켰다. 안전 관리자가 배짱도 있어야 하고 정당하다면 최선을 다 해서 위험을 예방해야 하는데 고과권을 가진 상사 앞에서 어려울 것이다.

⑧ 사업주의 위험한 현실

사망 사고 1명 발생 시 짧은 구속 시간과 1~2년의 긴 집행유예로 그사이 사망 사고가 다시 발생할 경우, 과실이 크면 과중 처벌로 구속으로 이어지기에 사업주의 경영권 수명을 단축시킬 수 있는 유예 기간이 무섭다.

원청사의 하도급 B사 소속 작업자가 철근을 잡고 올리다 16m 아래로 추락하여 사망하자 원청사 사업주에게 가혹한 1년 6월의 구속과 긴 집행유예 3년을 법이 선고하여 사업주는 불안하게 위험을 안고서 장기간 경영할 것인지 사고가 다시 발생한다면 과실이 있으면 구속이 될 수 있어 선고 후 심한 고민을 한 후 불안하게 기업을 경영하는 것보다는 기업을 정리했다.

사업주가 작업장의 안전 보건 확보 의무를 다 안 했다고 법이 과중하게 적용시켜 과실이 큰 사고가 다시 발생한다면 집행유예 3년이란 긴 세월 속에 어떤 위험이 있을지 구속될 수 있는 위험을 안고 불안하게 갈 것인지 깊은 고민을 했을 것이다.

수십 명, 수백 수천의 근로자들이 작업 중에 위험에 노출될 수 있어서 규정을 잘 지키게 해 주어야 하지만 어려운 일이다.

의식 습관 생각이 각자 다르기에 언제든지 위험에 노출될 수도 있는데 중대재해법은 근로자를 작업 지시하는 관리자들의 업무까지도 사망 사고가 발생하면 사업주에게 수십 가지 법을 예방 조치를 잘했는지 못했는지 묻는다. 법이 사고 판결 중에 작성한 서류들이 사고 예방 측면에서 적합하게 만들었는지 깊이 있게 보는 건 많은 사고를 처리했기에 적법하게 죄를 매기지만 기업 입장은 어디서 어떤 위법으로 걸릴지 모른다.

사업주는 새로운 미래를 구상하고 기업을 성장시키고 싶은데 먹고 살 만하고 미래 노후 부담이 없다면 위험 부담을 견디면서 기업을 경영할지 접을지편안하게 고민할 것이다.

## ■ 긴 Pipe 달아 올릴 때 위험성

긴 자재를 묶어서 올리거나 내릴 때 자재가 돌거나 움직이면 작업자는 흔들리는 자재를 잡고서 이리저리 움직여야 하기에 안전벨트 후크를 걸지 못할 수도 있고 묶어 둔 로프에서 파이프가 아래로 빠져 버릴 수 있어 안전한 방법이 필요한 것은 쉽게 개선할 수 있는 방법을 적용해 봐야 한다.

## ■ 안전한 방법으로 시도

우물에서 도르레에 물을 가득 담아 로프를 잡고 올릴 때 도르레 깡통 속으로 파이프를 넣어서 로프에서 파이프가 빠지지 않게 로프로 묶어 올린다.

줄을 올리면 흔들리면 가는 로프를 파이프에 묶어서 잡아 주고 작은 개구부를 통해서 올릴 때 안전벨트를 걸 수 있어 안전하게 작업을 할 방법들이 있을 것이다.

## ■ 유가족 옆에 있는 안전 전문가

합의를 잘 끝내고 장례를 치르게 도와주면 판결에 유리할 것이다. 안전 전문가가 유가족 옆에 있다면 회사의 공정과 시설물 관리와 직원들의 과실을 회사의 과실을 장례 합의하고 별도로 추가로 발견하게 되면 피해 보상을 추가로 요구할 수 있는 환경이 되었기에 구상권 청구도 가능하다. 회사도 무과실책임주의 때와는 다르게 준비하고 대응해야 공격과 방어를 자유롭게 할 수 있고 근재 보험과 산재 보험에서도 유가족을 상대로 망자의 과실을 별도로 찾아내면 지급한 보험금 회수 소송의 빌미를 줄 수도 있다.

## ■ 사업주가 법에 당하지 않는 방법

사업주가 여러 공정을 한 번 정도 읽어 본다면 어떤 위기가 닥쳐도 살아남을 여러 비법들을 생각할 것이다. 여러 작업의 위험들을 한 번 정도 읽어 본다면 아하 하면서 최고의 생각들을 떠올릴 것이고 질문을 하면서 안전장치를 만들 수 있을 것이다. 자신처럼 직원들이 다 안전하게 해 줄 것이라고 쉽게 생각하고서 대응하다가 쉽게 당한다면 너무 억울하지 않은가.

## 3) 사업주를 대신하여 관리자들이 해 줄 업무

사고 장소에 관리자 안전 관리자가 없을 수도 있는 사유는 조사과정에 감안하지 않고 그 장소에 없다는 이유로 사업주에게 죄를 묻는다. 법이 요구하는 사고 예방을 위한 서류 중에 사고를 대비하면서 더욱 정밀하게 서류를 법보다 한 단계 위로 작성하여 예상 위험을 대비하도록 사전 시뮬레이션 해 볼 것이다. 국민의 공분을 사는 사고이거나 기업의 대응이 국민 정서와 다를 때 법 적용을 더 강하게 받을 수 있다. 반별 6~7명이 넓은 구간에 흩어져 작업할 때 관리자는 1~2명으로 넓은 구간을 관리하기에는 인력이 부족하여 추락하는 그 시간에 그 자리에 없을 수도 있을 것이다. 법은 용납하지 않지만 적정하게 편성된 조직에서 그 시간에 각자의 업무와 위치를 도면으로 업무까지를 제시할 수 있어야 하고 수주 금액 대비 관리 인원이 적정하게 배치되어야 한다. 안전시설을 위험성 평가 등을 법에 맞게 만들어서 공유했다면 법이 어떤 판단을 할지 싸워서 빠져나갈 길을 만들어야 할 것이다.

작은 규모의 수주에서 관리자도 사람이기에 화장실에 갈 수도 있고 작업 지시차 업무 협의 차 사고 장소에 없다고 하면 부족한 관리자 수를 늘려 방어할 방법은 무언지 반격해 볼 수 있을 것이다. 반별 작업 지시할 때 반장은 이런 작업은 이렇게 하는 게 안전하다고 말하고 일지에 개인별 작업 지시 내용을 매일매일 기록으로 남긴다. 메모지를 별도로 만들어서 번호를 매겨서 지시한 내용이 기록으로 남겨 훗날 위험이 닥치면 대응할 수 있게 근거를 남긴다. 반장이 지시한 작업 내용도 반장은 근로자 앞에서 상세히 기록하고 근로자들도 기록해 둘 것이다.

중대재해법이 요구하는 시공 부서 안전부서가 서류 등은 잘 만들어 필요시 위험하다고 생각하면 시간을 만들어서 해당 근로자들에게 교육시키고 자필 날인을 직접 개인별 받아 둘 필요도 있을 것이다. 사업주의 날인이 된 안전 시공 계획서와 위험성 평가 등을 게시판에 잘 읽을 수 있게 부착해 두고 관리자 근로자는 읽은 후 쉽게 사인을 하게 해 둔다.

## 4) 한국 금융 시장을 쥐락펴락한 론스타

통제되지 않는 불확실성이 갈수록 증가하는 이때 한국은 대형 건축물에 입주용 임대 현수막이 나부낄 때 자신의 사업이 아니면 수천 억의 건축물 신규 투자 수주는 어렵고 투자하더라도 미래 수익 창출이 어려울 것이다. 한국의 금융 시장을 흔들어 버린 론스타가 1998년 IMF 위기 때 정부와 경제 전문가들이 보는 데서 기업을 매입하고 구조 조정 후 큰 값에 팔아서 이익을 만들 줄 알았고 그 당시는 정부도 기업도 노조도 대응하기 어려웠다. 스타타워 빌딩 극동건설 등에 1조 4500억 원 투자 외환은행 2조 1548억 원 투자 5년 후 6조 8149억 원 매각, 총 4조 2380억 원 투자하고 11조 1569억 원 매각하여 전문가들이 보는 데서 6조 8889억 원 수익을 만들어가져갔다. 더 받을 수 있는 기회를 한국 정부 방해로 못 받았다고 5조 원 소송까지 걸어 2022년 2925억 원 승소하는 과정에 소송 비용과 이자 등을 국가분쟁기구(ISDS)에서는 서로 해결하라고 판정했다.

쉽게 거액을 벌어 가는 건 여론이 뒤에 잘못을 따질 수 있기에 모두 다 다음 소송에 매달리도록 최고의 법을 걸어서 국가나 금융권이 상상할 수 없는 5조원 소송에 매달리도록 한국을 엉뚱한 데로 방향을 돌릴 줄 아는 대단한 두뇌들의 집단이 한국에서 모든 기교를 부릴 줄 알았다.

외환은행의 과정을 잠재우려고 소송에는 큰 의미를 두지 않고 여론과 언론들을 소송으로 분산시키는 효과는 충분했다. 중요한 사건 사고일수록 원인 파악이 불가능하다는 걸 한국 시장 구조는 서로 엉켜 있는 걸 잘 알고 있던 고수들은 뒤를 풀기가 더 어렵게 소송까지 걸어 둘 정도로 칡넝쿨처럼 복잡하게 엮어 놓고 돈은 쉽게 벌어서 웃으면서 떠나갔다.

론스타는 세상에 프로 고수들이 걸면 쉽게 걸린다는 걸 보여 준 한국의 미래 금융 두뇌들이 돈 주고도 배울 수 없는 최고의 비결을 공개적으로 두뇌가 영리한 금융인들에게 보여 준 어쩌면 고마워해야 할 금융 프로들이다. 외자 유치라는 포장을 하고 들어와서 배고프다고 우는 한국 정부를 도우면서 한쪽은 알짜배기 돈 될 기업들을 주워 담아 가져갔다.

### 가. 론스타 같은 독종들 발굴

한국의 금융 지식인들이 론스타 같은 프로들에게 당하지 않고 미국에 들어가서 론스타처럼 미국 시장에서 금융권을 집어 삼킬 프로 고수가 한국에도 나올지 기다려 볼 때이다. 기업 규모가 작다고 서러워 말고 인력들이 적다고 아쉬워할 필요가 없는 세계 경제 환경이 변화한다. 이들은 수십 년간 한국에 뿌리내린 게 아니다.

극소수 투자자들이 IMF를 따라서 한국에 불시에 합법적으로 들어와서 건물들을 헐값에 매입하듯이 기업도 경제와 법에 우수한 인력들을 선택하여 론스타와 같은 프로 두뇌들을 양성시켜 강압적인 억압에도 당당하게 소신을 관철시킬 수 있는 독종의 우수한 두뇌들의 인재들을 발굴하여 양성시킨다면 돈을 벌 기회가 올 것이다. 세계는 넓고 많은 부를 가진 부자들은 갈수록 더 많이 늘어날 것이므로 금융 고수들이 노리는 먹잇감은 상상할 수 없을 정도로 세계적으로 많이 늘어날 것이다.

한국에서 연습을 해 보는 상대로 적자로 위기에 처한 기업을 법에 걸리지 않게 합법적으로 성장시키는 연습들을 해 본 후 넓은 곳으로 먹잇감을 찾아서 세계로 진출해 보는 것도 해 볼 만한 투자이다.

여러 국가들 중에 합법적이고 지능적으로 돈을 벌어 볼 기회는 앞으로 많이 있을 것이다.

론스타에게 당한 건 받아들이고 세상은 강자들의 전유물이기에 지난 일을 따지지 말고 미래는 그들이 보는 데서 그들이 갈취해 간 값의 몇 십 배를 더 많이 받아 올 인재를 찾아내고 그들을 양성해 볼 시대이다.

수백 년 전부터 지금까지 당하기만 했지 그것이 미래는 벗어나 보려면 청나라의 천하 통일. 일본의 동남아 찬탈 등 독종들이 있었기에 자기들 세상을 만들고 부를 약탈해 교묘하게 가져가서 나라를 부강하게 만든다. 왜 한국은 일본 동경에 들어가서 그들이 모르는 고수들의 수를 만들어서 임진왜란 한일 합방 긴 세월 한국에서 가져간 부를 빼앗아 볼 야심은 없었을까.

삼성전자가 소니를 벤치마킹했던 세월이 유일하게 있었다. 소니를 넘자고 했던 삼성이 13년이 흐른 후 2006년 선진국 미국 매장에서 결정 났고 미국에 삼성의 우수성을 직접 보여 주어 그들이 매장 진열대를 스스로 바꾸어 버렸다. 삼성이 벤치마킹했던 소니를 넘어 보자던 그 강한 정신으로 미국에서 삼성전자를 경영했다면 애플과 당당하게 경쟁하면서 살았기에 조 달러를 넘어 성장했을 것인데 한국 시장은 너무 좁고 수출하려면 내부 절차가 복잡하고 5년 정권이 앞서서 기업이 세계의 프로들처럼 성장하는 걸 인정하지 않고 용서하지 않는다.

## 나. 요동치게 되는 환경

어떤 기업이 삼성을 따라서 일본을 넘었다는 기술을 한번 보여 줄 때이다. 미래는 중국이 서서히 준비하는 동안 미국도 영국처럼 서서히 저물지 강자만이 강한 국력을 만들 것이다. 오랜 세월 당한 걸 힘을 키워서 몇 배로 되갚아 주는 게 미국의 강자들의 논리를 한국도 만들어야 할 때인데 닭싸움 하는 데 열중하다 보니 야생 멧돼지들의 이빨을 잊고 현실에 안주하면서 편안하게 살아가는지 모른다. 진주만 공격으로 2300명의 미국 자식들이 사망하자 몇 배로 되갚아 준다는 미국인들의 정신은 그대로 진행했다. 목조 건물인 일본 도쿄를 60% 정도 폭격으로 쑥대밭으로 만들고 히로시마 24만 명 살상 나가사키에 원자 폭탄 1발씩 되갚아 준다는 미국인들의 정신인데 한국은 그런 정신은 조선 시대부터 없는 것일까.

미국도 내부적으로 가장 위험을 주는 살상무기인 가정에 총을 소유해야 자유를 보장받는 민주주의에서 가장 취약점인 통제가 쉽지 않을 것이다. 세계 최고 갑부들이 살아 가는 미국이지만 빈곤층도 늘어나는 구조이다. 제네럴 모터스 크라이슬러 포드가 경쟁하던 미국 최고의 자동차 중심도시가 차는 크고 기름은 많이 소비는 화려한 디트로이트 도시 속에는 개인들이 자가용 소유로 대중교통은 발전하지 못했다. 건물들은 화려한 자동차 주차장으로 수익을 만들다가 1973년 석유파동을 겪으면서 큰 변화를 맞이한다.

실용적인 유럽산 일본산 자동차에 밀리면서 고객들이 외면하자 백인들은 건물은 가져갈 수 없어 남겨두고 떠나가면서 도시가 파산되었다.

한국도 가장 화려한 도시가 영원하지 않는다는 걸 디트로이트를 봐야 하는 게 서울의 고급 지역도 영원히 지탱해 줄 구심점이 없고 고공행진하는 APT가 버티는데 개인들 땅 소유 몇 평인지 그 위에 수십억 원 하는 콘크리트 껍데기 포장 속에 화려하게 살고 있다.

## 다. 건물이나 회의장에서 위급 시 탈출구는 어디인가

대단위 인원들이 모여서 공연 행사를 하다가 불시에 전력 계통에 이상이 생겨 정전이 된다면 동시에 많은 인구가 어디로 어떻게 탈출할 것인가. 보통 비상발전기가 작동하여 비상전원을 작동시킨다고 말하지만 예기치 못한 지진이나 화재 붕괴 등 심각한 일이 생길 수 있다. 어디에서나 가장 먼저 생각해 둘 안전 조치는 어떻게 안전하게 건물 밖으로 피신하는 길인데 건물에 위기가 닥쳐 통신 전기 장치나 비상 발전기의 배선이 파손된다면 컴컴한 데서 서로 휴대폰 내 전등을 켜고 허우적거린다. 옆의 3~4명이 휴대폰 1개로 길을 비추어 복구 시간이 언제일지 모르기에 모두의 휴대폰 낭비를 제거하는 요령도 필요하다.

앉은 자리에서 불시에 닥친 위기 때 어디로 달릴 것인가. 어른과 아이 남자와 여자 뒤섞이면 통제가 상실되는 게 인간의 공통 심리다. 위급시 대피 구역에는 지하철로 인식하고 있는데 좁은 데를 동시에 진입 시 부딪혀 압사당할 수 있으며 사회 생활 하면서 위급한 일이 생기면 119라는 인식이 마음속에 자리 잡았기에 더 많은 구조인력이 항상 대기해야 할 것이다. 고령자가 많아지듯이 오래된 건축물들이 증가하고 행사 등이 증가하기 때문이다.

- 회의장에 들어가서는 가장 먼저 정전이 되었을 때 어디로 어떻게 탈출할 것인지 생각하고 사회자는 회의 시작 전 탈출구를 이야기해 준다

침착한 마음으로 행동해야 하는데 위기가 닥치면 모두 동시에 달려 나가기에 위험에 동시에 노출될 수 있지만 다행인 것은 소지한 휴대폰에 후레시 기능이 있다는 점이다.

## ■ 조지 소로스

헝가리에서 나치를 피해 남의 양자가 되었고 17살 덩치가 커서 전쟁에 징집될 수 있어서 스탈린 치하에서 탈출하여 영국의 빈민가에 살면서 부두에서 등짐을 지고 일하다가 다쳐도 치료를 받지 못하는 자신을 먹을 것이 없어 배고픈 환경에서 부모와 고향을 떠나서 살아가야 하는지를 심각하게 고민했다. 얻은 결론은 작은 영국에서 평생 고생해도 큰 부를 얻기 어렵다는 걸 알았다. 가장 경쟁이 치열한 최고 강자들이 싸우는 곳에는 먹을 것이 많다는 걸 26살 젊어서 일찍 깨달았고 영국은 자신이 성공할 수 있는 구조가 아니었다.

아는 사람 없이 가진 돈이 없기에 건강한 체력과 철학과 은행 근무와 경제로 다져진 두뇌를 소유하고 강자들을 이기려고 26살에 영국에서 이민선을 타고. 미국 월가로 진출하여 자신을 살리기 위해 살았던 부모에게 보답하려고 철학적인 두뇌를 경제학에 주입시켜 가난하게 살 수 없다는 신념으로 자신의 두뇌를 금융에 접목시킨다. 50살부터 주체할 수 없는 돈을 모아 세계 갑부 29위까지 되었다. 영국 빈민가에 살았던 그가 미국을 대신하여 전세기를 타고 영국으로 날아가서 영국 금융권이 은행문을 열고 10억 달러를 받아 가져간다. 그가 영국에 정착했다면 은행 지점장 정도로 평범하게 살았을 것이지만 가난할 수 없다는 부모의 고생을 생각하고 미국행을 택해 갑부가 되었기에 세상에다가 부자가 되는 비법을 자문해 주고 있다.

## ■ 중동석유의 위력과 한국의 석유화학 현실

1967년 3차 중동 전쟁이 발생하고 아랍권 국가들은 자신들에게 둘러싸여 있는 조그마한 나라인 이스라엘에게 6일 만에 허무하게 패했다.

아랍권 국가들이 관찰한 것은 석유를 많이 생산하고 서방 세계는 이익의 많은 돈으로 이스

라엘을 도우는 일을 하고 있는 걸 예리한 감각으로 관찰했다. 모든 장비들이 석유에 의해 움직이는 걸 보면서 석유가 인간에게 가장 중요한 에너지로 자리 잡아 버린 걸 알았다. 이스라엘에게 쉽게 패한 원인을 분석하면서 세계 경제를 움직이는 중동 산유국들의 석유가 변화를 하면 중동에 어떤 영향을 줄지 2000년 전 소진의 합종책으로 6국이 뭉친다면 거대한 힘을 발휘할 것을 예견했다.

산업계를 성장시킨 석유가 중동 국가들이 석유를 무기화한다면 핵폭탄보다 무서운 세계 경제에 치명상을 줄 것을 알게 되는 직관력과 창의성이 풍부한 직원들 채용부터 학벌은 기본으로 하고 회사 성장의 아이디어를 중요시하는 기업들이 변신하면서 남의 위기를 자신들 기회로 만들 인재들을 키워 나간다.

한국의 초등학교는 기초능력 배양과 문제를 인식하고 해결하는 능력 기르기 등 여러 조건을 잘 배합시켜 어린이들에게 큰 도움을 주는 외국의 유명한 많은 책들을 번역하여 어린이와 학부모들이 많이 읽게 하고 있다. 대학을 목표로 준비하면 그때부터는 암기식으로 매달리면서 자신의 가장 큰 장점을 버리고 대학시험 기술적 시험도 기업 취업도 합격을 목표로 암기에 집중하므로 기초 지식과 응용 능력이 약해진다.

암기 상태로 경쟁하면서 사회로 나와서 학맥으로 쉽게 탑승해 가면서 자신을 뒤돌아볼 생각보다는 군대에서 적용한 걸 사회에서 더 위험한 위기를 만들 상명하복의 위계질서에 몰입되어 국가에 엄청난 위기를 만들기도 한다.

중동의 산유국들은 자신들이 땀 흘리며 열심히 땅을 파서 생산하는 석유로 서방 세계는 정제 과정 등으로 고급제품을 만들어서 수백 배의 돈을 벌어 자신들의 적국인 이스라엘을 도우는 일을 해 왔다는 걸 뒤에 알았다. 이스라엘의 첨단 무기들이 자신들이 생산한 석유로 구입했다는 걸 그 사실을 중동의 극소수 두뇌들이 알게 되면서 세계 경제를 휘청거릴 엄청난 음모를 꾸미는 줄 누구도 중동 국가들의 능력의 한계를 예상하지 못했다. 쉘 본사는 직원의 보고서를 검토한 결과 이스라엘의 보복에 당한 아랍권은 전 세계를 상대로 석유를 무기화할 수 있고 보복하므로 중동도 성장을 할 기회를 찾았다.

어느 날 중동이 공동으로 석유를 무기화시켜 생산을 줄여 버린다. 세계 산업계는 석유에 의

존하는 구조로 변해 버린 국가와 기업들이 핵폭탄보다 더 무서운 힘을 발휘할 수 있다는 걸 중동산 석유에서 경험했다. 한국도 경제 성장에 가장 큰 기여를 해 준 석유에서 원유를 정제하여 휘발유 등유 등을 생산하고 다시 에틸렌을 생산하는데 플라스틱 병 파이프 건축재 의류 자동차 등 산업에서 핵심적인 제품이다. 경쟁력을 잃어버리면 산업계는 치명적이다. 한국은 원유 10톤에서 에틸렌 프로필렌을 1톤 정도 생산해 왔는데 몇 년 후 4~5톤을 생산한다는 공장을 아람코가 준비 중이다. 한국은 에틸렌의 생산단가는 톤당 300달러인데 그들은 100달러 정도까지 낮추려고 시설을 현대화하는데 한국의 석유화학 기업들이 구조조정은 전혀 불필요한 시대로 진입할 것이기에 기업은 생존이냐 몰락이냐를 선택할 시간이 다가온다.

### 라. 새로운 시대 대비

한국의 부채 모두 합계 6410조 원 매년 세수 확보가 어려워 위기가 다가올 수 있다. 미국이 달러를 회수하거나 가계 부채를 갚지 못하거나 부동산 가격이 폭락하거나 북한의 비무장 서쪽 지대서 무력 충돌이 발생한다면 외국의 주식과 투자가 일시 빠져나갈 것이다. IMF를 능가하는 감당하기 어려운 위기가 닥친다면 한국 돈은 휴지가 될지 모른다. 대비가 늦다면 늦은 만큼 힘들 것이고 어쩌면 이미 늦었는지 이대로는 위기가 쌓여 갈 것인데 누구도 알려 주지 않는데 고통을 당해 보면 어떻게 살아야 하는지 조금은 알 것이다. IMF를 지원한다고 들어왔던 외국 자본은 골라잡아 수익이 우수한 기업들을 구조 조정하면서 자산 가격을 올린 후 짧은 시간 환율이 안정되면서 경기가 살아나자 보유한 자산들을 처분하여 엄청난 수익을 챙겨서 가방에 담아서 떠나갔다.

한국의 기업들이 빚이 많아서 더 이상 성장 여력이 적어 생산해도 이익이 적다면 시중에는 생필품 농산물 가격들이 순식간에 너무 올라 제자리로 안정되기는 어려울 것으로 다가올 위기는 여윳돈이 있으면 견디어 내면서 부자가 될 확률이 높아질 것이다.

### ■ 아름다운 미래가 올 것인가

결혼하려면 집이 있는 걸 조건으로 달기에 빚을 내어 효용가치가 적은 비싼 집을 사서 평생 대출 갚는 데 허비하게 만들고 40 전에 집이 없으면 탕진하거나 허비하는 인생으로 취급해 버린다. 40대까지 부모 재산이 없으면 집을 소유하는 건 비싼 대출이자에 얽매이게 만드는데 현명한 젊은이들은 다음에 환란이 온다면 고가의 집을 그냥 주울 수 있기에 모으면서 기다리는 여유를 보인다.

한국의 직업은 스스로 빚의 덫을 만들라고 상대가 요구하는 세상에 빚 갚는 데 부부가 끙끙대며 살아갈 길을 스스로 만들어 갈 것이다. 두 번의 경제 환란이 국가의 관리부실과 외부의 힘에 의해 당했지만 많은 채무까지 걸려 있어 위험은 갈수록 증가하는데 대출받아 집 사는 건 미래에 빚 갚는 데 매달리느니 빚을 제거하는 고통을 벗어나는 기술이 유리할 것이다.

융자 받아 주택 구입한 빚을 안고 있기에 벗어날 방법이 전혀 없다면 잘못 선택한 본인들의 결과물이다. 젊은이들에게는 생애 최초로 40조의 대출을 풀어 부채를 교묘하게 안겨 주었으며 자녀 출산을 미끼로 수십 조를 풀어서 40~50년 떠안겨 줄 것이다.

권력자들의 정책 잘못으로 인구가 감소하는 데 미래는 남아 도는 빈집들을 땡처리 할 시대가 다가 올 것이지만 구입해 어떻게 활용할 것인지 AI 시대와 자율주행 날아서 배달하는 드론 택배 화상영상으로 진료받아 가까운 곳에서 약을 타고 로봇이 24시간 일을 해 주고 AI 로봇이 법을 조사하고 판결하는 시대는 S대 가야 할 필요가 없는 세상이 올지 모르는데 강남 마용성 30~60억 APT는 어떻게 변화할까.

최고의 노래를 부르는 가수처럼 노래를 더 잘 부르고 춤을 더 잘 추고 AI가 무슨 화백의 수십억 고가 미술품을 썩썩 그려서 진품 구분이 어려운 세상이 올지 모른다. 복잡하지 않고 남에게 침해받지 않고 매연을 벗어나서 위 아래층 인상 쓰지 않고 사랑하는 가족과 같이 행복하게 살아갈 주거가 다가올 것이다.

## 5) 세계 최고 IQ 210을 한국이 보유

세계 최고 천재는 주변에서 쉽게 볼 수 있는 것은 절대 아니다. 천재의 능력과 한계를 일반인들이 평가하는 것 자체가 모순이다. 5년마다 나오는 대통령도 어렵지만 210는 언제 다시 태어날지 모르는 한국의 귀한 재산으로 그의 삶을 어떻게 만드는지는 국가가 해야 할 의무였다. 세 살

때 두각을 나타낸 천재로 IQ 210의 소년은 일본에 없기에 두려워했던 한국의 미래 국보급 인재였지만 활용할 줄 모르면 평민과 같이 된다. 일본 티브에 출연하여 도쿄대 교수가 낸 미적분을 간단하게 풀어 교수가 5살을 보고 "정답이다!"라고 자신도 모르고 외칠 때 얼마나 감격했을까.

천재가 일본에 태어났다면 도쿄 60프로 파손과 원자폭탄 2방을 보복하려고 빛의 속도로 달릴 강력한 무기 중에 자유롭게 개발할 레이저 무기를 개발하여 미국의 원자폭탄을 무용지물로 만들려고 했을지 모를 간 큰 놈들이다. 한국에도 미래를 위한 리더가 있었다면 70년간 풀지 못한 남북한 분단을 종식시킬 거대한 프로젝트를 해결하라고 했을지 성사시켰을지 모른다.

일본은 노벨상을 수십 개나 많이 받아도 한국에는 주기 싫어 영재들을 더욱 육성시키는 계기를 만들었고 한국은 천재에게 해준 미래는 없었다.

어릴 때 대학을 다닐 기회도 없이 대학 졸업장도 없이 12살 때 세계 최고 두뇌들이 모여 경쟁하는 미국 나사에서 지구 밖의 물체를 움직이는 궤도를 수정하는 업무를 하면서 인간의 한계가 어디까지인지 직접 미국도 모르는 우주를 계산하고 있었다. 한국은 천재를 감탄사만 연발했고 영재 교육에 관심이 없었는지 미국으로 보내 버렸다. 일본은 큰 인물이 되면 안 된다는 시샘으로 자신들 영재들 교육 기회를 만들었다. 미국은 뛰어놀 어린이를 데려다가 자신들이 못 하는 우주 밖의 성과 내는 데 이용했다.

한국이 IQ 210의 미래의 희망을 만들어 주지 않았고 뛰어 놀고 싶었고 정기 교육을 받지 못한 상황에 컴퓨터 기술이 발달하면서 19살에 한국으로 돌아와도 외로웠고 정상적인 기회는 국가가 만들지 않았고 평범하고 싶은 그에게 누구도 그가 재능을 발휘할 기회는 주지 않고 공기업에서 평범하게 근무하고 있다. 너무 아까운 시간을 세계적인 천재가 국가에 기여하려고 돌아온 우주 밖의 시간을 인간에게 개척의 시간을 만들어 주려던 소박한 천재의 꿈을 한국의 학벌과 인맥들이 외톨이로 만들어 버렸다. 그의 두뇌에 슈퍼 컴퓨터를 융합시킨다면 한국이 세계에 우뚝 설 수 있는 기회를 왜 만들지 못했을지 궁금했다.

국가의 세수를 제일 많이 내는 기업들을 청문회에 단골 메뉴로 세우다가 여론에 못 이겨 중단하다가 이제는 사망 사고를 근절시킨다는 명분으로 중대재해법으로 사업주를 청문회에 세울 명분이 만들어졌다. 미래에 성장하고 싶은 젊은 사업가들은 한국에서 뿌리내릴 것인지 미국, 중동 등 자신의 큰 그릇을 채워 줄 외국으로 나갈 것인지 깊은 고민을 할 것이다.

## 6) 과거 삼국지를 한국에서 재현시키면

가장 혼탁한 시대에 등장하여 천자를 끌어안을 줄 알았기에 정통성을 인정받았고 정치 군사적 기반을 잡으면서 중국에서 가장 많이 등장하는 조조, 그는 삼국지 영웅들 중에 최고였다. 나관중은 조조 그늘에 가려 오랜 시간 빛을 보지 못했던 최후의 승자의 공식을 만든 삼국지 사마의를 수천 년 후 홀로그램으로 데려와 보자. 조조 아래서 말똥 청소들을 하면서 자신이 남들과 같이 생존하기 위해 굽힐 줄도 알았고 잘난 체하지 않고 조조 집안을 위해 태어난 것 같았다. 관우와 장비는 칼 자랑에서 덤빌 자가 없는 장사지만 수많은 전쟁 속에 지략과 무기가 나날이 발전하고 전쟁의 양상도 달라지는 그때 두 사람은 자신의 힘을 믿고 변화를 멀리하면서 의리에 죽고 사는 인간이 최고인 줄 알았다.

생사고락을 같이하는 가장 사랑해야 할 자신을 위해 전쟁터에서 앞장서고 죽으러 달려가는 부하들에게 성질을 내고 채찍으로 구타하고 화를 전가시키면서 포용력이 약해 마지막에 부하들에게 살해당하는 비운을 맞이한다. 고향을 떠나 죽을지도 모르는 전쟁터에서 믿고 따르던 장군이 자신들을 화풀이 대상으로 삼았다면 누구를 위해 죽을힘을 다해 싸울 것인가.

기업의 사업주의 생각도 관우와 장비처럼 하지 않는지 자신들이 일한 대가로 돈을 받아 가는 일꾼들로 여긴다면 기업을 위해 중대재해법에 걸리지 않게 최선을 다할 것인지 사업주들은 깊고 깊은 고민과 생각을 해 봐야 근로자들도 사업주를 위해 헌신하려고 할 것이다.

조조 아래 생존했던 사마의라면 조조보다 두뇌와 전략과 지략이 더욱 우수해야 인정받고 살아남을 수 있었다. 나관중은 사마의를 두각을 나타내지 못할 정도로 경쟁에서 낮추어 버렸지만 진정한 승자는 조조 가문의 조비를 태자로 세우고 손자가 옥쇄를 받아 서진을 창업하는 최후의 승자로 이 시대에 사마의를 리더십과 지혜를 배울 필요가 있다.

이릉 전투에서 유비는 더운 여름 40km 길이로 길게 수풀 속에 천막을 치고 분산시켜 육손에게 회공계로 무참히 무너지면서 유비의 시대를 마감한다. 유비가 대군을 이끌고 오나라를 치러 갈 때 늙은 60이 변변한 장군도 책사도 약하고 혼자서 대군을 끌고 가는 걸 제갈량은 왜 보냈을까 하는 의문이다.

살기 위해 도망가면 주머니에 어디로 가라고 할 정도로 지리에 밝았는지 도망가는 길만 알려 주었지 싸움에 이기는 주머니는 주지 않은 이유도 애매하다. 불알 두 쪽밖에 가진 게 없던 유비에게 촉나라를 세우게 해 준 능력은 탁월하지만 자신이 주도하여 북벌을 완성시키려고 준비했는지 모르고 그의 활약치고는 유비 2대에 망해 버린 건 제갈량의 한계를 보여 주었다.

제갈량을 어떻게 평가할지는 독자들의 의도이고 나관중도 너무 크게 제갈량에게 유비의 책사라는 한 가지만 하게 치켜세운 점도 있을 것이다. 사마의가 조조의 신임을 얻는 데는 오랜 시간이 흐를 만큼 조조가 유비 손권보다 월등히 앞선 전략을 짜는 데 탁월했고 휘하에는 유명한 책사들이 포진했기에 실력을 인정받는 데 오랜 시간이 걸렸고 조비를 태자로 세우면서 제갈량이 할 수 없는 많은 전략적인 일을 하면서 살아남은 게 제갈량이 못 한 일이다.

사마의에게 제갈량처럼 모든 권력을 주었다면 피 흘리지 않고 더 빠르게 중국천하는 쉽게 조조의 천하를 만들어 주었을 것이다. 워털루 전투에서 젊은이들이 피 흘리고 이기고도 런던에서 금융가 고수인 로스차일드 가문의 3남 네이션의 3마디 팔아라에 부자들이 자기 재산을 다 던져 한 푼이라도 건지려고 거지가 되는 길도 스스로 할 수 있는 게 단순할 생각들이 위험을 스스로 선택하게 된다. 유명한 전략가와 권모술수를 부리는 조조 주변에서 최고 책사 순욱에게 떠나가게 만든 조조였다.

자신과 가문이 살기 위해 마지막까지 살아남아 손자들이 서진과 동진을 창업했기에 사마의기 진정한 난세의 영웅일지 모른다는 생각을 평가해볼 시대가 되었다. 유비의 시대가 저물어 인생의 마지막 가는 길을 편안하게 보내 주려고 했는지 궁금하다.


자신이 주도하여 북벌을 완성시키려고 했는지 모른다. 기업도 삼국지에서 보면 조조의 인재술과 리더십을 배우고 사마의 같은 인재가 옆에 있다면 세계적인 기업이 될 수 있을 것이다. 천하의 쌍벽인 제갈량과 직접 싸우려고 전쟁터에 나갔고. 사마의를 음모와 술수의 달인이라고 말하는데 조조 아래서 천하의 전략가들이 모여든 그 속에서 살아남으려면 추악한 면도 보여야 하고 시커먼 배짱도 두꺼운 변하지 않은 표정 관리도 필요하기에 끝까지 살아남아 자손들에게 중국을 통일하라고 기초를 만들어 안전하게 물려주었다.

- 제갈량은

유비의 신임을 받았고 누구도 경쟁하지 않았고 누구도 모함받지 않을 만큼 최고의 책사로 대접받으면서 마음대로 군사를 동원시키고 장수들을 마음대로 부리고 원하는 전쟁을 치루는 게 책사로서 긴장감과 질투심이 없었기에 유비 2대에서 망했을 것이다.


- 사마의는

① 조조에게 신임받으려고 말똥 치우는 마구간 청소도 하고.

② 조비를 황제로 만들려고 조조가 제일 사랑하는 아들 조식의 책사 양수와 경쟁하면서 승리하여 조비를 태자로 세우는 데 성공한다.

③ 제갈량과 싸워서 비기거나 이겨야 조조로부터 생존할 수 있었다.

④ 실권자 조상과 싸우랴 숨죽이고 기다릴 줄도 알았다.

⑤ 국내 정적들과 경쟁하면서 많은 일을 했다. 사마의가 대단한 점은 혈기 왕성한 나이에 조조의 부름을 받고 나갔다면 능구렁이 조조의 술수에 당해서 피어 보지도 못하고 죽었을 것이지만 젊어서부터 조조의 속내도 간파할 줄 알았기에 자신의 시대를 기다릴 줄 알았기에 조조보다 한 수 위였다.

⑥ 조조가 세상을 주도할 수 있는 위치까지 승진하는 걸 보면서 그때까지 병으로 긴 시간 은 둔하다가 조조가 승상이 되자 천하를 볼 수 있고 이름을 알릴 수 있기에 조조에게 가서 가문의 자존심도 버리고 마구간 청소 담당부터 시작하여 전혀 다른 면을 보여 주면서 조조에게 끝까지 살아남을 만큼 세상을 볼줄 알았다.

조조가문의 시대를 잠깐 만들어 주어야 자신이 기초를 다질 수 있었기에 잘난 체하지 않고 당당하게 살면서 자신의 사후를 봤을 것이다.

조조의 천하를 만들어 주는데 제일의 책사 순욱은 조조가 보낸 찬밥 통을 받아 보고 자신이 조조에게 쓸모가 끝난 걸 알고는 자살해 버릴 만큼 잔인한 조조보다 영리해야 끝까지 살아남았다. 고급요리를 찬합에 넣어서 사랑하는 순욱에게 가장 믿는 부하에게 지참시켜 보냈는데 배달하는 부하가 배고파서 맛있는 냄새에 끌려서 가면서 다 빼먹어 버리고 빈 찬합을 보냈는지 지금 시대에도 믿는 부하에게 보낸 배달 사고로 자주 싸우는 걸 볼 수 있다.

사마의는 후세에게 천자를 만들 만큼 군사적 최고 전략가요 최고의 정치가로 추천한다. 조조의 자식들도 신임하여 4대를 받들면서 위나라의 실권을 마지막에 아들에게 물려주고 후회 없이 73살까지 살다가 세상을 하직한다. 높은 권력자들일수록 남들 앞에서 아무리 큰 이익이 있더라도 두꺼운 얼굴과 시커먼 마음을 감추고 촐싹거리지 않아야 하고 자신의 속내를 숨기고 때를 기다릴 줄 알아야 한다. 상대는 자신의 이익이 아니면 절대로 의리를 지키지 않으며 가까이 있을수록 자신을 배신할 수 있다는 걸 알았던 전략가 사마의다. 가장 친하다고 속을 보이다가 필요 없는 말을 하여 훗날 뒷다리 잡히는 수틀리면 배반하는 시대이기에 누구를 탓할 것인가 자신의 잘못이지.

조조가 신뢰하던 책사 양수가 밀고 있던 조식과 사마의가 밀던 조비를 경쟁시켜 박 터지게 싸우게 하고 양쪽으로 편을 갈라 강한 놈을 후계자로 선택하려고 조조다운 계략으로 조조는 이놈이나 저놈이나 자신의 아들이기에 강한 놈에게 대권을 물려주려고 경쟁을 시킬 줄 알았고 어떤 놈이 책사로서 아들을 도울지 2가지를 같이 견줄 만큼 중국 역사상 누구도 생각 못한 일을 조조다운 두뇌를 활용할 줄 알았다. 조조의 속내를 간파할 줄 알았던 사마의가 승리한다. 너무 영리한 사마의를 옆에 둔 것은 조조가문을 발판으로 사마의는 야심을 감출 줄 알았고 힘을 비축할 줄 알고 있던 야심가를 아들 스승으로 둔 것이 조조가문이 일찍 끝날 정도로 사마의의 지혜인지 조조의 실수인지 모른다.

제갈량보다 몇 수 위였기에 적당하게 시간을 조절하면서 살리기도 하고 일찍 죽게 만들 정도로 승자의 공식을 만들면서 목구멍으로 나오려는 고함도 조절할 줄 알았고 성질 난다고 앞에 보이는 물건을 들고 부하에게 던지지 않을 만큼 절제할 수 있는 인내심은 누구도 따라할 수 없는 사마의 자신을 통제할 수 있었고 시대를 다스릴 수 있는 절제력이 대단했다.

최고의 리더라면 절제하면서 바둑처럼 다음 여러 수를 생각할 것이다. 손자는 할아버지 아버지가 닦아 둔 가문 때문에 쉽게 서진의 황제가 되었다. 피눈물 나는 고통의 과정이 없었기에 허수를 둔다. 정신 장애인 아들을 며느리 가남풍에게 맡기면 될 것이라고 후궁 소생인 손자 사마휼이 영리하기에 문제가 없다고 선택한다. 중국 역사에서 있을 수 없는 최악의 악수를 둔다.

가황후가 손자를 죽여 버리는 악독함을 보여 팔왕의 난등 내분이 일어나고 52년 만에 서진은 왕조가 망해 버렸다.

사마의 6남 사마주는 무너지는 서진을 볼 수 없어 손자 사마예가 동진의 황제가 되어 11대 103년을 유지할 정도로 사마의 자손들은 서진과 동진 두 나라를 창건한 건 거대한 중국 역사에서 처음 있는 일이고 사마의다운 기상이다. 역사가들에게 대접받지 못한 왕조가 되어 중국 역사에서 잊혀 간 것은 천자의 자리를 바보에게 던져 준 별 볼 일 없는 나라로 인식해 버린다. 피 흘리면서 쟁탈전을 벌이지 않은 무미건조한 창업을 이루어 흥미진진한 볼거리를 만들지 못했고 2대가 정신 장애 황제로서 역사에서 잊혀졌다.

### 가. 너무 빠르게 변화하는 한국 생산 인구

변두리 주거들에 보면 외국인 젊은 부인들이 어린아이들을 업고 다니는데 한국의 우수한 교육을 받을 것이다. 훗날 세수 감당이 어렵다면 끝까지 한국에 남아 세수를 부담할지 궁금하다.

한국은 미래 인구가 줄어들면서 세금 징수가 개인들에게 증가할 것이기에 외국인들은 미래가 어두운 한국에 세금 내는 것보다 언젠가 엄마를 따라 자기들 나라로 돌아가서 국력에 기여를 하게 한국이 어릴 때 참교육을 시켜주고 도와주는 기회이지만 고맙다는 보답은 돌아오지 않을 것이다.

### ■ 통계청 자료에는

2050년이 되면 0~14세 8%(2024년 10.6%). 15~64세 생산 인구 51.9% (2024년70.2%). 고령자 47%(2024년 19.2%)는 위험하다. 저출산 초고령 사회로 진입하면서 생산 인구 70%에서도 수익이 늘지 않는데 늙어 가는 고령 사회가 더욱 진입하면 국가 세수는 어떻게 만들고 대한민국 19부 3처 19청. 공공성 기관(공기업, 공공기관, 공직 유관 단체)는 1200개 이상 관련 조직들이 40년 후 어떻게 변할 것인가.

### 나. 오피스텔과 상가 건물로 리모델링 미래

미래는 수천 억 건축물에 투자하면 공실률이 높은 건 외국에 직구와 홈 쇼핑과 택배가 너무 빠르게 가정에 배달되어 대리점 개념은 사라지고 시간을 원하는 만큼 당겨 주어 돈이 될 것이기에 새로운 건축물을 만들기는 어려울 것이다. 수십 년 노후된 건축물만 늘어날 것이다. 구조가 우수한 건축물을 선택하는 안목이 필요할 것이다. 주거 공간과 상업 시설물 공간을 같이 활용하는 단독 고층 건물에 안전성과 환경과 품질을 검증한 후 충분한 공간을 확보하면서 오피스텔과 상가와 사무실 개념으로 리모델링하는 게 복잡한 교통 지옥보다 더욱 시간 활용이 유리할 것이다.

# 4. 기업의 변화

　　기업은 IMF를 겪으면서 연봉제를 도입하여 경영하면서 매년 실적이 미달되는 직원들과 고령자들이 구조 조정으로 사회로 떠나보냈다. 능력자들만 남겨서 기업을 경영한 세월이 25년이 흘렀다. 제조업 건설업 조선업 매출은 높아도 이익이 다른 기업들과 같거나 낮아질 때 강점을 찾아서 다시 도전할 기회를 주지 않고 개인들 실적을 평가하여 줄 세워서 낮은 인력들을 퇴출시켜 버린다.

- 지하철을 이용하거나 사무실에서 시간만 있으면 인터넷을 뒤진다. 여기저기 뒤져 시간을 보내거나 부업거리나 젊은이 늙은이 모두 다 돈벌이를 찾으려고 하므로 업무에 상당한 영향을 줄 것이다.
- 기업은 50년 이상 같은 업무를 계속해서 관리하면서 지속해 왔다면 이제는 10% 매출 달성에서 벗어날 때이다. 선진국 특별한 기업들처럼 무한대로 성장하도록 임직원들의 혁신과 변화를 넘어서 생존이냐 몰락이냐를 부르짖으면서 가지 않으면 세계적인 선진 기업 탄생은 불가능한 환경을 국가가 만들고 있다.

## 1) 건설사별 매출과 사망, 산재 사고 비교

2017년~2019년(3년간) 10위 안의 건설 회사별 경기가 가장 활발하게 추진.
코로나 위기 없이. 중대재해법 시행 전. 매출액 대비 사망 사고, 산재 사고를 비교.

|  | S건설<br>(54조 원) | G건설<br>(27조 원) | D건설<br>(26조 원) | P건설<br>(23조 원) |
|---|---|---|---|---|
| 사망 사고 | 5명<br>(10조 8천억: 1명) | 11명<br>(2조 4천억: 1명) | 14명<br>(1조 8천억: 1명) | 19명<br>(1조 2천억: 1명) |
| 산재 사고 | 253명<br>(2억 13백만 원: 1명) | 966명<br>(2천 8백만 원: 1명) | 605명<br>(4천 3백만 원: 1명) | 142명<br>(1억 6천만 원: 1명) |

산재 사고들 중에 사망 사고로 연결된다면 중대재해법에서 기업에 어떤 영향을 미칠지 상상하면 안전, 품질 대응 방식이 달라질 것이다.

100대 건설사(3년)중 35개사가 사망 사고 0명. 산재 사고 10명 이하= 6개사.

100대 건설사(3년) 총 산재 사고 = 7339명. 총 사망 사고 = 214명.

### ■ 매출액과 사망 사고의 관계

기업이 인간 존중을 위해 사망 사고를 막으려는 의지는 강하다. 예방하려는 기술 주입은 기업마다 임직원들마다 각자의 관리 방식도 다르기에 발생하는 사고도 다를 수 있다. 매출액 10위권 안의 대형 건설 회사들은 매출액이 높아서 사업장이 50~100개 많기에 관리하기도 어려울 것이고 돌발 변수도 많이 발생할 수 있는 환경이 될 것이다. 건설 경기가 정상적일 때 발생한 사고 건수들은 매년 비슷한 수치로 사업장 수도 많고 인력들도 많기에 사망 사고가 발생하면 큰 피해를 주기에 사망 사고를 집중해서 예방하려면 산재 사고는 늘어날 수 있다.

## 2) 사망 사고가 감소하지 못하는 근본적 원인

한국은 대형 사고가 발생하면 근본적인 원인보다 복잡하고 어려운 과정은 빼 버리고 가장 쉬운 것 보이는 것을 가지고 결과를 내거나 책임을 전가시키고 높은 조직보다 낮은 조직에 죄를 주는 걸 보여 주고 있다.

- 사업장에서 작업이 복잡할수록, 공정이 반복될수록 시간이 지날수록 참여자들은 매일 보

는 공정이기에 이것쯤이야 해 왔는데 하며 느슨해질 수 있다.

- 간부는 관련자들에게 경각심을 가지도록 지적하는 기회가 없어진다면 공정과 공법을 개선하고 사고를 예방하려는 직원들은 시간이 지날수록 개선할 의욕이 떨어져 적극적이지 못할 수도 있고 느슨하게 주어진 업무를 처리할 것이다.

- 한국 산업계는 10~50톤 정도 여러 타입의 타워 크레인이 6000대 정도가 여러 곳에 가동하는 단점은 위험하게 사다리 등에 매달려 고소 지역으로 오르내리는 회수가 많아지면서 안전벨트를 걸 수가 없어진다.

- 고소 지역 사고 예방을 위해 고소 지역에 올라가서 '안전망', '비계 발판' '안전벨트를 걸고 다닐 줄'을 설치해야 하므로 그때는 위에서 의지할 때가 없어 위험 속에 안전 조치가 이루어지면서 여러 번 오르내리고 이동하면서 근로자들 스스로 위험에 노출되는 공정을 오랜 세월 기업과 관리자들이 만들면서 안전사고도 반복 발생하고 있다.

- 컨테이너 선박의 칸막이는 비계 발판 10단을 지상에서 모두 조립하여 크레인으로 한 번에 달아 올려서 선박 내에 설치해 버리는 공정이 수십 년 전부터 쉽게 설치하고 작업 공정이 끝나면 그대로 해체하므로 위험이 줄어든다.

- 수십 톤 수백 톤 무거운 블록들도 내부에 전장품을 설치하고 골리아스 크레인과 수천 톤 해상 크레인으로 한 번에 인양하여 조립하므로 시간 원가 품질 안전 등에서 위험을 줄여 주는 공법들을 수십 년 전부터 개선해 왔다.

## 가. 시간이 흐르면서 사망 사고를 제거하는 기업들

사망 사고를 근절시키려고 오랜 세월 안전과 품질 교육을 배 이상 실시하면서 미래 기업 성장의 주춧돌로 생각한다. 이익에서 안전 시설물 투자를 늘리고 공법을 개선시키면서 오랜 시간 근로자들에게 인간답게 일할 권리를 주면서 사고를 예방하려는 특별한 기업들은 기업과 임직원들이 안전 활동이 습관화되어 세월이 흐르면서 서서히 예방 효과가 향상되면서 결실을 맺어 나간다. 그것은 하루 이틀에 안전제일만 외친다고 절대로 개선되지 않고 사고를 예방하겠다는 사업주부터 기업 내부 임직원들 속에 오랜 시간 흘러야 공정을 안전에 두고 조그마한 부분도 흘리지 않기에 가능한 일이다.

일본은 지진을 대비하기 위해 산업계와 건설 공사에도 타워 크레인의 인양 능력이 수백 톤씩 대용량으로 고소 지역 작업을 획기적으로 줄여 버리는 걸 1994년~1995년 그 당시 일본에서 관련 공정을 직접 볼 수 있었다.

- 일본은 공사장 입구에 세륜기가 없어지는 공정을 1995년 확인
- 한국은 2024년도까지 공사장 출입구에 세륜기를 가동하고 있다.

**나. 사망 사고 근절 대책은 국가가 앞서서 거대한 기계들을 싣고서 도로에 다니게 하고 차량들이 법규를 먼저 지키고 여러 단체들이 앞장서고 기업은 '설계와 공정 단계에서 공법'을 개선하여 위험 요인을 없애는 전체 산업계에 변화와 혁신을 넘어서 "생존이냐 몰락이냐"로 도입해야 할 위급한 환경이 되었다**

조선소에서 사용하는 도크마스타를 자신이 직접 운전하면서 6m 정도에서 위험을 제거하는 공정을 1995년부터 삼성자동차 공장 건설에서 최초로 작업하고 있었다.

- 한국 정부는 '사업주를 법적으로 제재'하여 사고를 예방하려는 가장 단순하고 어려운 법을 적용하므로 수십 개 사업장을 사업주 1명이 수천 명들을 바라본다.

가장 쉬운 방법으로 기업의 사업주를 중대재해법으로 먼저 제재부터 하여 사망 사고를 막으려는데 근본적인 예방책이 어려워 사고는 줄지 않을 것이다. 줄었다고 이야기하는 것은 주변에 둘러봐도 건설 공사하는 걸 보기 어렵다. 건축물에 수백 톤 정도 물량을 인양할 타워 크레인이 작업하려면 정부가 법으로 대형 물량을 한 번에 처리할 개선할 업무가 많지만 시도하지 못한다. 지진이라는 큰 악재를 피하려고 일본은 고소 지역 공정을 대형화시켜서 추락 위험을 30년 전부터 줄여 버릴 정도로 안전의식은 4배정도 차이가 난다. 한국도 이제는 바다와 육지의 주요 구간들에 빠지들이 접안하기 쉽도록 구조물을 만든 후 트랜스포터로 대형 자재를 선박에 싣고서 도로와 연결된 구조물에 하역 후 도로를 운행해야 하는데 도로 중앙 분리대가 높게 막혔고 육교 등이 놓여 있고 목숨 걸고 달리는 차량들과 오토바이들이 많아서 운행이 불가

능하고 교통 통제 등이 어려울 것이다.

삼성 중공업은 1979년부터 선박에 180톤 엔진을 외부에서 선박에 싣고 와서 120톤 크레인 2대로 인양 후 엔진 룸 내부로 내릴 때 엔진 길이가 짧아 한쪽에 10도만 기울어져도 하중이 많이 걸리는 등 위험 작업이 이루어졌다. 후일 3000톤 해상 크레인이 바다 위에서 엔진을 인양 후 도크 내 선박 엔진 룸 속으로 쉽게 주입시키고 수백 톤 블록을 한 번에 인양 후 조립시키는 작업도 안전하고 능률도 높이는 방법을 삼성, 대우, 현대 조선소가 생산을 향상시켜 안전하게 능률을 올리는 공법들을 80년대부터 추진했다. 거대한 블록을 다른 곳에서 제작 후 선박과 바지 등에 싣고 와서 블럭을 플로팅 도크 속으로 이동시켜 다른 블록 등과 조립하는 다양한 기술들이 오래전부터 대형화 고층화 공정이 진행되어 여러 척의 선박들을 동시에 건조하므로 위험을 줄여 준다. 한국의 조선 기술은 늦게 시작했지만 일본의 1940년대 진주만을 공격했던 항공모함 기술. 미국의 원자력 항공모함 건조기술들에 살아남으려고 추진했던 기술 등은 미국 일본 등이 부러워할 정도로 발전했다.


## 3) S 건설사 도급액 대비 사망 사고가 감소한 이유

### 가. 사망 사고 감소를 기획한다

매출액 대비 사망 사고가 발생할 수 있는 예상 건수를 수십 년 전부터 공정을 분석하고 개선시키고 안전 관리 기법을 개발하고 안전 시설물을 개선시켜 사망 사고를 줄이는 여러 방법들을 찾아서 적용해 나간다. 사망 사고를 얼마까지 감소시킨다는 수치를 정하고 안전과 공사를 개선하여 목표를 달성하는 데 예산까지 증가시켜 여러 기법들과 투자로 안전을 지키려는 의지가 강했기에 선진기법 설계를 하고 공정을 획기적으로 개선시켜 수익 창출에 노력하고 있었다.

- 1993년 구포 열차 사고 발생 전 비슷한 건설사 상위권에서 머물렀다가 6개월 영업 정지를 당하면서 해외로 진출할 수밖에 없어 선진 건설사들과 경쟁하려면 기술력과 안전 품질을 높여야 되기에 엄청난 시련 속에 성장의 계기로 삼았고 더욱 분발해야 살아남는다고 다짐

했을 것이다.

- 사업장 책임자의 상·하반기 실적 평가에서 안전 비중을 높여 구포 열차 사고 후부터 사망 사고 발생 현장 소장을 업무에서 배제시켜 대기 발령으로 경각심을 심어 주는 상벌 규정이 엄격하게 적용되어 사고를 제거시켜 나갔다.

- 안전 품질 교육이 매년 직원들 대상으로 실시하고 안전 관리자 교육도 기술연수원에서 연간 4~5회 집중적으로 외부 강사들의 강의도 들을 수 있었고 주제를 발표할 때 반대 의견으로 반문하지 않는 분임 토의를 실시하므로 최고의 대안들을 토의하면서 마음속의 의견을 쉽게 토론했다.

- 매출은 높아도 영업 이익이 낮았다. 삼성건설은 2014년부터 도급순위 1위가 되면서 얻은 장점은 무엇이고 어떤 위기가 올 수 있는가.

- 기술력이 우수한 래미안에 안주하면서 오랜 시간이 흐르면서 자만심으로 위기를 만들 수 있는데 다른 건설사들이 안전 품질에서 큰 사고들을 발생시켜 회사는 반면교사로 삼아서 분발하므로 다른 기업들과 차별화하면서 앞서갈 수 있었다.

- 특이한 점은 공사 규모가 크고 인력이 많이 참여하고 공정이 복잡할수록 품질과 안전관리를 더욱 활성화시키면서 적극적으로 한다는 방법이 다른 기업들과 차별화시키면서 사망 사고 산재 사고를 줄인다는 특별한 생각들로 안전관리를 할 것이다.

- 대형 공사나 신규 공사에 참여하도록 근무하는 순서가 정해졌기에 최선을 다해서 재미있게 해 보자고 결심하면서 다녔다.

- 1위 시공사답게 품질을 우선하고 민원 발생을 줄이고 안전시설 개선에 주력하다 보면 매출 대비 영업 이익은 줄어들게 되는데 설계와 공정에서 민원 발생과 안전 품질 기법을 개선할 때 시공사 1위가 유지될 것이다.


## 4) 산업계 미래 전망

세계의 경기 전망이 침울해지면서 건설 경기는 더욱 침체될 것으로 자신의 사업이 아니면

APT 사업을 제외한 수주는 감소할지 모른다. 한국에서 성공했다고 그 제품을 그대로 수출하는 것은 지금은 아니다.

- 코로나 비대면 시대에 하늘길과 바다길이 막힌 걸 전 세계가 하염없이 바라보다가 그 나라에 적합한 맞춤형 전략들을 개발했을 것이다.
- 바이든 대통령이 능구렁이처럼 다음에 더 큰 바이러스를 대비하려고 윤석열 대통령 당선 축하 명분을 기회 삼아 한국에 직접 날아와서 공항에 내리자 용산 대통령실로 먼저 가지 않고 평택 삼성 반도체 공장으로 바로 가서 반도체 투자 20조를 가져간다.
  세계 강대국 미국 대통령이 다른 나라 주요 기술을 가져가려고 직접 와서 덤비는데 한국의 대통령들은 자국의 이익을 위해 외국에서 어떻게 활동하는지 트럼프 바이든 대통령을 볼 필요가 있다.
  한국 건설사들도 외국에 나가서 생산 공장을 건설해 주고 수익을 배분하는 길을 세계의 기업들이 선점하기 전에 이제는 먼저 찾아야 할 시간이다.
- 세계 최고의 부를 가진 미국에서 삼성의 반도체를 기반으로 바이든 대통령이 삼성에 날개를 달아 주었기에 활용해야 할 때이다.

AI를 먼저 선점하려고 달려가는 엔비디아, 애플 OpenAI, MS, 구글이 어떤 기술을 찾는지 삼성도 그들 속에 들어가서 최고의 기술을 만들 기회가 미국에 있기에 바이든 대통령이 자리를 깔아 주었기에 가능한 것은 한국에서 수십 년간 웅크려 있던 웅장한 날개를 펼칠 수 있는 미국이기에 누적된 최고의 기술과 아이디어를 세계에 선보여 단 시간에 뛰어넘을 때가 되었다.

# 5. 안전 프로

악조건의 공사 환경일 때 더욱 특출한 능력을 발휘할 안전 전문가들을 발굴하여 중요 프로젝트에 참여시켜 직원 근로자들은 규정대로 기초를 정착시켜 습관화시킨 후 다음 대형 프로젝트로 옮기면서 직원들을 단련시킬 것이다.

## ■ 안전 전문가의 다른 점

안전 관리자의 가장 어려운 점은 직급이 높은 간부들을 통제할 수 있어야 한다. 임원에게 안 된다고 말할 수 있으려면 공정도 공사도 안전도 최고 전문가일 때 보고 없이 공사 중단권도 발동할 수 있으려면 배짱도 있어야 가능하다. 회사에는 요구하는 품질을 양호하게 만들게 도우고 공사도 원가 절감 측면에서 개선안을 제시하면서 안전사고를 막으려고 공사 중단권도 시도하지만 해당 직원들에게 고분고분하지 않다고 자신들 옆에 오는 걸 꺼린다.

개인보다 회사의 주어진 업무에서 최선을 다하다가 불화도 생기면 그런 직원들에게 돌아오는 건 화합을 잘못하기에 생기는 능력이라는 이야기도 할 수 있고 직급이 높을 직원의 말을 우선하는 걸 겪을 것이다. 듣는 부분에서 특별한 관심이 적으면 그대로 듣고 판단하고 안전관리자가 잘못하는 것으로 인식해 버릴 수 있다. 회사가 보호해 주고 성과에서도 피해를 주지 않을 때 안전관리자들이 당당하게 근무할 것이지만 그런 경우는 조직이기에 어렵다.

중대재해법에서 사망 사고라는 위험이 발생하면 사업주에게 직접 구속이나 집행유예라는 강한 법으로부터 보호해 주려면 과감하게 안전 관리를 해 보라고 할 수 있는 환경인데도 기업들의 반응은 다르다는 인식이다.

## ■ 다른 임원들

만난 적이 없는 임원이 외국의 초대형 프로젝트에 같이 가자고 했지만 수술한 몸이 더운 데서 견딜지 몰라서 동참을 못했지만 회사에 근무할 때 불러 주는 경영진도 있어야 할 것이다.

# 1) 안전 시공 계획서 최초 발표(1994년)

삼성건설에서 부서장들이 직원들 앞에서 처음 안전 시공 계획서를 발표하게 추진하면서 구포열차사고 현장에서 다른 공정 진행을 몰랐기에 알리려고 하지 않았기에 당했던 가슴 아픈 사연 근무할 곳이 없어졌던 대기 발령의 악몽을 다시는 겪고 싶지 않았고 실적도 쌓고 싶었다. 큰 사망 사고라도 발생한다면 근무할 곳이 없어지기에 공정을 도우면서 안전한 현장을 만들어 주려는 간절함이 직원들을 앞장세워 새로운 걸 추진했다.

### 가. 삼성석유화학 3차 증설 공사(울산, 1994년)

대리가 각 공정 부서장들에게 발표를 해보자고 건의해도 듣지 않아서 소장에게 본인을 구해 주었기에 이런 걸 해 보고 싶다고 보고하여 고과권을 가진 소장이 부서장들에게 최초로 발표를 하게 준비시켜 시도했고 성과는 좋았고 소장에게 우수한 실적이 될 수 있었다.

## ■ "공사 중단권"

시공 부서 통보 없이 발동할 것이고 공정과 공사를 어떻게 지원한다는 걸 제일 먼저 안전 시공 계획서에 넣어서 최초로 발표했다. 구포 열차 사고로 대기 발령을 겪으면서 생각한 것은 나의 원인이 아니면서 다시는 당하면 안 된다는 집념 때문에 먼저 위험을 중단시키고 후에 보고나 전달하고 개선시키는 방식을 회사에서 처음 시도했다.

## ■ 새로운 걸 보여 준다

삼성건설 부서장들도 안전시공 계획서를 처음 발표하면서 잘 지켜야 하기에 잘하고 싶었을 것이다. 공사 진행 과정에 잠재 위험원을 어떻게 찾아서 개선할 것인지 부서장이 발표를 끝내고 소장 승인 후 공사를 착수하는 제도를 삼성건설에서 처음 시도했고 무재해도 만들어 나갔다.

 ■ 배관 파이프 용접 불량 원인도 직접 찾아서 개선했다. (아나방을 사용하던 시절은 흔들려서 용접 불량률이 높은 걸 직접 찾아냈다)

 ■ BS7750 환경인증도 직접 준비하여 최초로 받으면서 안전 환경 관리에 큰 도움을 받았고 ISO 9001 품질경영 시스템도 받는데 환경인증 경험으로 도움을 줄 수 있었다.

### 나. 삼성 자동차 공장(부산, 1995년)

대표님 앞에서 발표하면서 공사중단권은 부서에 통보 없이 발동한다고 발표했다. 매일 4500명 출역하는 건설에서 1700명 정도 인력들이 8개 공장 건물에 2m 이상 올라가서 철골 기계 설비 전기 벽체 지붕 도장 작업이 2년 반 정도 위험을 제거하면서 공사를 할 수 있었다.

- 철골 트러스는 자동차 설비들이 내려오는 공정으로 볼트 결속 과정에 구멍이 안 맞으면 화기 작업으로 구멍을 끼우는데 열을 받은 부재는 언젠가 변형이 생길 수 있어 설치한 후 철골 트러스는 안전에서 화기 작업을 금지시켰다.

볼트를 풀어 자재를 조립장으로 가져가서 드릴로 구멍을 조정하여 다시 가져가서 조립하는 방식으로 강력한 규제를 실시했다.

- 기숙사 1400호실별 변기 자리 아래쪽 30cm×60cm 개구부를 발생시켜 쓰레기 낙하물, 발 빠짐 등을 제거시키려고 10cm, 15cm 호스를 꽂아 두고 콘크리트 타설로 획기적인 변화를 주었다.
- 직경 600mm 파일 18,455본을 지하 75m 타설할 때 지상은 뻘땅으로 파일 90cm 이하는 120kg 철재 뚜껑을 덮은 후 37대 항타기 투입

- 8개 공장 철골 지붕 85,000평 위는 아래 안전망이 없으면 공사를 중단
- 8개 공장 외부 벽체 33,500평 도크마스트 78대 중 일부 사용과 안전벨트 훅크 연결 사용
- 기숙사 2층씩 리프트 카 옆에 소변기 설치

많은 인력이 작업 중 소변이 마려워서 리프트 카를 타고 지상으로 오르내리는 번거로움과 보이지 않은 구석 등에 소변을 볼 수 있는걸 방지하려고 생각한 것이 리프트 카로 오르내리는 2개 층당 소변기를 옆에 설치해 두고 호스를 땅으로 내려서 통으로 받아두고 며칠에 한 번씩 안전에서 관리하고 있던 페이로다로 통을 이동시켜 정화 설비에 버리게 하여 주변을 매일 물을 부어 깨끗이 해 주었고 넓은 현장에 자재를 직각야적을 하지 않는 불량 자재 방치 시 사고의 위험이 있고 청결을 유지하려고 페이로다를 직접 운영하여 수거 후 고철장으로 보내 버리므로 자재 야적이 직각을 유지했다.

### 다. 울진 원자력 5, 6호기 발전소(울진, 2000년)
- 가장 중요한 층고 6m 높이 슬래브는 60cm 두께의 콘크리트 타설 중 붕괴 사고를 방지하려고 동바리 설치를 슬래브 콘크리트 타설 전 안전 공사 품질 부서장들이 안전하다는 걸 증명하는 각자 날인을 한 후 발주처에 제출하고 콘크리트 타설하는 우수한 제도를 발주처가 만들었지만 형식적으로 감독자 없이 작업이 이루어져 콘크리트 붕괴사고로 이어질 수 있어서 최초로 관리자 1명을 작업장에 끝까지 상주 시켜서 안전한 작업과 위험을 실제로 제거 시키는 순서였다.
- 층고 6m에 구조가 미로처럼 복잡한 벽체 상부에 오르내리는 철제 사다리, 비계 파이프에 알루미늄 발판을 결속시켜 10m 길이로 발판을 여러 개를 만들어서 양쪽으로 걸쳐 두고 편하게 오르내리게 해 줌으로써 안전성을 유지했다.
- 산재 사고, 사망 사고 발생 시 발주처 건설 소장실에 부서장들이 참석하고 건설사 소장들이 참석하는 자리에 안전팀장이 사고 원인과 재발 방지 대책을 발표하고 발주처 소장과 부서장들의 많은 사고를 겪은 그들의 질문에 대답하는 반성의 시간을 발주처가 추진하던 제도였다.

**라. 부산신항만 1단계(부산, 2003)**

공사 초기 사망 사고 3건이 발생된 현장이기에 여러 직원들 앞에서 가장 싫은 발표인 안전 시공 계획서를 2차까지 수정 후 발표하는 부산 신항만에서 공동 도급 부서장들이 가장 어려운 작업을 다시 지적했던 이유는 각 회사들의 유능한 부서장들의 능력을 끄집어내기 위해 수정시켜 발표를 하면서 재해 위험을 일정 부분 제거하면서 도움 받을 수 있었다.

- 대기업 하청업체 상생 협력 파트너십 발표를 안전 공단이 주관하여 직접 발표하여 금상을 수상했다.
- 매일 아침, 중식 후 실시하는 반별 6~7명이 모여 툴 박스 미팅에 대한 수고를 분기별 부서장들이 심사하여 우수 발표 반을 선별하여 1등 업체의 반에는 백화점 고급 상품권을 지급하여 가정에서 유용하게 활용하게 했다.
- 대변기는 철제로 만들어서 여러 곳에 배치한 후 정화조 업체가 주기적으로 돌면서 퍼 가는 걸 정해서 깨끗한 환경 속에서 근무하도록 협력 업체에 참여한 근로자들에게 깨끗한 환경을 유지해 줄 수 있는 게 원청사가 해야 할 중요한 일이다.


## 2) 용접 불량률 개선(1994년)

공단에서 배관 파이프 용접 부분에 작은 균열이 생기는 원인을 시공했던 기업들이 찾지 못해 수정으로 세월이 20년 이상 흘렀다. 삼성석유화학 3차 증설 공사에 근무하러 가서 내용을 들었지만 대한민국 누구도 원인을 찾아내지 못한 세월이 오래도록 흘렀다. 대한민국 490개 산업 단지들은 1972년부터 착공이 시작되어 공장을 지으면서 배관 파이프 탱크 등에 용접 불량률이 대한민국 산업 단지에 똑같은 문제점을 안고 가동되고 있었지만 불량 원인을 찾아내지 못한 건 용접 불꽃이 너무 강했기 때문이다. 변함없는 환경이 20년 이상 이어졌다면 말 못 할 피해액은 엄청났을 것이다.

화학 공장의 꽃이자 가스 누출은 그 당시 다른 기업들도 용접 불량률이 높아도 기업 이미지 때문에 말 못 하고 쉬쉬하면서 X-ray로 찍어 보고 가우징으로 파고 그라인더로 면을 고르고 다시 용접을 다시 수없이 했던 시절이다. 용접 불량 원인을 찾으려고 했을 것이고 모르고 그대로 넘어갔을지 모른다. 전문 분야가 아닌 안전 관리자에게 용접 불량률 낮추는 개선안을 찾아보라는 소장의 말이 너무 황당하게 들리기도 했다. 힘들어하던 대기발령 때 불러 준 고마움이기에 꼭 찾아서 보답하는 길이라고 생각했다. 최선을 다 해서 개선시켜 보려고 원인을 찾기로 했다.

  우수한 두뇌들이 참여한 조직에서 살아남으려면 그들이 모르는 미지의 세계에 발을 들여 놓듯이 그들이 못 찾은 걸 찾아낼 때 내 자리가 있을 것이다. 엑스레이로 다시 찍어서 확인하는 수없이 반복하는 과정이 70년대부터 용접 작업하던 산업 단지들이 얼마나 많은 수정 작업을 했을 것인가. 원인은 옆에 있어도 용접 불꽃을 보는 순간 눈이 충혈 되는 고통 때문에 누구도 찾지 못했던 찾는 것이 고통이었다. 다른 사람이 멀리서 구멍 뚫린 두께 2mm 얇은 발판을 밟으면 멀리까지 미세한 진동으로 그 위에 있던 용접사의 손도 미세하게 흔들리는 걸 아무도 생각하지 못했고 강력한 용접 불꽃으로 눈이 충혈 되어 찾을 수 없던 그 속에서 생존하기 위해서 남들이 못 찾은 걸 한번 찾고 싶다는 오기가 생겨야 한다.

  건설 회사 최초 국제 환경 규격인 BS7750을 1994년도에 최초로 받으면서 ISO9001 품질 경영 시스템도 도와주었기에 살고 싶은 신념이 더 강했기에 어렵게 찾아내어 아나방 철판을 사용하던 알루미늄 발판으로 바꾸어 주는 계기가 되어 용접 불량 원인을 일시에 제거했다.

  하부 바닥의 토목 작업이 가능하도록 파이프랙에 철근을 S로 구부려서 걸어 두고 S자 아래에 파이프를 얹어서 그 위로 알미늄 발판을 깔아 편안하게 용접작업을 하도록 하여 시련과 고통을 겪어 보면 새로운 걸 생각한다.


- 본인이 가장 힘들어할 때 삼성석유화학 3차 증설 공사 현장에 불러 준 소장에게 산업계가 25년간 똑같이 용접불량 원인을 해결 못 한 걸 강력한 용접 불꽃을 수없이 보면서 개선점을 찾아서 용접 불량을 없애 버리는 최고의 선물을 안겨 주었다.
- 안전 시공 계획서를 부서장들이 최초로 발표를 하도록 추진하여 공사 착수 전 발표를 의무화시키는 계기를 만들어 주어 우수한 자료들을 만들어서 소장이 그해 임원으로 본인은 과장으로 승진할 수 있었던 건 시련과 고통을 겪을 때 구제해 주었는데 그때는 남들이 넘볼

수 없는 걸 만들어 보답할 것이다.

## 가. 히딩크의 전략을 기업에 도입

한국 축구를 주도했던 유명한 감독들도 선수들의 기술이 약하고 체력도 약한 걸 알면서 독자적으로 새로운 방식으로 훈련시킬 자신이 없었다. 축구 협회는 한국 축구를 5:0으로 치욕을 안겨 준 히딩크 감독을 반대를 무릅쓰고 한국 축구팀 감독으로 영입하는 대담한 결정을 내린다. 텃세가 심한 한국에 외국 감독이 와서 들리는 소리는 연봉 값을 못하고 달리기만 하는 감독을 잘못 데려왔다는 여러 소리를 수없이 들었다. 월드컵 출전 44년간 1승이 소원이었던 한국 축구였다.

1년 반 기간 선수들 체력과 끈기를 기르고 기술을 높이는 데 주력했다. 한국은 선수들이 달리기만 하는 줄 알았고 비싼 돈만 허비한다고 생각했다. 한국은 학맥, 인맥, 연고권이 얼마나 무능한 조직을 만드는지 히딩크가 너무 잘 보여 주면서 월드컵 4강에 진입하는 상상하지 못했던 승리를 안겨 주었다. 국가의 미래보다 자신들 입신 영달이 중요한 게 축구에만 그랬을까.

모든 부분에 학맥과 인맥이 주류를 이룬 세월이 수십 년이다. 세계 굴지의 글로벌 기업들처럼 세계를 상대로 야망을 펼칠 인재들이 있기에 삼고초려한다는 정신은 자존심 때문에 어디가고 한국은 울타리 치고 막고 있는 동안 세계의 큰 기회들은 사라질 것이다.

제2장

# 관리적 사고가 많은 나라

1995. APT 변기 자리 아래 10cm 15cm 호스 꼽아

바닥 개구부 제거

삼성자동차 공장 건설 건설사 최초 무재해 5배 690만 시간 달성

(대우전자와 빅딜 무산—법정관리—르노에 매각으로 사용 금지)

　사업장의 관리 부실로 그 속에서 작업을 하다가 그곳에서 다치는 악순환을 반복하고 1년에 수 건씩 산재 사고가 사망 사고로도 될 수 있다는 걸 생각하고 예방 대책을 잘못 세우면 앞으로도 사고는 반복될 것이다.

- 모 회사의 사업장에서 4m위 배관 파이프에 앉아서 뒤로 후진하면서 보온 작업을 하고 저녁을 먹고는 다시 보온 작업을 하던 중 엉덩이를 받쳐 주던 파이프가 L 자로 휘어진 부분에서 토목에서 오후에 바닥에 작업을 하려고 작업대를 철거해 버려 밤에 후진중 발을 밟는 데가 없어져 4m 아래로 추락했다.

　보온 작업이 끝난 후에 작업 발판을 철거할 것을 토목과 협의하지 않았을 것이다. 토목도 상부 어떤 작업인지 철거해도 무난한지 다른 부서로 서로 알아보지 않았을 것이다. 원청사와 하청업체 해당 공정 관리자 4~5명이 야간작업이 관습 되는 공정을 다니면서 다른 부서와 협의도 하지 않고 철거해 버려 사업장의 관리 부실로 발생한다면 중대재해법에서 강한 법이 사업주에게 잘못을 물을 것이다.

　사업주는 어떻게 해야 하는가. 매년 초에 사업장에 다니면서 사업장 책임자들에게 중대재해법에서 사망 사고 시 고용 노동부와 경찰이 집중하고 바라보는 안전 계획서 위험성 평가서 장비 등에 안전성 여부를 질문하고 사고 예방 측면으로 접근하여 법보다 한 단계 높은 예방 대책을 만들어서 실행하도록 하고 확인해야 중대재해법에서 벗어날지 모른다.

# 1. 붕괴 사고에 숨어 있는 위험

도급순위 상위 건설사들도 일어나는 일

모회사는 2021년 6월 재개발 지역 5층 건물 중간부터 철거 중 도로 쪽으로 건물이 붕괴되어 정류장에 있던 버스를 덮쳐 승객 9명 사망, 8명이 부상을 당했다. 7개월 후 8km 떨어진 거리에서 같은 회사에서 수천 명 직원들 속의 극소수 관리자들이 자신들에 맡은 업무에서 월급 주는 회사를 위기로 몰아넣었고 사회의 지탄을 받는 걸 보여 주었다.

1층부터 38층까지 슬라브 콘크리트 25cm 두께용 데크 플레이트를 사용하면서 층별 콘크리트 타설 공사를 하면서 상층으로 공사가 진행된 것이다. 39층 캐노피 부분은 콘크리트가 35cm 두꺼워서 데크 플레이트도 새로운 것이 필요했을지 기존에 사용하던 걸 그대로 사용한 것으로 알려졌다. 35cm 두꺼운 콘크리트를 타설하기 전 2~3일 정도 시간이 있었을 것이고 작업 감독하려 관리자들이 다니면서 작업을 점검하는 순서는 있을 것이다.

대한민국 건설 공사들에 콘크리트 타설 중 콘크리트 붕괴 사고들이 많이 발생하기에 타설하기 전 직원들이 체크리스트로 정밀 합동 점검이 필수적으로 이루어진 후 콘크리트 타설 절차를 지키는 게 순서 아닐까. 캐노피에 콘크리트를 타설한 후 데크 플레이트와 동바리가 하중을 견디지 못했는지 동바리 수평 지지대가 문제 됐는지 모르지만 38층으로 무너지면서 그 충격으로 23층까지 벽체와 슬라브 한쪽면의 일부가 순차적으로 몇 초 사이에 같이 아래로 붕괴 되면서 철근 뼈대 벽체만 남는 걸 TV로 생생하게 보여 주었다.

원자력 발전소에서는 콘크리트 타설 구간이 많기에 시공사가 슬라브 콘크리트 타설 신청서를 제출하면 감리가 나오고 발주처 직원들이 별도로 점검한 후 승인하면 콘크리트 타설하는 절차서대로 공사가 이루어진다. 38층에서 23층까지 붕괴 사고가 발생하지 않았다고 가정하면 명품 APT는 위험을 모른 채 완공되어 입주하여 가격이 상승하면서 행복하게 살아갈 것이다.

1959년 한반도를 강타한 태풍 사라는 85m/s와 같은 위협적인 충격이 가족들이 살고 있는 APT에 가해진다면 상상해도 아찔하다.

## 가. 서울과 지방은 언제까지 간격이 벌어질 것인가

서울과 비서울의 APT 가격은 폭등과 하락을 반복하는데 서울의 강남3구 마용성 APT 시장은 소유한 세대주는 신바람 나게 오르고 수도권 변두리부터 지방은 싸늘하다. 서울이 공급 면적 34평형이 2021년 45억 원에서 2024년 60억 원하던 단지도 있었다.

연예인들이 사는 남산을 뒤로하고 한강을 바라보는 80~100평정도 100~160억 원 앞으로 얼마까지 상승할 것인지 궁금하지만 공시 지가는 1평에 5억 원 정도다. 국가에 문제가 생겨 국가 보상 기준이 아파트는 땅 지분은 4평~10평으로 계산해 줄지도 안 해 줄지도 모른다는 생각은 미래 일이다.

한편에서는 30층 이상은 한강 뷰도 좋지만 많은 연구가 필요하다고 했다. 부산은 2021년 18억 3천만 원들이다가 2024년 2~3억 하락한 데도 알려 준다.

친구들과 농담 속에 서울의 APT 급등 속에 폭설이 내려 위험하지만 부산은 눈이 오지 않는 좋은 환경에 살고 있다고 위안을 삼자고 해 봤다.

1988년 서울 본사 근무하러 가서 잠실 주공아파트를 회사 은행 융자받고 전세 놓으면 5천만 원을 한 푼도 돈 안 들이고 살 수 있다는 이야기를 6개월간 들으면서 배부른 월급과 부산에서 죽을 것이라고 무시해 버렸던 시절도 있었다.

한때는 아쉬웠지만 남의 것이 잠깐 보여 주고 지나갔다고 쉽게 잊어버렸다.

서울 주택은 장기적으로 상승을 이어 갈 지역으로 나뉘고 1기 신도시 30년 단지들을 재건축한다고 결정했지만 제3의 환란이 닥치면 비교할 수 없는 침체기가 강남3구 마용성은 안전할는지 누가 장담할 것인가. 전국으로 거대한 쓰나미가 엄습할 것인지 모를 가난하게 살아온 사람들이 더욱 피폐하게 되면서 고통을 당할지 모르지만 오지 않기 바란다.

## 1) 작은 위험도 2중으로 점검

안전 직원들이 직책이 높은 부장들에게 위험을 시정하자고 이야기하기 어려운 건 직원들에게 이야기하라고 무시해 버리기도 하는 걸 겪기도 했고 듣고서 위험을 숨겨 버릴 수 있어서 작은 위험들이 큰 사고로 연결되기에 작은 위험도 찾아내어 제거시켜 버리려고 적극적으로 행동했다.

무전기로 위험을 알려 주면 팀장이 직접 차, 부장들에게 찾아가서 협의 후 바로 개선하는 2중 점검 체계로 운영할 수 있었다. 해당 부서 직원들 앞에서 부서장은 안전 지적 사항을 들으면 자존심이 상한 부서장들은 직원들에게 점검을 잘 하라고 다시 지적하는 걸 원했고 어떤 작은 것도 개선시킨다는 의지로 근무하므로 안전 관리자들도 적극적이었다.

### 가. 개구부를 호스로 교체

기숙사 1400호실 시공 과정에 변기 자리 아래 30cm×60cm 개구부를 만들어 두는걸 2개월 동안 소장에게 15cm. 15cm, 10cm 규격의 고무 호스를 끼워 두고 콘크리트를 타설하고 그 호스 속으로 똥물 물 배수 물 배관 파이프를 넣자고 지적해도 고집인지 개구부의 위험을 계속 만들고 있었다. 대표님 참석하는 2번 공정 회의 때 위험 사항 등을 사진 등으로 발표하여 스트레스를 주어서 호스를 꼽아서 개선될 수 있었다. 개구부를 합판으로 덮어 두면 밀려서 그사이로 "자재와 발 빠짐"을 방지하고 "자재 절감과 마감 처리"가 양호하게 개선되었다. APT 등에도 변기 아래 개구부를 없애는 공법이 1995년부터 쉽게 개선되었다.

# 2. 콘크리트 여러 위험들

APT 847가구 중 8개 동이 136m까지 레미콘을 펌프 카로 밀어 올릴 때 콘크리트 강도가 적합할 것인지 지상에서 타설하던 배합으로 100m 이상 높이도 양호하게 올라갈 것인지 궁금하고 누가 어떤 방식으로 불시에 샘플을 임의로 입고 차량을 세우고 시료를 채취하는지 궁금할 것이다.

## 1) 반복 공정은 고층으로 갈수록 느슨해진다

굳어진 콘크리트가 붕괴되면서 철근에 붙어 있지 않는 건 시멘트 모래자갈 물의 비율이 일정하지 않았거나 양생이 달랐는지 반죽에 영향이 있든지 원인이 있을 것이다.

### 가. 반복 공정의 위험성을 모두 답습한다

APT처럼 같은 공정을 같은 장소에서 여러 단지를 1~2년 똑같이 반복 작업을 계속하게 되면 어떤 현상이 발생할 것인가. 어느 시간까지 안전하게 작업했다는 걸 인정해 버린다. 그 후 작업부터는 근성으로 보게 되고 그냥 지나치는 인간의 심리가 작용하면서 위험을 발견하지 못하고 지나칠 수 있다. 어느 회사나 똑같은 방심하는 일이 생길 수 있다. 같은 회사가 같은 지역에서 2번의 대형 사고는 직원들이 지켜야 하는 "업무 절차를 무시한 것인지", "아래쪽으로 일임해 버린 것인지" 정상 조직에서 너무 큰 위기를 만들어서 회사에 위험을 전가시켰다.

### 나. 상사의 역할을 평가해 보자

조직에서 좋은 상사란 어떤 기준일까. 상사를 평할 때 일등 상사라면 회사는 큰 영광일까 큰 독이 될 것인가.

## ■ 회사에서 성과 창출밖에 모르는 상사

작업 지시와 관습을 적당히 통제하면서 부하들에게 적당한 긴장감을 주면서 자율 시간과 휴대폰 보는 시간을 빼앗아 조직의 성과 창출에 기여하지만 부하들에게 대접받지 못하고 함께 근무하기 싫은 상사로 분류될 것이다. 회사도 상사의 역할은 부하들을 잘 다듬으면서 근무하라고 지적할 것이다. 아무도 보지 않더라도 조직의 목표 달성을 위해 노력하는 상사들은 노조가 있는 기업에서 1위가 되려는 목표 속에 근무하는 직원들은 부하에게도 회사에도 좋은 상사가 될 수 없다는 걸 회사도 알아주지 않는데 이런 부서장은 학맥과 인맥을 멀리하므로 빛을 보지 못할 수 있다.

## ■ 자율을 주는 다정한 상사

부하들의 업무를 자율에 맞기고 관습을 하지 않으며 자신의 시간을 주변을 기웃거려 많은 정보를 얻어서 부하들에게 전달하면서 자유로운 회식 등을 많이 가질 때 우리 상사는 최고 일등 상사라고 여기저기에 자랑을 많이 할 것이다. 이런 조직은 기업이 추구하는 기대에는 실적 미달로 회사에 저성과를 안겨 줄 수도 있지만 모두에게 호감 받는 상사로 평가받아 미래가 보장된다. 미국의 애플 같은 1인 3역을 하는 스티브 잡스처럼 자신이 창업하고도 부하에게 쫓겨나기도 하고 다시 들어와서 세계적인 기업으로 성장시킨다. 커피도 잘 사 주고 실적 평가가 적은 호봉제에서 상사를 쫓아 내지 않을 것이다.

- 부하들에게 신뢰를 잃을 정도로 일에 미치는 상사를 최고가 되려는 기업 우수한 실적을 만드는 기업들은 찾으려고 해야 할 것인데 한국에서는 찾지도 않을 것이고 조직에 방해된다고 생존도 어려울 것이다.

# 3. 콘크리트 붕괴 사고의 고리를 끊는 방법

충고가 높아서 동바리를 세우지만 수평재로 동바리를 단단하게 규격대로 결속하지 않으면 콘크리트 타설 중 동바리기 무게에 의해 밀린다면 지탱하지 못해 붕괴되는 사례들이 나타날 것이다.

## 1) 3인이 콘크리트 타설에 책임지는 시스템

동바리 설치와 철근 설치를 시방서대로 작업이 끝난 후 점검 결과를 발주처에 서류를 제출한다.

- 세계에 원자력 발전소가 445기 정도 가동 중이며 한국은 25기가 가동 중에 2기가 폐로 상태다.

단가는 50~60원/kwh, 석탄 200~250원/kwh 등 차이로 위험성은 뒤로 밀리고 단가 부담이 적기에 원자력 발전소를 선호한다. 후쿠시마 원자력 발전소 폭발 사고처럼 중국과 한국에 위험성은 잠재한다. 여러 개가 같은 분지 안에 모여 있기에 건설 원가는 싸지만 후쿠시마 원자력 발전소처럼 연속 사고가 생길 수 있는 위험을 가지고 있다. 후쿠시마 오염수가 4~5년 후 한국의 발전소 주변으로 밀려오면서 취수구 배수구에 처리수가 터빈 주변을 회전할 것이다. 바닷가 주변에 있는 구조물들 선박의 구조물들을 수리할 때 처리수기 없어도 물을 만지는 걸 자신 있게 할 수 있을까.

### 나. 현장 응급 처치 시스템

건설 3사가 공동 운영하는 현장의 응급 처치 시스템으로 간호사를 채용하여 현장에서 앰뷸런스가 오기 전 응급 조치로 피해를 최소화하는 데 기여하고 작업자들의 작업 중 갖추어야 할 응급 처치법 등을 교육하고 숙지시키면서 관리는 3사의 안전 관리비로 공동 부담하는 제도로 운영.


## 2) 유망 사업 발굴

세계에 운영 중인 수백 개 위험한 원자력 발전소를 가동 중 설계연수가 지나서 건물 철거할 시점이 다가오면 세상에서 가장 위험하기에 극소수 최고의 기술을 가진 기업들이 참여할 것이다. 경기 전망이 침울해지면서 건설 경기는 더욱 침체될 것으로 수주가 줄어들 것이고 수익이 좋은 APT에 집중하면서 가다가 어느 날 매출이 감소하면서 다른 먹거리 찾는데 후발 주자들은 틈을 파고들기 어려울 것이다.

모든 사업체들은 시공했던 어떤 부분에 비중을 집중할 것인지 어떤 사업들이 미래 먹거리 사업이 될 것인지 안목이 필요하다. 후쿠시마 방사능 처리수를 방류할 때 그 장소에 검증에 참여를 못하기에 처리수를 태평양으로 방류하여 수치가 없어질 때가 40년이 되는지 위험이 모두 없어질 물이 언제 될지 위험의 물이 뭉쳐서 흘러다닐지 아무도 모른다는 점이다. 그사이 바다와 접하고 있는 육지의 새로운 구조물들과 바다에서 생산되는 소금과 어종 미역 등 수산물 모든 것들이 먹어도 안전할지 인간에게 어떤 피해를 줄지 아무도 모르는 미래가 다가온다는 점이다.

월남전에서 베트콩 찾으려고 울창한 숲들을 말려 버리려고 고엽제를 하늘에서 뿌릴 때 군인들이 몸에 접촉하고 숨 쉰 것 밖에 없는데 먼 시간이 지나면서 위해 요인이 후세에게 나타나고 있던 걸 국민들은 알게 되었다. 후쿠시마 발전소에서 나오는 방사능 처리수가 훗날 어떤 영향을 한국인들이나 후세에게 어떤 문제를 줄 것인지 바다를 접하고 살아왔기에 시간이 지난 후 결과는 후에 나타날지도 모른다는 불안감이다. 처리했다고 하더라도 가장 치명적인 독성이기에 안전한 시점은 모른다. 바다 주변서 증발하는 수증기가 대기 중에 냉각되면서 해무가 생기면서 마시거나 시야를 가리면서 위험까지 초래하게 될 것이다.

삼면이 바다로 3677개 섬 중에 사람들이 살고 있는 486개 섬 무인도 3191개 섬에 어떤 변화가 올지 한국의 섬에 바다에서 나는 모든 걸 먹을 수 없다면 대체 품종을 생산해야 할 것인데 방법이 무엇인지 지금으로는 대책을 아무도 모르고 세월을 기다려야 할지 모른다.

세계로 나가야 할 저력을 가진 삼성은 모래 사막 위에 세계에서 가장 견고하고 지진 7에도 튼튼하게 견디는 하늘 아래 최고 높은 828m 마천루를 지어서 162층 하늘 속에 살면서 세계의 고객들이 돈을 벌어 가도록 버즈 칼리파를 세계에 선사한 저력을 국내에서 더 큰 걸 보여 줄 기술을 보유하고 있을 것이다. 세계 건설사들 중에 매출 1위 프랑스 빈치 84조, 중국 건축 공정 44조, 미국 DR 호턴 41조, 미국 레나 36조, 서구식 건설은 매출까지도 높은 단계이고 삼성건설도 2024년 31조8536억 원 매출이 높았다.

작은 수박 씨도 뿌리지 않았다면 큰 수박을 딸 수 없듯이 시공 평가 순위 100위 건설사도 시작은 미미해도 후일 거대한 기업으로 성장하기에 매출이 작다고 하지 말고 기술력과 품질 안전관리에 집중할 때이다.


## 가. 괴력 로봇이 원자로 건물 철거

냉각수 문제로 바닷가에 건설하고 다른 것은 해체 중에 발생하는 원전 폐기물은 가장 복잡하고 위험하기에 높은 철거 비용이 될 것이다. 앞으로는 인간처럼 움직이는 거대한 로봇을 개발하여 인간을 대체하는 기술 개발이 돈을 벌어 줄 것이다. 인간이 발전소를 철거할 때는 방사능이 위험하여 10년 20년 기나긴 시간이 걸린다고 한다. 로봇 몇 대로 시도한다면 위험 작업도 줄이고 철거 시간도 4년~5년 정도 획기적으로 단축시킬 수 있다면 로봇을 개발하는 데 집중해 볼 것이다. 철근은 두께가 5.5cm, 콘크리트 1.2m 두껍고 두꺼운 철판까지 제거하려면 중요한 기술 개발의 기회가 기다린다.

원자로 돔의 여건에 맞게 타워 크레인을 배치하여 타워 크레인 1대는 돔의 콘크리트를 인양할 부분의 구조물을 잡고 있을 것이다. 거대한 로봇이 돔 내부 천정 크레인에 작업대를 유압식으로 설치한 후 그 위에서 2cm 이상 두꺼운 철판을 자체적으로 1차 절단한다. 2차도 작업대에서 로봇이 거대한 톱으로 절단한 철판사이로 넣어서 1.2m 두꺼운 콘크리트 돔을 절단시킬 것이다.

절단된 상부를 크레인으로 인양 후 지상으로 내리면 소형 로봇들이 파쇄 작업을 할 것이다. 위험한 작업을 인간은 접근할 필요가 없이 사무실에서 로봇의 작업 여부를 CCTV로 보면서 감독하는 데 시간을 보낼 것이다.

원자력 발전소 해체 기술은 인간이 해체한다는 구상이지만 거대한 타워 크레인과 거대한 로봇이 등장하면서 1기에 수천 억 정도 해체를 로봇들이 처리하는 기술 개발은 누가 선점할지 미래 수익처가 기다리기에 시공해본 건설사가 빨리 준비할 시대이다.

## 나. 사막 위에 미래 신도시를 만든다

아프리카 주변의 육지에 거대한 사막이 있으면 모래만 바라보면 얻는 게 없다. 육지의 모래를 자력으로 담아서 거대한 준설선으로 바다에 모래로 둑을 쌓아 나간다. 모래로 쏟아부어 인공 호수를 만들 것이다. 외부의 오염수가 침투하지 못할 정도로 거대한 인공 바다 물을 가두는 바다 고기를 그 속에 자연 방사하고 자연 상태로 키워 나가는 환경을 수년이 걸려도 만들 수 있을 것이다. 수천 수만 년 쌓여 있는 모래 속에는 뜨거운 태양의 온도로 여러 성분의 미네랄도 식물들을 성장시킬 성분과 모래 속에 인간에게도 유익한 물질이 녹아 있을지 궁금하다. 퍼내는 모래바닥은 새로운 도시를 만들어 보는 것이다. 지금까지 없던 새로운 미래도시는 일감이 줄어들고 오랜 경영 노하우를 가진 분야 건설사들 철강 분야들이 주도해서 사우디 네옴시티보다 더욱 완벽한 도시를 만들어 볼 만하다.

바닷물은 담수 시설로 물을 생산한다. 미래 시대는 평균 성적으로 대학을 나와도 미래가 보장되는 새로운 살기 좋은 도시를 창조해 보는 미래다. 거대한 서울은 훗날 운영비도 엄청나고 리모델링을 할 수 있는 세수가 부족하기에 사우디도 사막 위에 네옴시티를 건설하듯이 한국도 아프리카에 지진이 없는 최고 저렴한 땅에 미래 태풍과 폭우와 지구 환경 변화를 대비해 줄 최첨단 도시를 창조해 보는 아프리카는 기후환경에서 변화가 적은 안전한 자연을 환경을 제공했다.

## ■ 자체 전기 생산

1년 동안 더운 나라이기에 태양광을 설치하여 전기는 자체 충당시킨다.

## ■ 스트레스 해소 위한 제2의 아우토반 건설

160km를 30분에 주파할 고속도로를 만들고 무한대로 달리게 자동차 메이커의 기술의 장을 만든다.

## 3) 위험을 보면서 방치

높은 지역서 철근을 조립하고 콘크리트를 타설하는 공정이 시간이 지날수록 지상에서 높이 올라가면서 격리되어 보이지 않는 공정이다.

### ■ 작업자 7~8명이 날씨가 더운 여름

상위를 벗어 버리고 안전모도 안 쓰고 3m 높이 비계도 설치하지 않고 철근에 매달려 빨리 조립 후 일찍 귀가하려고 위험을 방치한다. 간섭하면 팀 전체가 다른 회사로 가버리면 공사가 중단된다는 걸 알고 강력한 통제를 못하고 끌려가는 하도에 재하도 특수한 공정이다. 100m 이상 공사에서 어떤 건설사 누구도 한 번도 지적이 없었고 공정도 잘 지키는데 왜 관습 하냐고 십년 작업하던 습관을 몇 마디 말로써 바꿀 것이라고 생각하면 낮은 하수들의 일이다.

- 안전 관리자: 용납할 수 없는 위험을 보면서 묵인하고 지냈을 것이다. 전임자가 못 본 체 용납했을 서글픈 변명의 이유를 알 수 있었다.
- 근로자: 자신이 일하다가 떨어지면 무방비 상태를 자신이 만들어서 죽을 수 있다는 이야기를 들을 시간이 어떤 회사 어떤 조직도 근로자가 떨어져 죽을 수 있다고 말하지 못했고 말할 용기가 없었을 것이다. 인간은 강한 것 같아도 당신이 죽을 수 있다는 말은 직접 하지 못한다. 장례식장에서 망자의 과실을 유가족 앞에서 이야기하는 순간 유가족은 회사가 위험

을 보고도 방치했다고 최악으로 덤빌 것이고 그때부터 합의 내용은 전혀 달라지기에 알면서도 이야기 못 할 수도 있다.

- 결정적인 수긍: 안전 관리자가 공사중단을 시켜 버리면 그들은 다른 데로 가 버리는 특수한 공정으로 안전과장을 교체하면서 갔기에 혼자서 감당할 수 없는 그 당시 분위기이기에 새로운 방식이 필요했다. 안전보호 조치를 따르지 않아 사망 사고가 난다면 그대로 기록하여 근제 보험에서 구상권 청구. 산재보험 공단도 소송으로 과실만큼 보험금을 회수할지 모르며 가족의 생계에 타격을 만들어 두고 죽는다고 직설적으로 말한다면 어떤 반응을 보일까.

- 개선 사례: 옷을 입고 안전모를 잘 쓰고 안전규정대로 작업을 진행했으며 죽을 수 있다는 그 말은 안전 관리자들은 근로자들 앞에서 주눅 들어서 이야기 못 할 것이다. 작업자는 가족에게 피해를 준다는 이야기는 치명적인 약점의 이야기가 될 수 있어 바로 개선할 수 있다는 걸 잘 보여 준 사례가 될 수 있을 것이다.

### ■ 중대재해법에서 사업주 구속이라고 할 수 있다

방법은 위험이 높은 현장에서 작성한 시공 계획서를 현장 책임자가 발표하고 사업주는 중요한 부분을 보고 받으면서 집중해서 질문을 해 본다. 갈수록 높은 공간으로 변할 작업으로 위험은 갈수록 더욱 높아지기에 위험을 어떻게 제거하고 인력 관리를 어떻게 할 것인지 책임자에게 직접 질의한다.

사업주에게 닥칠 수 있는 위험을 누락시킨 부분은 없는지 책임자로서의 역할을 다하고 있는지 위험한 공정일수록 더욱 철저히 확인한다.

### 4) 병원에 들어가야 하는 환자의 심정

출근하여 일하다가 집으로 돌아가지 못하고 개인 상태로 일하다가 다치거나 일하다가 사망하면 의사가 인정하는 사망했다는 진단서를 발급받아 지참하고 인생이 살아온 세상을 하직하는 것이다.

어느 날 오전 치과에서 임플란트를 심으려고 준비하다 스케일링만 하고 도서관에서 책을 보는데 몸에 힘이 없어 집으로 귀가하였다. 2시간 정도 휴식을 한 후 치과에 문의하러 가려고 치과에 증상을 이야기한 후 직접 가겠다고 연락하자 '자신들 치료 결과 그런 일이 없으니 다른 큰 병원으로 가라'고 하였다. 자식들에게 연락하자 자식들이 119에 연락하였다.

구급차를 타고 출발하였으나 의료원에 의사가 없고 대학병원에도 의사가 없고 종합병원에도 의사가 없다는 이야기를 들었고, 동아대 병원에 의사가 있어 바로 갈 수 있었다. 의료 대란 이후 후송할 때에는 잘 맞추어야 시간 공백을 줄일 수 있을 것이다. 그렇지 않으면 도로에서 일정 시간을 허비할 수도 있다. 차를 타고 병원에 도착해도 의사가 없어 치료할 수 없다고 하면 돌아서 다른 병원을 찾아가다가 시간을 허비해 버리는데, 얼마나 아까운 것인가.

119도 치료받을 병원을 찾는 데 시간이 걸리고, 개인 차주들은 쉽게 자신들의 차로 후송할 수가 없으니 시간을 길에서 허비해 골든타임을 놓칠 수 있다. 개인 차를 이용하여 병원 문을 열고 들어가면 환자를 받을 수 없다고 다른 병원으로 가라고 할 것이다. 그 어려운 길을 달려 왔는데 가라는 말을 듣고 외부 다른 병원을 이리저리 찾아가야 하는가.

이때는 최고의 뻔뻔함이 필요하다. 두꺼운 배짱도 필요하다. 병원 문을 열고 들어간다. 의사가 없다고 할 때는 환자가 병원 바닥에 주저앉으면서 바닥에 누워 버린다. 병원은 문을 열고 들어와서 넘어지는 환자를 쫓아내면 안 된다. 치료해야 할 의무가 병원에는 있다. 고맙게 치료를 잘 받고 퇴원하면 될 것이다.

뇌경색은 증상을 알고 빠른 시간 안에 심혈관 중환자 병원을 찾아야 간단하게 치료 후 말도 잘 할 수 있다. 시간이 지난 후 치료를 하려 하면 시간을 놓쳐 여러 분야에 이상 징후를 나타낼 것이다. 일반 병들은 징후가 나타나는데 뇌경색은 징후가 없어 순간 근육에 힘이 빠지며 신경이 끊어진다고 할 것이다.

언어가 어눌어눌하여 듣기 어렵고 눈이 침침하며 다른 부분에서 걷지 못하거나 팔을 움직이지 못하거나 여러 부분에 마비 증상이나 한순간 사지를 쓰지 못하는 등 여러 증상이 동시에 침범한다.

건강이 처음으로 돌아갈 수 있게끔 최선을 다해서 치료해 주고 관리해 주고 자신들 관련 분야별 담당 의사는 병원의 명예를 걸고 최선을 다해서 치료해 주고 있다. 간호사들도 맡은 분야에서 최선을 다하고 있으며 관련 업무 지원자들도 최선을 다하고 있다.

기업이 망하는, 하지 말아야 할 일들은 가장 낮은 임시직 하급직원들을 방치했을 때 경쟁 병원이 의료시설 간호사들과 간병인들 시설반들이 병원에 이익을 주거나 피해를 주는 것이다. 경쟁 상대가 그런 조건으로 인원들을 두면서 2~3년 안에 상대 병원들을 쉽게 치고 올라갈 것이고 경쟁 상대는 따라잡기 어렵다.

2024년 12월 27일 입원 후, 20일간 호스를 콧구멍으로 넣은 채 밥을 먹지 못했고 테스트 후 코에서 호스를 빼 버리고 밥을 먹으면서 재활 병원으로 옮겼다. 왼쪽 허리 엉치 부분에 힘이 없어져 버린 부분은 치료 중이고 언어도 가래 기침이 심한 쪽으로 집중 치료를 받고 완쾌되었다. 약해진 체력을 보강시키려고 재활 치료를 집중 실시하는데 지팡이를 짚을지도 모른다는 불안감이 있다.

2년이 넘으면 국가 보조금도 끊어지기에 다른 재활 병원으로 옮겨 가야 한다는 이야기들도 있다. 뇌경색, 뇌졸중은 누군가에게 언제든지 닥칠 수 있는 흔한 병이요, 한번 걸리면 완쾌되기는 어려운 병이다. 시간이 걸려도 뇌경색, 뇌졸중은 복구가 어렵다고 하지만 완쾌했다고 하더라도 재발도 가능할 만큼 위험하다.

대학교에서 치료사 학과가 많이 생겨나서 2년제로 운영되고 있기에 학교에서 실력자들을 양성하는 것도 중요하다. 뇌경색은 몸 부위에 힘이 없어지면서 엄밀히 사용하던 몸을 사용할 수 없다고 한다. 신경이 어느 날 끊기면서 힘 전달이 안 된다고 한다. 치료사들이 없어진 신경이 아닌, 새로운 신경을 찾아가게 열심히 재활 치료를 해 주는 것이다.

MRI 기계는 환자 한 건에 30-40분 소요되어 그 시간을 한 번에 10분으로 단축시킨다면 획기적일 것이다. 우수한 기계를 더 우수하게 사용하도록 개발해 보는 것이다.

# 제3장

# 기업의 생존 방식

안전신문(울진원자력 발전소 완공하는 그날까지 안전시공)
본 내용들은 필자의 주간이기에 판단은 고객의 몫이다.
사고 조사가 어렵고 시간도 소요되지만 벌을 줄 대상을
미리 정해 둔다면 조사는 달라질 수 있다.
이런 조사 결과는 얼마나 쉬운가.
거대한 사업장과 수천 명의 인력들 속에 최종적으로는
1인에게 법적 책임을 몰아가는 건 대단히 위험할 것이다.
책임자가 정해진 싸움은 주변의 인력들은 적극적인 활동을 느슨
하게 할 수 있고 방심할 수 있고 방관자가 될 수도 있다.
예방대책은 어렵게 되고 사망 사고는 줄지 않는다.
공사 현장수가 적을수록 사망 사고는 줄어들 뿐이다.

삼성은 2019년 휴대폰을 2억 9619만 대를 세계에 판매하여 19.2%의 점유율을 보였으며 경쟁사인 애플은 점유율 12.6%인 1억 9347만 대를 세계에 판매했다. 어떤 국가나 기업들이 감히 상상할 수 없는 미국의 시총 3조 달러에 진입한 거대한 기업인 애플과 오랫동안 법적으로 사회적 환경에서 당당하게 경쟁해 온 삼성전자다. 다른 그룹들과 같이 도약했지만 강력한 오너 경영이 없었다면 평범한 기업이 되었을지 모르고 세계적 애플과 어떻게 경쟁할 것인가.

　삼성은 오너의 확고한 전략인 남들이 할 수 없는 그 시대가 원했던 "인재 제일", "질 경영 중시", "무노조 경영"이 조화를 이루어 성장했고 세계 최고 미국의 최강자와 싸울 수 있는 힘이 있었다. 삼성이 일류가 되는 데는 다른 기업들이 할 수 없었던 경제가 좋은 때도 매년 수백 명씩 구조 조정으로 떠나보내므로 다른 기업에 취업을 쉽게 해 주면서 40만 명이 직원들을 긴장시키고 성과를 창출하기 위한 전진만이 생존이었기에 세계와 경쟁하면서 경제 위기의 긴 세월 속에 뿌리를 내릴 수 있었고 국내를 넘어 세계 최고와 경쟁할 수 있었다.

　2022년 5월 20일 ~ 5월 22일까지 3일간 미국 대통령 바이든이 한국 대통령 당선 축하한다는 명분으로 한국의 공항에 내리자 대통령 집무실인 용산으로 가지 않고 무엇이 바쁜지 삼성반도체 평택공장으로 바로 가 버렸다. 무슨 이유일까. 생색은 당선 축하 명분이고 속내는 능구렁이 전략은 반도체를 가져가는 목적인 걸 한국 정부는 방문해 준 것만 가지고 마냥 좋아했다. 상대국에서 최고의 기술을 개발하여 생산을 하여 검증이 끝나면 기회가 있을 때 미국의 미래 이익을 위해 최고 기술을 빼앗아 가는 게 미국의 대통령이 그렇게 하는데 아래 참모 실무진들은 더 많이 찾으러 다닐 것이다. 그것이 강자들이 할 수 있는 약자의 것을 갈취해 가는 기술이다.

　산업의 중요한 경제 기술 기반인 반도체의 중요성을 코로나 기간에 하늘길이 끊기면서 절실하게 그들 옆에 두어야 안심할 수 있을 만큼 미국은 가장 중요한 반도체 기술을 원했다. 한국은 반도체 기술보다 권력 유지가 중요했다. 한국의 반도체가 미국으로 나가면 한국을 일본 대만처럼 중요한 국가로 여길 것인가는 스스로 반문해 봐야 할 때이다. 잠자는 거인에 덤벼들어 진주만을 폭격하여 미국의 젊은이들 2300명을 죽이고도 원수가 되지 않는 건 일본은 중국의 동진을 막아 주고 러시아의 남진까지 막아 주는 동서로 태평양 진출을 막아 주는 태평양 입구에 있기에 에치슨 라인에서 한국을 제외시켜 버려도 일본은 보호한다고 했다. 삼성 반도체가 미국에 이익을 줄 것이고 미국이 원하기에 미국에서 생산하는 것이 한국에 눈치를 안보고 최고의 나라에서 최고의 기술을 생산하므로 가장 안정적인 경영을 할 수 있고 최고의 기술을 펼치게 여건을 미국이 만들어 줄려고 한다. 중국이 대만을 침략하는 순간 평택에 있는 주한 미군을 빼서 대만의 반도체 보호를 위해 보내느냐 평택에 그냥 두느냐에 한국의 존재 가치가 달라질 것이다.

# 1. 그룹 회장이 보는 미래

1993년 51세였던 고 이건희 회장은 낡은 관행을 버리고 위기를 극복하자고 임직원들에게 당부했다. 세계 우수 전자 제품 판매장을 방문하여 그 시대에 일류 매장에 삼성 제품을 진열한다는 보고는 회장은 전시장을 보고 싶었다. 삼성제품 진열장을 둘러보고는 태어나서 가장 비참하고 모멸감이 들면서 보고를 너무 신뢰했는지 왜 매장으로 들어왔는지 왜 전자제품을 수출했는지 한탄했다고 했다. 세계의 변화와 경쟁의 시대를 삼성은 우물 안 개구리처럼 보고 있었다. 최하위 삼성제품을 가지고 옆 나라 일본의 소니제품을 홍보해 주는 꼴이 되어 버렸다. 미국은 봐라 일본은 저렇게 우수하기에 한국을 지배할 수 있었다고 할 것이고 저 정도 나라이기에 진주만을 공격한 걸 조금은 위로받을 수 있었다. 글로벌 시장에서 직접 본 것은 아무도 찾지 않는 구석 자리에 삼성전자 가전제품이 혼자 먼지에 쌓여 있는 걸 직접 목격했을 때 회장으로서 어떤 생각이 들었을까. 국내서 보고받은 것하고 정 반대인 점을 외국에서 직접 목격하면서 약자들의 평가 기준에 만족했던 게 부끄러웠다.

회장은 치를 떨면서 세계 최고의 기술만이 생존할 수 있다는 현실을 보게 된 것이지만 최고가 되려면 어려운 과정을 겪어야 할 것이다. 사무실에서 선진국 매장에 선진국 제품들과 나란히 삼성제품들이 전시되고 있다는 보고를 받은 후 그룹 회장으로서는 대단히 중요한 현실을 목격하면서 그룹 경영의 위험이 진행되는 걸 본 것이다. 책상 위에서 보고받는 건 절대로 믿으면 안 된다는 걸 직접 진열장을 본 것은 회장으로는 그룹 경영에 정말 귀중한 미래 시간을 본 것이다. 회장도 인간이기에 마음속으로 오기가 생겼다. 삼성의 사업주들에게 주문한 것은 사업장을 자주 직접 다니면서 직접 관찰하고 문제점을 제거하라고 주문하면서 다른 기업들보다 사업주의 현장 순찰이 많아지면서 현장의 위험들이 많이 줄어들 만큼 큰 효과를 나타내고 있었다.

## 1) 그룹 회장이 미국에서 자존심을 버리다

그들을 따라잡고 싶었지만 그들은 승리에 도치되어 잠자고 있지는 않을 것이고 선진국 소니 GM 파나소닉 그들을 넘을 수 없는 기술의 한계를 그 당시 삼성전자는 물량 위주를 대한민국 산업계가 모두 다 가지고 있었다. 그룹 회장으로서 그대로 주저앉기에는 너무 아까웠다. 삼성이 선진국을 넘을 기회를 직접 만들어 나간다면 가능할 것인가. 모두에게 선진국을 넘자고 이야기한다고 넘을 수 있는 기술이 아니다. 그들을 따라잡기에는 기술과 디자인 등 차이가 너무 벌어졌다.

한국동란을 겪으면서 폐허가 된 나라에서 미군이 주던 강냉이 죽으로 연명하면서 지게를 지고 흙을 나르고 괭이로 도로를 만들면서 새마을 운동으로 불쌍한 국민들이 살아남으려면 물량 위주로 운영해야 배고픈 나라의 배를 채워 줄 수 있었기에 질 위주 경영은 먼 나라 이야기를 직접 본 것이다. 60-70년대부터 선진국 기술을 모방하거나 따라 잡으려고 시골의 어린 처녀들부터 한강의 기적을 만들려고 구로공단으로 모여들었다. 그들은 인간의 머리카락을 한 올씩 20만 개 이상을 심어서 가발을 만들어서 미국에 수출하던 산업 역군들이었다. 배고픈 것과 기술의 차이는 국가 리더의 경영 잘못이 아니고 전쟁의 고통이 만들어 준 것이다.

외국은 바로 경제 성장을 할 수 있던 시간이지만 한국은 전쟁을 치르고 피해를 직접 복구하는 시간이 길었기에 경제 성장은 선진국보다 20년 이상 뒤처지게 되어 있었다. 그사이 선진국들은 질 위주로 수십 년 전부터 성장해 왔던 것이다. 회장의 결심은 대단했고 최고의 두뇌들을 움직이는 건 어깨띠 두르고 두 주먹 불끈 쥐고 고함치면서 잘 하자고 선진 기술을 따라잡는 게 아니라고 알고 있었다.

### ■ 호텔에서 매트리스를 깔고 가전품을 펼치다

회장이 선진국 미국 일류 호텔 1층 로비 바닥에 매트리스를 깔고서 미국 일본 삼성 제품 모두를 가져다 분해하여 펼쳐 두었다. 삼성 계열사 사장들을 미국으로 오게 하여 분해한 실물들의 디자인 가격 활용도 등 선진국과 삼성의 뒤처진 기술의 차이를 직접 보게 했다. 한국 최고 그룹 젊은 회장이 미국 고급 사람들이 왕래하는 호텔 로비에서 자존심을 버리고 간절함을 펼치는 걸 본 계열사 사장들이 앞장서면서 삼성의 사장들이지만 자신들도 자존심을 버릴 줄 알았고 해보자는 오기가 생겼다. 외국에서 보여준 행동은 그룹 회장으로 치욕을 참았을 것이다.

"마누라 자식 빼고 다 바꿔라"라는 회장의 독일 프랑크 프로트 신경영 선언은 너무 신선했고 충격적인 그 말은 임직원들의 마음을 움직였고 하려는 의욕을 모두에게 심어 줬다. 최고의 두뇌들이 모인 집단은 결정이 한 방향으로 모아지면 질주하는 속도는 엄청 빠르다.

**가. 위기를 알리는 과정이 중요**

위기가 닥치면 모두 쉽게 벗어나려고 어깨띠를 두르고 두 주먹 불끈 쥐고 피켓을 높이 들고 보여 주기식 고래고래 고함치지만 모두의 가슴속에 진정한 감정을 전하지 못해 진정한 해결책이 아니다. 어깨띠를 두르는 건 중요한 행사를 하기 전 함께 참여하자고 하는 것이지 위기를 당하고 사고가 발생하고 난 후 재발을 막자고하는 건 모두에게 감동을 주지 못하고 동점심도 받지 못한다. 재개발 지역 붕괴사고 후 회사는 어깨띠를 두르고 두 주먹 불끈 쥐고 피켓을 높이 들고 고래 고래 고함 질렀지만 7개월 후 같은 지역 근처서 더 큰 붕괴 사고가 또 다시 발생했다. 너무 큰 사고를 겪은 후 고함친다고 위기를 막을 수 있을 것인가.

**나. 삼성 제품이 위기가 될 수 있는 걸 직접 봤으며 사업주들에게 직접 보여 주었고 그들이 앞장서면서 그들의 추진력은 빨랐다**

소니에 벤치마킹하던 시대도 있었기에 그들과 경쟁한다는 것은 엄두도 못 낼 상상할 수 없었던 시절이 삼성과 삼성 직원들에게 있었다. 그룹 회장이 앞장서서 소니를 넘을 때 삼성이 세계에 존재한다고 말했다. 삼성이 생산을 하고 판매를 하면서 살아남는 길은 소니를 넘어설 그때가 가능하지만 언제 올지 모른다는 아쉬움이 회장의 가슴을 짓눌렀다. 질 위주의 생산으로 선진국 매장에서 판매를 인정받을 때 소니를 넘는 길이라고 임직원들에게 간곡히 주문했다.

 - 한국의 기업들이 "물량" 위주로 생산하던 시대에
 - 삼성그룹이 먼저 "품질" 위주 경영과 생산으로 방향 전환을 했다.

- 2006년 그 매장 그 진열대에 13년 전에 배치했던 순서에서 소니와 미국의 제품들을 넘었다는 걸 진열장의 앞쪽 배치를 보면서 실감했고 얼마나 가슴 설렜을까.

삼성전자는 소니를 벤치마킹했던 시절을 딛고서 최초로 소니를 이겼다는 건 한국이 최초로 거대한 철옹성 일본의 전자 기술을 이겼던 시간이었다. 삼성전자를 본 다른 계열사들의 생산품도 언제인지는 모르지만 일본을 넘을 수 있다는 자신감은 알려 준 것이다. 일반인들도 남들 앞에서 자신의 잘못을 자존심 때문에 절대로 인정 못한다.

미국 조지 워싱턴 대학원을 수료한 한국 제일의 그룹 젊은 회장이 자신 그룹의 질 낮은 제품을 미국에서 남 앞에 보여준다는 건 임직원들이 볼 때는 너무 가슴 아픈 일이었다. 세계의 리더들은 자존심이 강하기에 자신의 잘못을 남들에게 보여주지 못하는 걸 젊은 회장이 보여준다는 건 상상할 수 없는 일이었다. 그때의 심정은 생존이냐 몰락이냐를 가슴속에 담았을 것이다.

회장은 자존심을 버렸기에 임직원들에게 가슴에 닿는 행동을 직접 보여 줄 수 있었고 임직원들에게 최악을 버리고 최고가 되자고 도전의 의지를 심어 주었다. 회장은 우수한 경영 감각을 소유했기에 일본 소니가 삼성을 쳐다보는 세월이 18년 이상 지나면서 삼성의 임직원들은 하면 된다는 목표 속에 1위가 되려는 시도로 828m 버즈 칼리파 같은 세계 최고 명품 영역에 도전하여 선진국들이 자신 없던 최고봉을 완성했다.

2022년 12월 이재용 부회장이 삼성그룹 회장으로 취임했다. 미래 신수종 발굴에 전념하면서 지루한 법정 공방이 계속되지만 챙기지 못한 미래를 준비하면서 미국의 3조 3천억 달러를 넘은 엔비디아. 애플. MS를 언젠가 따라잡을 준비를 할 때이다.


## 2) 그룹 총수

총수가 2번이나 햇빛이 들지 않는 세상과 격리된 독방에 지낸 560일 너무 긴 시간 국가에 세수를 제일 많이 내고 재산이 많을수록 안전해야 하는데 최고 그룹 총수처럼 1.8평의 격리된 독방에서 지낸 긴 시간일수록 중요한 걸 기업들에 알려 준다. 총수를 1.8평 독방에서 세상으로 나오게 불러 준 것은 경제 위기다.

　대한민국 경제가 심각하게 침체되면서 대한민국 환경이 그룹 총수를 세상 밖으로 불러 주었지만 총수 공백의 후유증은 뒤에 나타났다(2024년 1월 매출 비교)

- 삼성전자 매출 = 442조 3609억
- 대만 TSMC = 791조 7797억
- 엔비디아 매출 = 3조 6천 210억 달러

　어떤 기업들도 3조 달러를 쳐다보지도 못할 초고속 성장은 AI의 위력을 볼 것이다. 기업의 프로들은 수 년 전부터 미래를 계획하고 조심스럽게 준비하면서 가고 있는데 기업들이 달리는 길을 그대로 두면 그들이 생산과 판매를 잘하여 성장시킬 것이다.

　AI이 미국의 주도로 시작하는 미래 최고의 수익처에 한국이 참여하여 성장의 기회를 잡아야 할 때이다. 삼성의 미래 설계를 오너만이 추진해야 할 중요한 시간에 구속되어 있던 긴 시간이 미래 먹거리 만들 시간이 날아가 버렸던 이시간은 누가 보상해 줄 것인가. 중요한 기회가 지나가고 그룹 내부로 보이지 않은 직원들의 느슨한 틈이 잠수하는 그 시간 동안 삼성을 옹호하는 댓글 하나도 달지 않는 공백의 시간은 누구에게 가장 큰 이익이 돌아갔을지 검토해 보면 어떨까. 그 틈 속으로 위기가 발생할 것이고 그 결과는 중요한 미래 성장 동력을 일정 부분 침체 시켰는지 어떤 나라가 삼성의 미래 기회를 가져갔는지 궁금하다.

　삼성물산은 미래 시너지 효과가 탁월한 신수종 발굴을 위해 제일모직 삼성바이오 등 관련 업종끼리 통폐합으로 수익과 성장의 힘을 극대화시키려던 목표가 보이는 부분만 보는 한국이 부회장의 업무 공백을 만들었다. 기업 합병은 오래전부터 기획하여 준비하다가 전 회장의 갑작스런 병원 입원으로 차질이 생겼을 뿐이다. 삼성이 애플과 싸우듯이 권력과 한번 대결해보는 시간을 생각할 것이지만 삼성 물산이 그 시간에 외국으로 나가 새로운 수익 창출 후 크게 성장해 버리는 게 앙갚음이라고 했듯이 전략을 한번 바꾸어 볼 때이다. 일본의 도요타도 가족 경영이고. 미국의 230만 명의 월마트가 가족 경영으로 더욱 탄탄한 세계적 기업으로 성장하고 있다.

## 2. 목표를 어떻게 설정하는지 생존이 달라진다

전 국민들 중에 유치원생도 보유하고 성능이 우수하면 교체하는 휴대폰 사업에서 G 전자는 6년간 점유율 10%에 매달리면서 5조 원의 적자를 벗어나려고 사업주를 자주 교체하여 타개하려고 연구와 노력에 집중하고 있었다.

### ■ 알뜰폰

전국 G 판매점 매장마다 정품을 팔다가 어느 날 알뜰폰이라는 새로운 폰으로 판매 진열대를 바꾸어 버렸다. G 폰을 구입해 주던 고정 고객들의 자존심을 상하게 했는지 모르지만 G 폰을 사용하면 저가폰처럼 보여 고정 고객들의 마음을 아프게 하였을지 모른다. 삼성과 애플의 장점과 단점을 철저히 분석하여 성능을 더욱 우수하고 편리하게 했다면 G사는 우수한 브랜드를 가지고 있었기에 이미지를 더 높일 기회는 있었을 것인데 임직원들에게 호소 한 번 하지 않고 포기했는지 궁금했다.

시장은 넓고 전 세계 인구가 고객이고 어떤 상품 소비 영역보다 더 많은데 지하철 타면 98%는 휴대폰에 눈을 주면서 무얼 찾는지 연신 손놀림을 하는 궁금함을 풀어 주는 휴대폰을 접어 버린 게 아쉽고 너무 궁금했다. G사 폰이 옆에 있어야 삼성 휴대폰도 분발할 기회였는데 아쉽게 접었다. 2021년 7월 말 휴대폰 사업을 26년 만에 접는다고 발표했다.

세계 인구 수십억 명이 유치원생도 아프리카 인들도 사용하는 시장은 넓고 고객들은 넘쳐나고 갈수록 더욱 넘쳐날 것인데 좋은 기술을 더 좋게 개발할 기회는 있었을 것이고 산업계에서 지금까지 휴대폰 수요만큼 최고의 소비 시장이 없었다. 생산하는 기술이 어려워서 쉽게 덤비지 못하는 최고 기술이다. 삼성 휴대폰 기술을 한번 앞서보자고 독려할 시간은 있었을 것인데 도전하자는 메시지는 한 번도 들리지 않았고 쉽게 접어버리고 쉽게 미국 애플 폰을 가져다가 그 진열대에 얹어 팔면서 최고의 생산 기술을 판매로 전환했는지 기업의 비밀을 어떻게 알겠는가.

## ■ 도도새 멸종

인도양의 끝자락 남쪽 작은 모리셔스 섬 뒤로는 푸른 숲이 앞은 하얀 백사장 한때 도도새라는 최상위 포식자가 하늘과 땅을 주름 잡으면서 제왕답게 행세하고 있었다. 아름다운 섬에는 여러 나라들이 지배하면서 지상에는 먹이를 구할 걱정을 안 해도 널려 있어 초장기는 길고 커다란 날개가 일으키는 바람은 작은 새들이 날릴 정도로 강력했지만 오랫동안 날지 않아도 생존하는 데 전혀 지장이 없어 날개는 퇴화하여 닭들처럼 땅에서 생활해도 날개를 휘저을 필요가 없었다. 커다랗고 길고 강한 부리가 있어 배고프지 않았던 하늘의 제왕이 1700년경 하늘과 지상에서 어느 날부터 보이지 않았다고 했다.

그사이 도도새와 대적할 천적이 섬에는 없었기에 땅 위의 먹이는 넘쳐났는데 어느 날 섬에 들어온 정복자들의 눈에는 날지 못하고 박물관에 있어야 할 보물을 본 순간 박제용으로 인간 사냥꾼들의 포획에 의해 스스로 멸종되어 도도새는 사라졌다고 전해진다.

좁은 섬 안에 포획하기 쉽게 기어다닌다는 소문이 나자 부자들 고급 가정 정원 등에 박제 모양은 단번에 유럽 쪽 남미 동남아 쪽 부자들의 호감을 사서 최대한 많이 포획하여 멸종시켜 지구상에서 사라져 버렸다. 최고의 생존 기술이 발달하여 정상에 서면 쉽게 안주하면서 현실 속으로 숨어버리고 향수에 젖어서 미래의 변화와 혁신이 두려워서 주저앉는다. 경쟁자가 없는 데서 혼자서 독식하다가 어느 날 특별한 강력하고 간편한 총이 튀어 나와서 기존 자유를 누리던 상대를 제거시키듯이 어떤 제품도 더욱 우수한 제품이새롭게 등장하여 주변을 교란시켜 버린다.

회사는 조직마다 똑똑한 직원들이 있고 그들이 처음 당당하게 입사하여 경쟁을 하면서 최고라고 자신하면서 울타리를 치고 방심하는 사이 경쟁에서 낙오되어 떠나간다는 점이 아쉽지만 기업을 운영하기 위해 경쟁은 기업이 성장하기 위한 당연히 거쳐야 할 순서다. 경쟁에서 이기는 기술은 스스로 찾아야 하고 강하게 만들어서 밀리면 안 되고 생존하려면 더 높게 강자의 기술을 가질 때 날지 못하는 닭이 되지 말고 독수리가 되어 하늘을 개척하면서 더 멀리 더 높이 더 빠르게 지배할 것이다.

독수리는 욕심이 강해 하늘과 지상의 먹이가 자기 것이기에 40년 살아온 생명을 마감하기 억울하여 30년을 스스로 연장할 것인지 혼자서 선택해야 할 시간이 다가온다고 했다. 30년을 더 살려고 결정하면 인간이 못하는 뼈를 깎고 살을 파는 고통의 순간을 스스로 거쳐야 새로운 독종이 되어 하늘을 다시 지배할 것이다. 독수리는 아무도 없는 먼 산 바위 끝에 둥지를 틀고 뱀과 곰 같은 천적의 공격을 막기 위해 먼저 부리를 바위에 갈아서 뽑아 버리고 자라나게 한 후 발톱을 뽑아 버리고 다시 나게 하고 날개의 털을 다 뽑아 버리면서 그 시간은 먹지 못해 창자 속의 노폐물을 모두 배출시켜 무엇이든지 소화시킬 수 있는 튼튼한 장자를 만들어 부리와 발톱은 강하고 털도 다시 자라서 최강자의 포식자로 탄생한다. 새로운 하늘의 황제가 되어 30년을 더 살아간다고 전해진다. 자신의 손톱과 발톱을 스스로 뽑을 만큼 인간은 강하지 못해 두 번 살지는 못하고 돈이 많으면 수명은 의료품과 보신에 의해 조금씩 늘어날 뿐이다.


### ■ 야후의 몰락

1995년 야후는 검색 엔진으로 이메일 뉴스 여러 서비스를 그 당시 제공하면서 인터넷을 화려하게 주도해 나가는 자신의 시대를 만들었다. 회사에 근무하면서 야후로 이메일 등을 본사로 보내고 받으면서 쉽게 사라질 줄 모르고 사용하면서 영원할 줄 알았다. 성장하려던 심마니 등을 쉽게 제압하여 사라지게 만든 인터넷 강자였다. 기업은 1위를 유지했지만 언젠가 강자가 다시 등장하는 시장이다.

2008년 MS가 적극적으로 야후를 인수하려고 야후의 CEO 제리양은 금액이 적다고 쉽게 거절해 버렸는데 CEO는 세상의 변화와 자신들의 한계를 빨리 알지 못한 것 같았다. 2016년 인터넷 부분을 버라이즌에 48억 달러를 받고 넘겨야 했다. 거대 기업을 무너뜨리거나 성장시키는 최고의 비법을 창출하려면 야후와 코닥 GM 리먼브라더스는 어떻게 몰락하고 미국의 최강자 엔비디아, 애플, MS, 구글 등이 어떻게 생존하여 최상위가 되는지 관찰할 때이다.

## 1) 청태종의 긍정적인 리더십

### ■ 병자호란

임진왜란이 끝난 38년 후 1636년 청나라는 손잡고 악수하며 형제의 의리를 맺자고 조선을 달랜다. 자신을 왕으로 만들어 준 척화론자들이 다시 반정을 할까 두렵고 임금놀이가 재미있어 오랑캐하고 손잡기 싫다고 외면해 버렸다. 권력자들의 자존심이 백성들을 도탄에 빠뜨리고 나라를 외세의 침략에 대응 한 번 못 해 보고 무너지는 게 역사에서 흔한 일이다.

명나라를 가기 전에 뒷다리 잡을까 싶어서 자식들 다리를 묶어 둘 겸 아름다운 경치를 볼 겸 청태종은 전쟁을 재미로 5일 만에 400km를 단시간에 파발마보다 봉화보다 더욱 빠르게 한양으로 내달린다. 청나라 군사들을 대비하기도 전에 너무 빠르게 조선을 휘젓고 다니면서 가정의 부녀자들을 보이는 대로 잡아서 겁탈하고 끌고 가도 이빨만 센 조선의 대신들 유생들은 백성들은 지켜 주지 못하고 바다 건너 명나라 황제인 아버지만 지키자고 설친다.

국가의 누구도 백성들은 지켜 주지 못한 치욕의 시간은 왜놈들에게 국토를 유린 당한지 얼마 지나지 않아 또 치욕스런 화를 백성들만 당하면서 군주와 권력자들은 살기위해 국가를 버리고 도망가 버리는 세월은 계속 흘러 6.25 때도 도망가는 게 같았다. 조선의 백성들은 잘못만난 군주 때문에 도망도 못가고 죽어나가거나 적국으로 끌려가거나 무능한 군주시대에 태어난 죄이다. 오랑캐의 손만 그쳤다고 자결을 강요했던 나약한 조선 양반 유생들이 나라를 지킨다고 설쳐 대니 백성들만 고달팠고 죽은 건 백성들이었다. 홍타이지는 남한산성을 둘러싸고는 느긋하게 바라보고 있었다. 강화도에 들어가면 바닷물은 오랑캐들이 물길을 모를 것이라고 안심했다. 그들은 육지 바다를 다 접했고 황제의 달리는 길은 조선보다도 더욱 상세하게 준비하여 움직였기에 한양 궁궐 속에만 있던 가마타고 다니던 조선 왕과 대신들하고는 대응하는 방식이 전혀 달랐기에 달리는 길이 승리의 길이었다. 강화도에서 왕자들이 잡히기에 머지않아 항복할 것이므로 여러 전쟁터를 누빈 전략가답게 대국 황제답게 조선왕을 어떻게 단 한 번에 요리할지 궁리하고 있었다. 부패와 무능으로 복구하기 불가능한 멸망해 가는 명나라를 부모의 나라로 받드는 조선이 불쌍하기도 하고 무능한 걸 크게 깨우쳐 주고 싶은 생각을 한다.

## ■ 임금에게 치욕을 안겨 권력자들을 간단하게 길들이는 전략

노련한 청태종은 조선의 양반들의 자존심을 빳빳하게 세워주는 연출을 한 후 한 번에 요절낼 방법을 가지고 조선을 치러 직접 내려간다. 명나라를 마지막 정리하려고 가려면 뒤 다리를 잡고 껄떡거릴까 싶어서 압록강을 건너자 400km를 5일 만에 한양으로 달렸다. 파발마보다도 빠르게 달려오던 청나라 말발굽 소리. 인조는 놀래서 정문으로 나가는 길이 막히자 시체들을 운송하던 사람들이 시궁창 같아서 다니지 않은 시구문을 통해 남한산성으로 도망갈 정도로 다급하게 왕의 행차고 뭐고 가마고 뭐고 버리고 도망가기 바빴다. 강화도의 왕자들만 잡으면 인조는 남한산성에서 나올 것이라고 느긋하게 기다리다가 항복을 받는 조건이 적국의 왕을 세계 역사상 가장 잔혹하고 처음 겪는 치욕을 안겨줄 여러 대안을 생각한다. 사대부들에게 처신을 잘 못하면 너의 왕이 치욕보다 더한 걸 대신들 때문에 겪어야 한다고 인식시켜 주고 싶었고 왕으로서는 참담하고 가장 치욕스런 몰골을 안겨 준다.

## ■ 3배9고두(3拜9叩頭)

영리한 청태종의 생각은 조선왕을 데리고 장난을 치고 싶어 머리를 땅에 처박는 짓거리를 세계 역사상 최초로 시키면서 단상위에서 내려다보고 있었다. 인조는 삼전도에 나가서 청태종이 앉은 높은 단상을 보고 3배9고두 했던 가장 치욕의 왕이요 한양 땅이었다. 1번 땅에 엎드려 절할 때 3번 이마를 흙땅에 찧는 멀리 단상에 있던 청나라 황제의 귀에 들리게 피가 낭자하게 적실 정도로 크게 찧고 또 찧었지만 뒤에 서 있던 누구도 말없이 보고 있었다.

인조 앞에서 오랑캐들과 싸우자고 대들던 대신들 중에 누구 하나 앞으로 나서서 청태종의 무례함을 꾸짖어 줄 대신들이 없었다는 게 조선의 현실이었고 그들이 무능한 나라로 만들어 백성들만 지옥으로 내몰았다. 백성을 보호하려고 양쪽으로 외교력을 발휘해주던 광해군을 모반으로 귀양 보냈던 그 시대는 헛지랄 했다는 걸 후세에 보여 주었지만 다시 바꾸기에는 광해군이 없는 그 자리는 누구도 대신해 줄 수 없었다는 걸 알게 된다.

싸우지 않고 죽이지 않고 중립 외교가 얼마나 중요한지를 보여 준 것이 훗날 중국을 버리고 미국과 가까워질 때 기업 수출 감소와 관광객 감소 중국과 러시아와 외면당하는 게 피해가 크다는 걸 역사는 증명한다. 광해군을 몰아낸 유명한 척화론자들은 뒤에 서서 높은 단상 위를 올려다볼 수 없어서 나약하게 고개 숙이고 인조만 바라봤을 것이다.

## ■ 비선실세

비선실세는 왕 옆에서 외로움을 의논해줄 터놓고 이야기할 상대로 수천 년 전부터 존재해 내려왔다. 그때나 지금이나 권력자들의 말을 믿으면 절대 안 되고 학맥 인맥으로 뭉쳐 우리가 남이가 할 때는 무능한 조직으로 변한다는 걸 보여 주었다. 박전 대통령이 탄핵당할 때 비선실세가 국정을 유린할 동안 권력자들과 주변 누구도 비선실세가 대통령 옆에 있는 걸 절대 몰랐다고 말했다. 권력자들은 동네 서기부터 국가 정승까지 생사 여탈권을 쥔 군주의 일거수 일투족은 감시하는 게 자신들이 살 길이기에 놓치지 않고 서로 알아야 작은 권력도 유지하는데 모른다는 걸 받아 주어야 편한지 모른다.

## ■ 두둑한 배짱과 프로 인재

권력의 끈이 떨어지더라도 비선실세를 멀리하라고 직언할 인재가 없었다는 게 박전 대통령의 인재술의 한계를 국민들 앞에 보여 준 것이다. 어떤 정권에서나 지 살자고 보스를 버릴 줄은 알아도 직언을 할 인재는 보이지 않는 게 조선이나 한국이나 똑같은 현실이다. 직언을 하면 최고 권력이 버리기에 말할 수 없게 되었다. 그들을 채용한 대통령의 인재술을 누구에게 원망할 것인가.

언론이 실수한 것이 선거의 여왕이라고만 부추기면서 모든 걸 묻어 버렸기에 뒤를 돌아볼 시간이 묻혀 버렸고 그렇게 쉽게 집권했다. 가족이 없던 대통령 혼자였기에 부정 축재는 할 필요가 없었으며 몇 명의 주변만 잘 관리했더라면 하는 아쉬움만 남았다.

## ■ 미국의 10위권 이내 대학들

수도 워싱턴과 경제 중심지 뉴욕이 아닌 외부 지역에서 세계 1류 대학들이 더 크게 건재하고 있는 게 부럽다. 한국은 중요 대학들이 서울에 집중하는 이유는 국가 성장에 얼마나 기여할까. 1류대에 가야만 출세하고 승진의 길이 빠르기에 일정 부분 저절로 얻는 게 있기에 서울로 가야만 성공하고 환란이 와도 살아남을 확률이 더욱 높다는 환경이다.

경제와 국방은 권력자들이 직무 과정에 국민을 보호하고 경제를 살리는 업무를 자존심과 착각 속에 경영하다가 국민들에게 고통과 시련을 안겨 준다. 한국은 전쟁이 없어도 군대를 안 가려고 뺀질이처럼 빠지려고 했다. 미국의 젊은이들은 죽을지도 모르는 자신들과 전혀 관계없는 남의 나라 전쟁터에 자원하여 참여할 정도로 애국심은 철저하다. 6.25 때 가 본적도 없고 알 수도 없었던 남의 나라에 자유를 지켜 주자고 무작정 도우려 와서 미국의 장성과 장군들 아들 142명이 참전하여 35명이 사망하는 그들이기에 세계의 맹주가 될 수 있었던 게 권력자들과 가족들까지 국가관이 투철하다는 특이한 점을 미국은 보여 준다.

# 2개 관계사 공정 안전 경험

한국이 어려운 시대를 헤쳐 나가고 있다.
북한 위협
중대재해법에 주눅 들지 말고
대기업들이 나서서 새로운 시대를 열어야 하는데
러시아 중국 미국을 상대로 베팅을 하여
경제가 침체되는 걸 벗어날 때이다.
야망이 큰 기업가들은 살아남을 것이다.

**■ 조선소**

도크 내에서 크레인 장비로 거대한 블록들을 운반시켜 수십만 톤의 선박을 수만 개 공정을 서로 연계시켜 조립과 마감 처리를 하고 선주가 가져가 화물을 실고 파도치는 바다를 항해하도록 정교하게 만들 선박들이다.

**■ 건설**

맨땅을 파고 수천 개 크고 작은 작업이 지하에서 지상 수백 미터까지 순차적으로 이루어지면서 공정이 하층에서 상층으로 상층에서 하층으로 추진될수록 위험이 증가하고 시공 비용도 증가하는 구조로 진행되는 초정밀 사업이 밤낮으로 이루어진다. 국내와 세계를 상대로 시공한 건축물을 완공시켜 발주자에게 완공 필증을 받고 인계하여 안전하게 가동될 때 공정이 종료되는 점이다.

**■ 어지러운 눈과 떨리는 다리가 먼저 반응한다**

안전 관리를 열심히 배워서 자격증 따고 의기양양하게 사회로 나와서 원하는 기업에 높은 경쟁을 뚫고 취업하여 안전 관리로 명을 받을 것이다. 생소한 사업장에 처음 가서 다양한 성격을 가진 차부장들까지 부딪칠 것이고 위로 쳐다보면 직경 4m에 높은 60m 정도 빅 타워는 바람이 불면 1m 이상 흔들리면서 넘어 올 것 같은 불안감을 주는 건축물들. 안전화 신고 안전모 쓰고 안전벨트 착용하고 작업복 입는 순간부터 다르다. 빅 타워에 올라가서 위에 무엇이 있는지 안전하게 작업하는지 안전 점검하고 오라는 간부의 지시를 받고 수직 사다리를 붙잡고 작업반장을 따라서 올라가 서 아래를 내려다보게 된다. 덜덜 떨리는 다리와 눈으로 내려다보는 어지러움은 왜 안전을 선택했는지 후회하는 시간이 지나야 정상적으로 보일 것이다.

# 1. 조선소의 불황과 호황

## 1) 70년대 조선소 가동

70년대 말부터 많은 인력들이 2개 대형 조선소에 가족들을 데리고 잘 살아 볼 것이라고 동시에 거제도에 들어와서 야간작업이 많아서 새벽에도 출근하는 등 평생 근무할 것이라고 열심히 일해야 잘 사는 줄 알았다. 선박을 건조하는데 독크 양쪽에 인양 능력 200톤 인입식 크레인을 설치할 때 지상은 외국산 타이어 크레인으로 10~30톤을 인양하여 30m 정도 높이까지 작업을 하던 어려운 환경에서 중량물 취급이 이루어졌다.

대형 육상 크레인이 없어서 60m 길이 파이프를 A형으로 상부를 결속한 후 바닥에 고정시켜 세우고 뒤로 로프로 고정시킨 후 와이어를 내려서 부품들을 높이 인양한 후 도크 양쪽의 레일 위에 설치 중인 크레인을 끌고 와서 부품을 내려서 안착시키면서 높이 60m까지 설치하는 공법이다. 배고팠던 보릿고개 시절을 이야기하면 젊은이들은 라멘 먹으면 되는데 하는 식으로 장비가 귀했던 시절이었다. 수백 개의 소형 자재들을 달아 크레인을 조립할 때 많은 위험성을 안고서 총 중량은 2000톤 정도 무겁다. 도크 양쪽에 설치된 크레인들은 작업 반경에 따라 인양 능력 130%까지 달고서 최악의 조건으로 시운전을 거친 후 도크 내 선박을 조립하게 된다.

250톤(총중량 2000톤) 인입식 크레인을 일본인 기계 전기 기술자가 조립할 때 중요한 부분을 배우려고 저녁 늦게까지 기다려도 중요한 부분은 밤늦게 자기들끼리 맞추고 기술을 보여주지 않았던 시절도 있었다. 하루 종일 쇠를 다루는 위험작업으로 초장기는 대한민국 안전의식은 낮은데 산업안전보건법은 일본식 미국식 20년 앞선 법을 옮겨서 끼워 맞추어 만들면서 산업구조는 날로 발전해 나가는 과정에 안전사고도 많이 발생했다. 산업계의 구조는 50년부터 조선업 제조업 건설업 공법은 대형화 고층화 지하화되면서 선진국을 경쟁하거나 넘으면서 빠르게 발전해 왔다. 그사이 산업안전보건법도 선진국형 사고근절 기능은 갈수록 잔가지를 많이 치면서 법은 강화시키지만 무과실 책임주의를 수십 년간 적용시키므로 기업에 느슨한 환경을 만들게 하여 사고예방은 선진국처럼 되지 못했다. 정부의 산재예방 의지가 강했다면 자동차 사고 처리 기준처럼 과실을 구분해 주고 처리 기준도 정해 경각심을 일부는 가지게 해주 면 안전시법 등을 체계화시켜 주고 선진국과 국내의 우수공법들을 공유하여 각자의 사업장에 적합하게 변화시키게 유도할 수도 있었다. 사망만인율(만인율 1이면 1만 명당 1명의 사망)이 한국은 0.3까지 내려온 건 잘했지만 일본은 0.13, 영국은 0.03까지 내려가기에 산업계도 많은 희생을 치렀기에 그들처럼 근접할 것이다.

### 가. 안전제일

입으로 안전제일만 열심히 강조하면 사고를 막을 것이라고 목소리 높였던 사람들일수록 유능하고 안전을 잘하는 것으로 인정받던 시절도 있었다. 무과실책임주의가 득세하면서 안전관리에 투자하는 게 손해라는 시대는 사고는 운이라는 인식 속에 산업계는 생산위주로 흘러갔다. 전쟁 폐허 속에서 일어선 가난한 나라이기에 잘 살자고 했던 그 당시 생산 우선이 그대로 정착되어 코로나까지 덮친 경기 침체 환경에서 2~4년 유예는 무과실 책임주의 속에 50년 시간을 사업주에게 건너뛰어 법적 죄를 묻는 시간이 얼마 갈지 모른다.

### ■ 안전 품질을 중시한 기업들

그중에 특수한 기업들은 안전에 집중하여 인명존중에 적극적으로 참여했다.

사망 사고를 제거해야 기업이미지도 개선되고 외국 수주에 유리하기에 남들이 편하게 경영할 때 이익을 적게 남기더라도 미래를 위해 투자할 줄 알았다.

오랜 시간 안전 품질에 교육을 집중시켰고 안전 시설물에 투자를 강화하고 임직원들 모두다 안전 행동을 습관화시킨 기업들은 사망 사고를 감소시키는 데 오랜 세월이 흐른 후 서서히 효과가 나타나고 결실을 맺어 나간다. 그것은 하루 이틀 만에 안전제일만 외친다고 절대로 되지 않는다. 사고를 예방하겠다는 인간 존중의 의지가 기업 내부에 스며 있어야 가능한 일이었고 시설투자는 손해라는 비아냥을 감수하면서 이루어 낸 결실이다.

중대재해법에서 위험을 피해 나갈 안전을 강조하지만 아마추어 흉내 내다가 당할지 모르기에 살아남고 싶으면 안전 프로일 때 강자들 속에서 살아남을 수 있다.

## 나. 조선소의 현실

조선소 작업 중 중요한 아비 돈이란 외국산 강하고 무거운 나무를 작업대 발판으로 사용하므로 철판 용접은 불량률이 적었고 중요 부위는 엑스레이로 촬영하여 이상 발견 시 가우징으로 파고 그라인더로 면을 고르고 그 자리를 다시 용접하여 마무리하는 건 품질을 최고 중요하게 인정하는 것이다. 많은 화물을 싣고서 높은 풍랑을 헤치고 태풍도 만날 수 있고 수 개월 망망대해를 항해할 선박이 견고해야 하고 제시간에 원하는 항구에 도착해야 하는 항해 기술에 선주가 요구하는 선박의 평가는 품질 용접에서 결정 났다.

조선소는 불황이 불시에 닥쳐 도크에 배를 만들 선박이 없어 비워 버린다. 일감이 없어지자 직원들 근로자들을 80년대 초부터 해고를 너무 쉽게 하여 조선소를 떠나보냈고 가는 사람들도 묵묵히 가족을 데리고 떠나갔다. 거제도를 떠나가는 사람들과 남은 직원들도 일거리가 없어 여러 작업들을 지원하면서 잡일이라도 했기에 떠나가던 그들의 아픔을 누구도 위로해 주지 못했고 조선소에 안 잘리고 붙어 있는 게 중요했던 시절이었다. 회사는 경기 좋을 때 필요한 인원들이 작업해야 하기에 다시 불러 준다는 위로의 말도 없이 그냥 떠나보내는 냉정함을 보였다. 떠난 작업자들은 경기가 좋아져 모집 광고가 붙어도 다시 돌아가지 않았다. 훗날 외국으로 인력 구하여 먼 나라로 다녀야 하는 아픔을 안고서 물량이 많아도 고통을 당해 봤고 작업이 너무 위험하여 조선소 재입사의 발을 끊어 버린다.

너무 많은 인력들이 대우조선과 삼성조선에 동시에 들어와서 근무하면서 전월세 집이 부족하여 융자를 받아 소 마구간들을 방으로 만들어서 전세를 놓을 정도로 전세 구하기도 어려운 시절도 있을 만큼 시골은 번창했다. 많은 인력들이 일시에 떠나갈 때 들어올 세입자들이 없어서 집주인들이 전세금을 주지 못해 농사짓던 억대 거지가 수두룩하다는 말들이 돌았다. 경기 불황이 닥치자 도시에 살았던 똑똑한 외지인들은 소유주들이 헐값에 팔려고 내어놓은 논 밭 임야 넓은 집들을 줍다시피 매입했던 극소수 과거에 강남 개발에 신생 산업단지개발 주변에 재미를 봤던 투자자들이 이재에 밝아서 많은 돈을 쉽게 벌었다. 그때나 지금이나 쉽게 이익을 만들 줄 알았던 기회가 많이 있어도 그때도 한쪽에서는 열심히 일 해야 잘 사는 줄 알았던 근로자들.

저수지 아래 유자 밭과 시내에 주택 2채용 대지를 사 두고 지내다가 거제도를 떠나면서 언제 오겠냐고 쉽게 팔아 버렸다. 안전관리로 근무할 때 외부 수석을 주우러 다녔던 작은 사업을 하던 알던 분이 가장 번화가로 변할 대로변 코너 2백 평을 꼭 사 두라고 데리고 가서 물에 잠겨 있던 논을 직접 보여 주며 상세하게 미래 설명을 해 주는데 귀를 기울이지 않았다. 10년 안에 회사를 그만둘 것이라고 잘 알려 주던 분의 이야기를 흘려 버렸는데 개발 붐이 불면서 평당 수천만 원 이상 하던 걸 거기에 살고 있던 친구에게 가격을 들으면서 오는 복도 차 버린 복 없는 놈이라고 스스로 욕하기도 했다. 사업 성장을 위해 여러 각도로 세상을 주시할 것이고 발이 넓기에 아는 것이 직장인들과 전혀 다른 면을 뒤에 생각하게 될 것이다. 인간은 운도 있어야 하고 시기를 잘 선택하는 직관력이 있어야 하고 도움을 주려는 인연들을 잘 유지해야 하며 남의 이야기를 흘리지 말고 씹고 또 씹어 보는 습관을 길러야 할 훗날 후회하는 일이 적을 것이다.

한국에 수백 개의 공단과 산업시설을 정부가 주도했기에 투자기회를 보는데 강한 이들은 그런 개발을 할 지역을 먼저 낌새를 알고 찾아서 남들보다 앞서서 어느 쪽에 투자를 할 줄 알았고 돈 될 지역을 찾아내는 게 다른 안목이다. 이제는 부동산 어디에 투자하면 돈 번다는 이야기에 매몰되지 말아야 한다. 돈이 되는 기회는 자신 가족 친척에게 알리지 남에게 알려 주겠는가.

700리 바다기에 전망이 우수하고 접근성이 좋은 곳에는 모델 펜션들을 많이 지어 수익을 창출한 후 후발 주자에게 넘기면서 이재에도 밝아서 투자 시점과 담근 발을 뺄 시점을 정확히 정해서 투자할 줄 아는 고수들이 늘려 있기에 투자에 조심할 때이다. 일반인들과 차이는 재물을 소유하는 방법과 던지는 시간을 잘 맞춘다. 글 깨나 읽은 사람들은 농토를 팔아서 자식들 공부 시킨다는 구실로 서울로 서울로 떠나갈 때 배우지 못한 순진한 농사만 짓던 분들은 가지를 못하고 가더라도 할 일이 없어서 농사를 천직으로 알았다. 어느 날 주변이 도시로 개발이 되면서 농토가 돈을 만들어 주면서 서로 살려고 부동산이 들락거려도 팔지 않고 지내다가 어느 날 번화가 주변에 건물들이 들어서면서 재수 좋게 지하철 출입구가 두 군데나 만들어져 떠나지 않은 농부는 자식들에게 검소하게 살아가면서 성공 대열에 진입했다. 대부분 자식들이 흥청거리는데 그분들은 찾아온 복이 언젠가는 소리 없이 떠나간다는 걸 알기에 주어진 걸 잘 관리하면서 멋 부리지 않고 욕심내지 않고 건물들과 땅을 팔지 않고 빌딩을 올리면서 부친의 재산을 잘 불려 나간다.

특이한 점은 아들들을 서울 일류대학으로 보내지 않고 적당하게 공부를 시켜 적당한 직업을 가지게 하여 허파에 바람이 들지 않도록 부모로서 세상을 살아가는 법을 알려 주어 형제들이 우애를 다지면서 현명하게 살고 있다. 번화가 지하철 출입구 옆에 임대 붙인 표지를 25년 동안 한 번도 보지 못했고 못 배워 농사 짓다가 부자가 된 분 앞에서 권력도 너무 많은 돈 앞에서는 맥을 추지 못하고 굽신굽신거린다.

### 다. 외국인력들의 파워

건설이나 조선의 공정은 땅을 밟고 작업하는 시간보다 허공을 밟는 시간이 더 많기에 추락이나 낙하물 사고가 많이 발생하므로 훗날 조선소 막노동은 쉽게 구조조정시키고 쉽게 취업할 수 있다는 인식이 팽배했지만 족장(발판) 용접 배관 전기배선 도장작업 등 힘쓰는 작업 등 험한 일들은 노사 분규를 매년 겪으면서 힘든 일들을 외주화시켰다. 외주도 일정 시간이 지나면서 기능공들이 그런 힘든 일까지 꺼려하고 도시에 쉽고 안전한 일들이 늘려 있기에 한번 떠나갔던 근로자들은 하루 종일 위험한 쇠를 다루면서 겪어 본 경험자들은 위험한 조선소로 다시 돌아가지 않는다.

선주에게 선박의 인도하는 날짜를 정확히 맞추어야 하는 조선소는 일을 해야 할 인력부족의 한계를 겪지만 돌아오지 않는 걸 기다리다 인력을 구하려 먼 외국으로 나간다. 월남까지 가서 말이 통하지 않은 용접공 같은 힘든 인력들을 수급하는 데 어려움을 겪듯이 기업 경영의 위기는 항상 찾아올 것이다. 말이 통하지 않은 외국 근로자들이 많으면 조선소는 얼마나 관리하기 어려울 것인가.

조선소는 많은 외국 기능공들이기에 위험 공정을 언어가 안 통하는 답답함을 조금이라도 해소하려고 숙소의 잠자는 방 천정에 벽에 한국말을 도배하여 붙여 두는 방법도 있을 것이고 개인 휴대폰에 통역방을 만들어서 쉽게 배우게 하는 방법도 도움 될 것이기에 무엇이든지 가까워지려고 그들에게 진심으로 다가가야 한다. 한국의 기능공들도 일하다가 사고를 당하는데 말이 통하지 않은 머나먼 고향에 사랑하는 가족을 두고 왔기에 항상 걱정 속에 일할 외국 근로자들이기에 주변은 쇠소리로 시끄러운 환경이기에 최선을 다해 그들을 보호하고 관리하는 어려움도 더 많이 있을 것이지만 언어 소통에 많은 어려움을 안고 있다. 수십 개 크고 작은 조선소들마다 관리방식이 다를지 모르지만 고향을 떠나서 멀리서 온 외국인들을 자신들 회사에 도우러 왔다고 생각하면 관리할 때 애정을 가지고 대할 것이다.

## ■ 서산에서 거제도까지

조선에서 건설로 전출가서 집은 거제도에 부인과 어린 지식들을 두고 서울로 가서 얼마 후 서산으로 가서 근무하면서 가족이 잘 있는지 걱정하면서 생각했다. 직원들 근로자들도 사랑하는 가족이 집에서 기다릴 것이라고 생각하게 되고 1달에 1번이나 2번 집에 가면 6살 아들이 아빠가 얼마나 보고 싶었으면 아침에 일어나서 아빠 아침에 갔다가 저녁에 와 하던 말을 새기고 다짐했다.

삼성건설에 안전으로 근무하는 날까지 본인처럼 그들도 가족들이 기다린다는 마음으로 직원 근로자들 누구도 일하다가 다치지 않고 일하다가 죽지 않고 일을 마치고 사랑하는 가족이 있는 집으로 안전하게 보내 주겠다고 다짐했다. 정년퇴직 때까지 그 마음 변하지 않았고 본인이 안전관리자로 능력이 되는 데까지 안전시설물도 최선을 다해서 관리해 주었다. 안전 관리자로서 직급이 오를 때마다 더욱 강하게 공사중단권을 발동할 수 있었고 안전 시설물 개선이나 어떠한 위험 조건은 절대로 넘기지 않고 해결해 주면서 나름대로 공사를 했던 경험은 크레인 설치 관리 경험들이 기초가 되어 성장할 수 있었다. 공정에 최대한 지원하면서 공사팀들보다 더 많이 업무를 개선시켜 주면서 여러 공정도 알고 싶어했다.

같은 공정을 과장과 부장들에게 별도로 질문하면서 공정개선과 위험을 찾았다. 과장에게 위험하고 복잡한 공정을 안전하게 하는 시공하는 방법을 질문해 보고 그 공정을 부장에게 모른 척 다시 질문해 보면서 그들의 지식을 끄집어내어 본인 것으로 만들면서 공정이 위험하면 공사중단을 시키자 그들은 공정을 잘 알려주고 뒤에 공사중단을 당한다고 불평의 소리도 듣게 될 정도로 적극적으로 안전에 집중했다. 나라의 국력을 성장시키는 데 대학을 졸업해야만 잘 산다는 인식을 권력들이 심어주었고 쉬운 공정 쉬운 답을 청산유수처럼 잘 말할 때는 최고의 인재로 인정해 주고 있었다. 고교 졸업생 40만 명 중에 대학에 진학하는 28만 명.

미국의 여러 지역에 분산된 세계 최고 대학들에 최고의 인재들이 입학한다. 미국은 자신들이 입학 후 능력이 있다는 걸 검증받은 후 1년 정도에서 자퇴해 버리고 기업 창업의 길로 나서서 단시간에 수십조 원 성공대열에 진입한다. 한국은 산업계 질 낮은 직종들까지 4년제 대학을 원하기에 어렵고 힘든 일을 할 생산 인구가 없어져 인력 구하려 외국으로 가야 한다.

## 2) 조선소 어려움

조선소 선박 호황이 찾아오면 해당 선박들은 빨리 인도해 가려고 조선소에 독촉을 하는 경영에 즐거운 영향을 줄 것이다. 원유가격이 하락하면 원유선박이나 시추선들은 인도해 가져가는 걸 미루어 조선소에 정박시켜두므로 경영에 어려움을 주게 된다. 선주에게 인도해야 할 선박들이 불황이 오면 선박을 가져가 봐야 일이 없어 방치시켜 두어도 선박을 관리하는 비용이 발생한다. 이때는 선박을 인도해 가지 않고 조선소 안벽에 묶어 두면 조선소가 관리해 주어야 하고 태풍이 불면 안벽에 계류를 튼튼하게 해 두었지만 심한 바람에 묶어둔 줄이 끊어져 밀려서 나가게 되면 큰 파손의 우려 때문에 중장비와 비상대기 서던 직원들과 예인선들이 껌껌한 밤에 달려들어 억지로 배를 묶어두는 위험을 감수 할 수도 있는 게 내부 어려움이다.

선박을 수주하고 인도까지 6~7년 소요되어 그사이 어떤 환경이 변할지 모르기에 선주들은 이런저런 하자를 걸어서 부품들을 새로운 신형으로 리모델링하는 경우도 자주 발생하여 인도 시 들어와야 할 잔금의 지연과 새로운 부품교체 비용 관리비 등이 조선소의 경영에 큰 어려움이 자주 발생시키고 있다. 2015~2020년 동안 1조 원 영업 적자로 삼성은 드릴십에 강점을 가지고 해저 유전 탐사에 쓰이는 장비에 주력하지만 유가가 낮으면 선주는 유전 개발에 나서지 않고 선박도 가져가지 않고 조선소 안벽에 묶어 둔다.

여러 조선소들이 일감이 부족할 때는 도크의 공백을 줄이기 위해 저가 수주라도 하여 버티는 중에 불시에 해당 선행에 불항이 닥치면 조선소는 치명상을 당한다. 세상이 모르는 피해는 더욱 커지고 그 피해는 회사와 임직원들이 해결하려고 공기를 단축시키고 공정을 개선시키는 등 자체적으로 해결해야 하려면 사고도 더 많이 발생할 수 있다. 누구도 도움 줄 방도를 제시하지 않으면서 노사문제가 어쩌고 근로자 환경문제 안전문제 등 관습은 더 많다. 이런 어려움은 경영에도 악영향을 주면서 멀리에서 오는 언어가 안 통하는 인력들이 많아서 안전 관리에도 위험이 생기는 산업 구조가 한국의 현실이지만 권력자들은 경쟁자를 제거해야 자리를 보전하기에 기업들의 큰 위험들이 존재하는 걸 관심도 없을 것이다.

권력자들은 선박을 수주를 하면 큰 돈 되는 줄만 알고 있다. 기업들을 쉽게 다루어서 자신들 관리 능력의 우수성만 보이려고 한다. 각 나라들이 조선소를 운영하기에 수주도 어렵지만 선주에게 인도까지 몇 년이 걸리는 등 힘든 조선소의 업무도 선진국들은 기업의 규제를 풀어서 기업이 해외에서 영업하는 데 도우는 역할이 다르지만 한국은 도운다고 하기에 앞으로는 잘 도와 줄 것이다. 조선작업은 무겁고 강한 쇠라는 물질과 하루 종일 옆에서 작업하기에 시끄러운 소음과 여름은 쇠가 내품는 뜨거운 열기와 겨울은 차가운 냉기 속에 에어컨과 온풍기를 가동하지만 위험도 그만큼 높고 사고도 그 만큼 많이 발생할 수 있고 바다가의 염분은 몸에 끈적끈적거린다. 건설과 조선업은 스폰지 맞고 넘어지는 사고나 쇠를 맞고 넘어지는 사고나 수십 미터 위에서 작업하는 공정을 똑같은 비중으로 다루기에 사고는 줄어들 수 없다.

### 가. 조선소의 위험

H조선이 4명의 사망 사고를 발생하여 국회환노위 청문회에 여러 기업 대표들이 참석했다. 조선소에는 원청 8213명과 하청업체 16281명이 무거운 철판을 만지면서 힘들고도 위험하게 근무하고 있기에 많은 인력을 안전하게 관리하려면 얼마나 힘들 것인가. 정부의 자기규율 예방체계를 적용하여 위험성 평가에서 자체 위험요인을 찾아내어 자체 예방대책을 마련하는 제도로 8만8003건의 나타났다. 기업은 잘해 보려던 내용들까지 사망 사고가 발생하면 점검기관이 자체 점검 건수를 노출시켜서 기업에 아픔을 안겨 준다.

## 3) 80년대 일본의 기술력

조선소 80년대 초 인양능력 200톤 크레인이 수십 톤씩 블록을 달고서 주행 중 전원이 순간 차단되면서 주행이 스톱되는 위험이 크레인을 설치하고 전자기기 내에서 사용 초기에 자주 발생하여 원인을 못 찾았다. 전원공급이 불시에 끊기면서 굴러가던 거대한 기계를 주행 브레이크가 잡아버리면 폭은 좁고 70m 높이의 총중량 2000톤의 크레인이 전복될 수 있는 위험성이 높았다. 중량물을 달고 주행 중 전원이 차단되는 과정은 너무 위험하여 전국의 전기 전문가들이 원인 파악을 해도 전기 기판내의 문제를 찾아내지 못했다. 주행하다가 급정거는 너무 위험하여 주행 모터의 여러 대의 주행 브레이크를 조금씩 풀어서 급제동을 피하려고 임시방편을 시도했다. 태풍이나 밤에 바다가 급 돌풍이라도 불게 되면 주행을 정지시키는 제동력이 약해 거대한 크레인이 바람에 밀린다면 위기가 될 수도 있었다.

마지막 일본의 IHI 중공업 전기 설계 기술자를 회사가 불러 들였다. 5시간 정도 걸려서 원인을 찾아내는 데 완전히 제거시켜 주는 걸 보면서 1980년대 일본의 전기 기술력은 그 당시 최고를 가진 걸 보여 주었다.

항공기 360대를 항공모함 6척에 싣고 전함 2척 순양함 3척 구축함 11척이 1941년 11월 23일 일본을 출발하여 해양에 떠있던 미국 항공모함 함선들과 항공기들의 눈을 피해서 6000km 태평양을 지그재그 식으로 발견되지 않고 바다위로 항해하여 1941년 12월 7일 아침 진주만을 기습 공격하여 함선 18척 침몰 180대 비행기 파괴 군인 2300명이 사망하고 일본은 비행기 40대 정도 잃었고 미국이 2차 대전 참전의 빌미를 주었다. 공격당하면 몇 배로 갚아 준다는 미국에 덤볐다가 보복으로 원자폭탄에 2방을 세계 최초로 두들겨 맞으면서 도쿄의 목재 건물 60%까지 보복당했다. 일본이 가미가제 특공대를 가지고도 항복한 것은 미국의 포격으로 도쿄가 사라질 수 있었기에 항복해 버렸다. 두들겨 맞고도 가장 가까운 우방이 된 이유는 무엇일까.

첫째 일본을 철저히 밟아 주려고 해도 동남아시아를 강탈해서 가지고 있던 정보가 너무 많아서 미국이 모르는 일본이 가지고 있는 한국과 중국 소련 동안아의 필리핀 등 많은 정보에 의지하면서 대응할 수 있었다. 둘째 중국의 동진을 일본은 오키나와부터 차단할 수 있었고 대만을 방어해 주면서 미국이 오는데 걸리는 시간을 일본이 방어해 줄 것이다. 러시아의 태평양 남침도 일본이 막아주므로 미국으로는 최고의 우방국이 될 수 있게 일본 열도가 ㅡ 자로 길게 형성되어 방어가 유리하다. 셋째 태평양전쟁이 끝나고 항복한 일본군인이나 권력자들이 일본으로 철수할 때 옷만 챙겨서 가는 걸 보면서 대단한 양심적인 국가라고 인식했다.

동남아시아를 침략하고 수천 년 역사의 나라들에 보관 중인 국보급 보물들과 금은보화 등은 일본으로 모두 다 전쟁 발발 초기에 가져가 버린 걸 모르는 미국은 역사가 짧기에 모아둘 국보급 보물이 없기에 약탈국의 만행을 모르고 몸만 빠져 가는 줄 알았고 양심적이라고 생각했다. 수천 년 전부터 한반도를 노략질했던 일본은 맨 먼저 보물을 수거하지 않으면 세상이 어떻게 변할 줄 모르기에 침략 후 제일 먼저 약탈부터 돈 될 것부터 가져가 버리는데 시골의 산에 굴을 파고 태평양전쟁이 한창일 때 집집마다 모든 쇠숟가락까지 회수해 가져갔다고 했으며 임진왜란 때 도자기에 매료되어 도공들을 데려가서 최고의 대접을 해 주고 흙까지 담아 가서 도자기를 만들어서 유럽에 팔면서 1600년대부터 유럽과 영업 기술을 향상시킨 기술은 대단하다.

미국이 수십 년 흐르면서 미국 코밑까지 다가온 일본 경제를 한 번에 추락시켜 버려도 일본의 비굴함을 알고는 잃어버린 30년을 만들어도 원자폭탄을 2방이나 맞아도 강자에게 고개 숙이는 민족이다. 정신적으로 불안한 시대가 흐르면서 한국 같은 약자에게는 눌려 버리고 독도를 자기들 땅이라고 끝까지 우겨서 언젠가 힘으로 밀어붙여서 그 아래 숨겨진 자원을 채굴하여 삼키려고 할 것이다. 교육받을 때 복도에서 여직원을 5번 만났는데도 웃으면서 인사하던 정신력을 작은 부분에서 기업의 애사심을 배울 필요가 있었다.

### 가. 안전관리

생산부장으로 중요한 보직으로 근무하던 간부가 안전팀장으로 가던 그때가 조선소 노사분규가 심했던 시절이었다. 조선소 크레인 설치 기술 크레인 운전 크레인 관리 인력 관리를 하다가 중량물 취급 선박 1척당 작업 발판 1~3m, 비계파이프 1m~6m 등을 1척당 설치와 해체하는 데 소요되는 공수(시간)를 파악하다가 그분을 따라서 안전관리를 처음 하게 되었는데 훗날 안전관리하는 데 큰 도움이 되었다. 안전팀에는 나이 많은 직장급이 4~5명이 버티고 있었다. 그들처럼 직장이 되면 월급이 높아지기에 뒷짐 지고 관리도 수월하여 승진을 하고 싶었지만 그들 때문에 어려울 것이고 희망이 없을 것 같아서 고민을 하다가 2년간 전출을 신청한 후에 건설로 가게 되었다. 그분이 하던 말이 건설로 가서는 안전을 하지 말고 시공분야를 담당하여 실적을 내어 근무하라던 그 말은 안전의 어려움을 겪은 것 같았다.

조선소에서 중요한 크레인으로 블록과 기자재들을 이동시키는 중요한 기능들을 알고 있어 노사 분규로 장비 작업의 위험도 있고 고공 농성 등도 있기에 필요했기에 안전팀으로 같이 가자고 했을 것이다. 그분은 안전팀장으로 갈 때 모두 다 물먹었다고 승진은 끝났다고 모두 다 희망이 없다고 말들이 많았는데 훗날 조선소의 최고 임원인 소장까지 승진했다는 걸 들으면서 얼마나 어려움을 견디었을까를 생각해 봤다.

## 나. 크레인 전복 사고

모 조선소에서 밤에 블록이 멀리 있어 크레인을 대각선 방향으로 23톤을 달 수 있는 거리에서 붐을 길게 하여 35톤을 인양한다. 붐을 당겨서 안정권에 두고 주행과 선회를 해야 하는데 붐 길이를 길게 그대로 두고 무겁게 달고서 가장 위험한 상태에서 주행과 선회를 하자 무게를 견디지 못해 거대한 크레인이 바닥으로 전복하여 복구하는 데 수 개월이 소요될 만큼 회사에 큰 피해를 아래 직원들이 주었다고 들었다. 운전원과 보조수 신호수 6명이 블록을 인양 후 붐 운전 레버만 손으로 당기면 붐반경을 맞혀 두게 한 후 주행과 선회를 하는 이유를 설명이 안 되었고 신호수도 밤이기에 주의해야 하는데 잊은 것인지 설명이 안 되었다. 인양할 때 중량물이 100% 넘으면 경보기가 울리고 130%가 되면 전원이 차단되게 설정되었을 것이고 붐의 각도가 대각선 방향이기에 많은 중량을 인양할 수 있었지만 그대로 선회나 주행을 하는 순간 전도되는 걸 왜 잊었는지 무시했는지 의문으로 남았다. 중대재해가 발생했다면 사업주 과실로 엮일 것이다.

## 다. "원"을 → "주"로 지급

큰 조직 속의 극소수 직원들은 울타리 치고 안주하면서 근무하다가 기업에 치명상을 주는 오류를 범할 수 있다. 2018년 4월 모 증권은 자사주를 보유한 직원들에게 "1주당 1000원씩 지급"하면 28억 원으로 배당될 것을 "1주당 1000주씩으로 계산해" 28억 주로 배당해 엄청난 물량들이 개인들 통장에 동시에 입력되었다. 누구도 지적하지 않았고 30명 정도는 입금된 주식을 동 시간대에 1900억 정도 시장에 내놓아 모 증권의 가격을 30% 정도 월급 받던 직원들이 회사 걸 하락시켰다. 결재와 관리부서 경리 등 여러 단계의 합의 과정 등을 거쳐야 하고 신중해야 하는데 과정들이 있어야 하는데 나타나지 않았다.

## 2. 삼성건설 17년

### ■ 안전관리도 깊이가 있다

안전관리를 깊이 있게 들어가 보면 마지막은 작업자들이 안전하게 작업할 기법을 찾아내고 깊이 있게 지식을 만들 수 있을 것이고 안전을 생산 공정에 넣어 개선시켜 줄 수 있을 것이지만 아무나 할 수 있는 공법이 아니다.

### ■ 대한민국 산업단지들은 1970~2000년까지 완공시킨 공단들이 대부분으로 많은 시간이 지나면서 노후되어 갈 것이다

위험물질을 취급하는 공장들도 그 당시 2mm 두께의 밟으면 흔들리는 발판 위에서 용접하던 시대였기에 시설물들이 노후되어 갈수록 위험은 발생할지 모른다는 그 시대 근무하면서 용접 불량원인을 찾아 개선시켰던 실적이다.

인간이나 사회는 세월이 지날수록 성숙 단계가 오랜 시간 화려하게 빛을 발산하다가 석양에 지는 해처럼 서서히 육체는 노후되어 빛을 잃을 것이고 후반전으로 갈수록 큰 사고들은 자연히 증가하여 위협을 가할 것이다. 공장도 힘차게 성장하여 가다가 서서히 가동이 노후되는 연수만큼 사고 위험성은 증가할 것이고 리모델링하여도 수익이 받쳐 줄지 의문이다.

- 그룹공사: 삼성종합화학. 삼성석유화학 3차. 삼성자동차 공장
- SOC 사업: 북부산(NATM공법), 구포(SHELD공법) 전력구
- 당진화력 3·4호기 발전소, 울진원자력 5·6호기 발전소
- 부산신항만 1단계 부두 건설

## ■ 중대재해법

근로자 보호라는 항목만 거창하게 나열한 후 사업주들이 항변할 수 없는 코로나 번창을 기회로 힘을 뺄 기회로 봤을 것이다. 2022년 기업들에 사망 사고가 발생하면 사업주만 법으로 통제하면 사망 사고는 감소시킬 것이라고 단순하게 중대재해법을 출발시켰다. 사망 사고가 줄어들 수 없는 산업구조가 이미 정착되었는데 시도한 것이다. 공사를 하지 않는 만큼 사망 사고는 당연히 줄어들 산업 구조다.

# 3. 위기와 운이 함께 오는 환경

　회사에서 오다가다 본 사회는 화려하고 아름다워 빨리 사업을 벌이고 싶어서 퇴직을 빨리하고 싶은 시절도 있을 것이다. 삼성에서 27년 보유한 안전과 공사의 기술이라면 성공할 것이라는 간부들의 격려를 너무 믿었고 자신감도 가졌다. 외국의 주요한 프로젝트 공사에 같이 가자는 임원의 추천을 수술한 후라 더운 데서 견딜지 몰라서 참여치 못하고 정년퇴직을 했다.

　사회에서 창업을 했지만 미국발 금융 위기로 그 당시 우수한 기업들도 문을 닫고 무너질 때 삼성의 경력으로 도전했지만 기업들이 살기 위해 발버둥치는 그 환경에서 누구도 불러 주는 데가 없었다. IMF를 거치면서 살아남은 기업들은 그 당시 기업이 요구하는 것은 기술보다 더 많이 팔아야 살아남으려면 학맥 인맥이 운이 있어야 모든 부분에서 성공할 수 있었고 기업체 사무실에 들어갈 수 있었고 명함을 내밀 수 있어야 계약도 높았고 성립되던 시대로 진입했다. 인맥 학맥이 없는 현실에서는 기업체에 들어가기도 어렵고 검증 안 된 고급 기술도 물건을 팔 수 없는 시대가 되었다.

　지금은 모두 다 대학 출신이기에 남들보다 더 많이 알짜 인맥을 만들면서 살아가야 낙오하지 않고 뒤처지지 않을 만큼 최고 우수한 대학을 졸업하고도 원하는 직업을 가질 수 없으며 우수한 기업에 들어가도 미래를 보장할 수 없을 만큼 돈을 벌수 있는 시기도 짧아지고 노령은 더 길어지는 시대다. 이제는 국내만 보지 말고 넓은 시야에 도전하려면 엔비디아, 일론 머스크 같은 대담한 각오로 세상에 도전하는 삶을 만들어야 할 시대이다.

　생산인구도 줄어들고 일할 인구도 구하기 어려울 때는 흔한 외국의 인력들로 사업을 벌이기는 위험 부담이 너무 많고 여러 원인들로 가계대출 자는 1970만 명 정도로 부채는 1800조 원이라는 엄청난 위기로 160만 명은 돈 벌어서 100% 빚 갚는 데 충당할 정도로 어렵다고 한다. 대한민국에서 가장 많은 대학 졸업자들은 양질의 일자리만 찾는 실업자가 늘어나지만 기업들은 로봇과 AI를 이용한 사무절감에 주력할 것이고 원하는 일자리가 없는 젊은이들은 더욱 가난해질 것이다.

## 1) 운이 오는 길

어떤 분은 젊어서부터 수산물을 경매 받아 전국으로 연결하는 사업을 했는데 아이들 학교 보내고 가정 꾸리면서 그럭저럭 빠듯한 수입으로 수십 년 생활하면서 살아가는데 어느 날 아침에 경매사로 어판장에 나가보니 평생 생각하지 않았던 관경이 자갈치 어판장에서 벌어지고 있었다. 조업을 나갔던 어선들마다 고기를 너무 많이 잡아서 만선의 부푼 기대 속에 입항하여 보니 어선마다 너무 많이 잡은 고기들로 어판장에서 처리를 못해 고기 값이 폭락해 버려 수십 년 경매사들도 이해할 수 없었다. 고기가 적당하게 입항해야 적당한 값으로 거래해야 이윤을 남기는데 고기를 경매받아 팔아도 이윤이 없어 처분을 못한 고기가 경매가 끝나고도 어판장에 쌓이기 시작했다. 고기 값은 날마다 어획량에 따라서 들쭉날쭉하기에 자신의 큰 냉동 창고가 비어 있자 너무 헐값의 고기를 담아둘지 말지를 고민했다. 가장 저렴할 때 오를 때를 생각하고 며칠 동안 몇 번의 고기를 대량으로 헐값에 사서 비어 있는 대형 냉동창고에 가득 쌓아 두기 시작했다. 자기들 창고이기에 고기를 영하온도로 내린 후 냉동시킨 후 온도만 일정하게 유지시키는 전기요금 부담도 적고 부지런히 일할 필요도 없는 투자될 것이 전혀 없는 차가운 냉동창고의 장점이다. 다른 경매사들은 흔한 고기를 모은다고 전기세 아깝다고 비아냥거리는 소리를 듣고도 더욱 폭락하면 전기세도 부담해야 하고 창고에 고기를 보관하는 일이 잘하는 일인지 궁금하기도 했지만 경매를 하면서 큰 돈 들이지 않고 많은 고기들을 냉동창고에 담아 두면 고기 가격은 오를 것이라는 생각이 전기 금액에 일한 금액만 나와도 되는 생각으로 담아 두었다. 앞날은 아무도 모르기에 값이 오를 때를 기다리면서 지게차도 있기에 어판장을 정리한다는 심정으로 사다가 창고에 넣어 둔 것이다.

며칠 사이에 어떻게 고기가 많이 잡혀 오는지 선장들도 경매사들도 귀찮아하던 푸념이고 쌓아 둘 공간이 없던 그때 자신은 창고를 가지고 있었다.

### 가. IMF 환란

어느 날 아무도 예측하지 못한 천지가 요동치는 환란이 한반도를 덮쳐 세상의 모든 환경이 뒤틀려 버린 경제가 스톱 되어 버렸다. 대한민국은 앞을 알 수 없는 암흑천지는 6.25 동란 이후에 닥친 최대의 혼란에 빠져 버렸고 누구도 일어설 수 있는 힘이 없었다. 잘살아 보려고 노력하던 중 예기치 못한 암흑천지가 된다면 고생하다가 당하는 사람들은 너무 억울할 것이고 헤어나기 어려울 것이다. 한국 경제를 이끌었던 기업들의 반이 도산하는 위기는 어떤 것으로도 복구할 수 없는 자력으로 일어서기 불가능한 환경으로 변했다.

국가가 존재하는 이유는 경제 군사 산업위기로부터 국민을 보호해 줄 의무를 가지고 사전에 대비하여 이기는 힘을 길러 주어야 한다. 국가의 의무를 지켜 내지 못하고 자력으로 이겨 내기는 불가능하여 정부가 IMF에 구조요청을 하고 그들은 요구를 제시하면서 한국을 벗어나게 해 준다는 명분으로 시퍼런 칼들을 데리고 들어 왔다. 살아남은 일부 기업들은 혹독한 구조조정과 직원들은 연봉제를 도입한다.

그냥 근무해도 매년 오르던 일본식 호봉제의 미련을 버리지 못한 공무원 금융권 일부 기업들은 노조의 힘에 눌려서 호봉제를 그대로 가져가는 위기를 벗어날 의지가 약했다. 30프로나 올라 버린 이자 부담은 모든 경제가 마비되어 버렸다. 예고 없이 닥친 환란은 신용불량자까지 양산하고 240만 명의 일할 기회를 차단시켜 무너지는 대한민국 경제를 감당할 수 없었다. IMF를 단기간에 벗어나려면 달러를 빨리 갚으려고 DJ 대통령이 앞장서서 고통을 분담하여 위기를 벗어나자고 국민들을 격려했다. 세계가 아무도 못했던 국민들이 장롱 속에 넣어둔 금 모으기 행사에 동참하여 위기를 빨리 벗어나려고 뭉치고 뭉친다.

어선들은 기름을 넣고 필요한 소모품들과 필요한 자재들을 구입 후 바다로 나가서 고기를 잡아도 이자 때문에 배를 부두에 매달아 둔다. 대출금도 갚지 못하고 생활도 불편하면서 뛰는 물가 속에서 높은 이자를 감당하기 어려워 생산 활동이 중단되면서 건물, 장비, 주거 등이 경매로 넘어가고 있었다. 어선은 조업을 나가지 못해 여기저기 항구에 배를 묶어 두고 운항을 포기하므로 먹어야 되는 고기가 품귀하자 시중의 고기가격이 폭등하지만 없는 고기를 만들 수도 없는 어선들과 수산업을 생명으로 삼았던 경매사들이다.

경매사들과 종사자들이 돈을 벌어야 할 시간에 소주잔만 들이키고 있어야 하던 그때 창고에 별 볼일 없이 전기만 축내면서 쌓아 두었던 고기가 스스로 주인에게 돈을 만들어줄 시간을 빠르게 축적하고 있었다. 그냥 두어도 경매사들이 찾아와서 없는 고기가 솟아나자 엄청난 가격으로 거래가 형성되어 한겨울 추운날씨에 돈 벌 거라고 개고생하면서 평생 다니면서 벌어들일 수입을 큰소리치면서 돈이 발이 달렸는지 달려왔다. 인생에 다시 오지 않을 기회가 찾아온 것이다. 너무 많은 돈을 벌어 유용하게 활용하려고 생각하다가 그 돈으로 상업지 도로변 중요한 위치에 헐값으로 사 주기를 기다리던 지하1층 지상 4층 건물을 쉽게 구입하여 리모델링 후 임대를 놓아 땅 값은 시간이 지날수록 오르고 월세도 받으면서 노후를 걱정하지 않을 만큼 벌어 준다. 국가의 위기가 어떤 이들에게는 부를 안겨 부자로 만들어 주었고 어떤 이들은 자신의 원인이 아니면서 고통의 나락으로 추락했다.

### 나. 그룹도 파산하는 환경에서 안전한 투자

30대 그룹 중에 절반씩 도산하던 IMF에서 큰 교훈을 얻은 똑똑한 이들은 큰 돈을 모아 두고 10년 정도 노력하지 않고도 기다리자 2008년 미국발 금융 위기가 닥치자 기다렸다는 듯 경제 사냥을 한다. 2008년 미국발 금융 위기 때 커다란 기회를 잡은 이가 IMF 학습효과 때문에 의외로 많이 큰 돈을 벌어 갔다. 세상의 위치는 위기가 오면 그 속에는 기회가 있다는 것이 IMF와 미국발 모기지 위기 때 여유 돈만 있으면 가능하게 되었다. 그때 위험을 당해 본 사람들은 열심히 노력하여 위기에 대비하려고 투자했다가 그냥 날려 버리기도 하지만 큰 돈을 벌어 본 위기에 단맛을 본 분들은 상업지역의 우수한 상가 건물을 IMF 때 헐값에 매입했다가 금융 위기가 오기 전에 한국은 10년 주기라는 걸 생각하고는 비싸게 팔아 버린다.

### 2) 주거는 어떻게 변화할 것인가

한국의 주거는 지역 간 세대 간에 여러 원인으로 변화를 겪고 있다. 순간적으로 인구가 소멸되는 것은 출산이 감소한다고 말하지만 지역에서 잘나가던 기업들이 어느 날 외국으로 나가 버린다는 점이다. 정부와 지자체들은 심각하게 생각할 것이다.

## ■ 돌아오지 않는 기업

2023년 외국에서 유턴하여 한국으로 들어오는 기업들은 20곳 정도라고 알려졌으며 일본은 수백 개 정도 본국으로 돌아온다. 원인은 작은 땅에 협소한 내수시장이 큰 이유이고 한번 취업하면 해고가 없는 평생 노조 속에 살아가는 생산성 미진함, 인건비 감당, 외국인을 써야 하는 어려움, 복잡한 기업 규제와 중대재해법의 위험 등으로 들어오지 않는다.

## ■ 수도권에 집중되는 이익

국가가 성장하려면 전국(51,377,213명)을 고르게 육성시켜야 하는데 인구 50%와 일자리 58%가 수도권으로 집중되므로 교통 제중과 높은 주거비와 치솟는 생활물가 등 심각한 단계를 넘었다고 한다. 미국 수도권 인구 5% 일자리 5%, 프랑스 인구 20% 일자리 25%로 선진국 일수록 균형 배치를 유지한다. 한국의 주요 대학이 수도권에 집중시켜 갈수록 젊은이들은 몰려들게 된다. 선진국 외국은 정당을 수백 년을 구상하지만 한국은 단기 5년을 구상하는 것도 어렵다. 수도권 집중도가 높을수록 지방은 소멸되고 국가도 위기를 넘어서 존립 자체를 위협하지만 말은 거창하게 하지만 누구도 해결 할 수 없는 단계로 진입해 버렸다.

## ■ 주거 문제

강남 3구 치솟는 가격을 보면서 주거에 구매 의욕이 식을 것이다. 강남 84m²(34평) = 60억 원, 도봉 성북구 84m² = 5억 9천 ~ 7억 3천만 원. 부동산 전문가들은 올랐다 내렸다를 반복하는 각자의 주관대로 쉽게 말한다. 돈을 벌려면 마용성으로 가야 한다는 말이 수십 년간 흐른다.

서울이란 구조는 편차가 너무 심해 결과는 지금까지 오르다가 훗날 고통의 문제가 나타난다면 강남이고 한강이고 아니요 하는 때가 올 것이다. 남북한이 권력자들끼리 서로 성질을 돋우다가 언젠가 내부 통제가 안 될 때가 올 수도 있다. 12월 3일 계엄령 선포 때 여러 소문들 중에 북한에서 오물 풍선이 날아오기 전 북한 지역으로 풍선을 발포하여 국지전을 일으키려고 했다는 소문까지 돌았기에 쉽게 생각할 수 없는 게 국가보다 개인 권력자들이 오판을 할 수도 있다. 무엇이든지 최악을 두고 생각해야 할 시대가 되었다. 위기가 발생되면 도망가려고 거리로 쏟아져 남쪽으로 생각하고 달린다. 1차 한강다리를 넘지 못하고 막혀 버린다. 2차 경부고속도로 진입을 못하는 차량의 홍수 속에 갇힐 것이다. 살 수 있는 방법은 위기가 없어야 하는데 남북한 서로 삿대질이다.

- 수도권 인구와 차량

|  | 서울 | 경기도 | 인천 | 합계 |
|---|---|---|---|---|
| 인구(명) | 9,424,873 | 12,841,321 | 2,248,098 | 25,672,339 |
| 차량(대) | 3,179,328 | 6,232,987 | 1,683,410 | 11,095,725 |

- 수도권의 위험성
- 국토 면적의 12%, 대한민국 인구 50%, 우수 대학 20개 대부분
- 병원 50%, 100대 대기업 본사 95%가 수도권, 국가 세수 먹던 사람들 90% 서울로 가야 성공하기에 서울에 살고 있다.

## ■ 서울의 내부적 모순

70년간 대한민국 권력들은 모두 서울로 모이도록 경영했지 남쪽으로 나가는 길과 대피로는 누구도 시뮬레이션 해 볼 수 없었고 시간은 흘러갔다. 조선시대부터 사대문 안에서 살라고 했듯이 서울에 국가의 중추 신경이 밀집되어 북한과 너무 가까운데 방대한 시설들과 인구들이 밀집되어 있는데 분산시킬 생각을 아무도 못하고 70년이 흘렀다. 남북한 체제를 서로 자극하는 권력자들이 위기를 만드는 줄 모르고 부유한 서울 생활에 만족하면서 우수한 환경 속에서 모두 다 즐겁게 살아가다가 한 번의 위기가 닥치면 서로 살고 싶을 때 사랑하는 가족을 어떻게 보호하고 어떻게 탈출할 것인가.

## ■ 서울에 위기가 닥치면 어떤 변화에 직면할 것인가

서울은 탈출할 탈출로가 없다. 서울에 어떤 충격적인 위험이 불시에 닥친다면 서울에서 어디로 어떻게 탈출해야 할 것인가. 경부고속도로, 중부고속도로, 호남고속도로, 영동고속도로, 경인고속도로는 서울로 집결했지만 추석 날 하루 50만 대의 차량이 서울서 부산까지 경부 고속 도로 길 위에서 허비해 버린 시간이 9시간 이상 정체되어 큰 위기가 닥치면 어떻게 할 것인지 누구도 생각하지 않았고 어떻게 대비할 것인지 위기대응력은 얼마인지 인간은 하늘 위로 폭격기와 미사일들이 날아다니면 불안하여 가족이 있는 집으로 달려갈 것이다. 러시아 우크라이나 전쟁에서 권력자들의 역할이 국민들을 얼마나 뭉치게 하는지 보여 주고 있다.

## 3) 구 상가 건물 오피스텔과 사무실

홈 쇼핑과 직구의 위력과 택배의 총알 배송 등으로 젊은이들은 시장이나 상가에 나가는 횟수가 줄어들면서 건물의 임대 현수막은 나날이 늘어나고 수요는 줄어들면서 큰 건물일수록 임대수익이 갈수록 어려울 것이다. 새로운 고객을 위해 50년 전의 건물은 상권이 우수한 지역 주변으로 건축했고 건물 강도까지 탄탄한 상태로 건축했다면 내부 구조를 변화시켜 수익을 얻을 때이다.

70년도 건축한 어떤 저층 아파트는 내부 리모델링하려고 바닥 콘크리트를 파쇄하려다 너무 강해서 중단했다는 이야기를 듣고 그 아파트 건설사를 찾았지만 오래전에 문을 닫아 흔적도 없는 걸 아까운 생각도 들었다. 우수한 상권의 건물을 찾아서 사무실과 주거용도로 활용할 건물들도 있을 것이다. 한쪽은 사람들이 살아갈 오피스텔로 리모델링 해 본다. 노후 건물을 다가올 강력 태풍 등에 대비하고 출퇴근 시간의 지하철 연계 복잡성 해소 주변 우수상권 구조라면 시도해 볼 환경이다.

### 가. 중대재해법 대비 시간은 있었다

기업들은 산업화시대 무과실책임주의에서 추진했던 안전 관리를 새롭게 강화시켜야 중대재해법에서 안전할 것인데 수십 년 전 안주했던 안일함을 버려야 하는데 설마 하면서 가지고 있다. 2022년 1월부터 50인 이상 사망 사고를 합심하여 줄여 보자고 무서운 중대재해법이 등장했다. 2024년 1월부터 5인 이상 중소기업도 사망 사고를 줄이라고 무서운 법이 등장하면서 발생하는 순간 중대재해법이 무서울 것이고 기업을 경영할지 말지를 고민할 것이다.

중소기업들이 중대재해법을 준비하는 데 시간이 더 필요하다고 중소기업 사업주들이 피켓을 들고 법이 시행되고 2년이 흘러도 더 유예해 달라고 건의하고 있다.

어떻게 유예해 달라고 하는지 공사 공정은 매일 변화하는데 그 속에서 사고는 발생될 것인데 무엇을 더 준비할 것인지 근로자들을 관리하는 입장에서는 무엇을 어떻게 준비할지 난감할 것이다.

사업주가 지킬 업무 현장책임자의 할 업무 관리자들이 할 업무를 잘 지켰는지 어떻게 접근시켜서 부족하면 죄를 주어야 하는데 중간 단계를 조사하고 죄는 사업주에게 넘기므로 사고가 줄어드는 건 경기 침체로 일이 없을 때 줄어들 것이다. 사업장에서 공사금액 대비 안전시설물, 인력을 적정하게 배치하는지 질문하고 안전관리비를 사고 예방 측면에 사용하는지 공법이 시스템적으로 운영되는지 사업주를 대신하여 할 일을 했는지 확인해야지 수주와 회사 경영에 바쁜 사업주에게 안전계획서와 안전성 평가를 실무자가 할일을 묻고 안 했다고 죄를 주는 건 사망 사고 목표는 낮출 수 없을 것이다.

삼성의 사업주들은 1993년 삼성전자 제품을 미국에서 비교해 보고는 사업주들이 불시에 사업장에 다니면서 직접 확인하면서 점검하고 안전한 사업장을 만드는 데 질문하면서 독려와 긴장감을 주면서 사고를 낮추는 데 주력하는 방법이 수십 년 흘러서 위험을 짚어 내고 대응하는 방법이 다르다. 삼성의 사업주는 매년 100개 이상 사업장을 순시하면서 인력과 예산을 주변 작업 어려움들을 공정의 문제점들을 세심하게 체크하면서 무과실 책임주의를 떠나서 사망 사고 예방을 위한 대응방식은 무엇인지 매년 대응하고 있기에 사망 사고를 획기적으로 낮추고 있었다.

## 나. 안전모도 안 쓰고

2024년 5월, 길을 가면서 건물의 리모델링하는 걸 보면서 비계발판을 쌓아 두고 4단 위에서 고급 재질의 벽체를 외부 쪽에 부착하면서 무거운 자재를 발판 위에서 안전모를 안 쓰고 위 아래로 오르내리면서 작업하는 걸 보면서 벽체와 작업발판 사이는 간격이 멀다는 걸 위험을 만들고 있었다. 중소기업 사업주들은 애가 타는지 피켓을 들고 유예해 주라고 정부에 사정하고 작업자들은 가장 중요한 머리를 보호하지 않고 빨리빨리 작업하는 게 사업주를 돕는 일인지 너무 상반된 현실을 보여 주고 있었다. 사업주는 무서운 중대재해법을 유예해주라고 소리치는데도 아래에서는 위험을 노출시키면서 빨리빨리 작업에 열중하고 있었다.

### 다. 회사의 고마움을 아는 시간

회사에서 제날짜에 나오던 월급을 받다가 사회로 나오게 되면 회사가 지급하던 월급과 복지의 고마움을 알게 되는 시간이 올지 모른다. 회사 근무할 때 사회와 비교하여 사회를 정확히 진실되게 알릴 수 있다면 직원들이 회사의 주어진 업무에 좀 더 매진할 귀한 시간이 될 것이다. 안락한 회사의 울타리 속에 있을 때 자신은 주어진 업무에 따라 노력을 하고 성과에 대한 대가로 받는 급료라고 생각한다.

사회는 모든 걸 자신이 처리해도 성과가 발생하지 않을 냉정함을 피부로 느낄 때가 자신에게 다가올지 모른다. 사회에서 성공한 사람들만 생각하기에 부러워하게 되지만 성공하기까지 오랜 시간 수없이 많은 좌절과 고통과 힘든 환경들과 험난한 과정은 모르기에 알려고 하지 않고 장점만 보게 되고 빨리 성공하고 싶어진다. 어떻게 시작하여 어떤 시련과 실패할 수 있었던 시간을 어떻게 이겨 낼 수 있었는지 그런 과정이 가장 중요한데도 그런 시련이 없으면 성공할 수 없는데도 실패는 숨겨야 융자와 지원이 기다린다. 가장 들어야 할 귀중한 자료들을 미국은 들으려고 하기에 기초가 탄탄하고 한국은 들을 수 없기에 실패의 반복을 계속 겪는 것보다는 바쁘기에 성공한 기술을 외국에서 사오는 쉬운 결과에 치중을 하게 되므로 한국의 중요한 기술들의 기초가 약해지는 건 누구의 잘못으로 돌릴 것인가.

전구를 발명한 에디슨의 1000번의 실패를 한국인들은 상상할 수 없는 지루한 과정이지만 그는 성공으로 가는 단계라고 즐겼듯이 그들은 실패를 귀중하게 여기므로 다른 실패를 줄여 주는 데 도움 준다.

## 4) 사고가 줄지 않은 여러 여건들

한국은 근본적인 원인은 그냥 두고 복잡하고 어려운 과정은 빼 버리고 가장 쉬운 것 보이는 결과를 가지고 생색내거나 책임을 전가시키고 좋은 부분만 개선하거나 낮은 조직에 죄를 주거나 피하려고 한다.

- 사업장에서 작업이 복잡할수록 공정이 반복 진행될수록 시간이 지날수록 참여자들은 매일 보는 공정이기에 느슨해질 수 있다.
- 부서장은 관련자들에게 경각심을 가지도록 지적하는 횟수가 있어야 하는데 지적할수록 상사평가를 나쁘게 하기에 좋은 상사가 되려고 지적하는 기회가 적어진다면 공정을 개선하고 사고를 예방하려는 적극적인 개선은 어려울 것이다.
- 한국 산업계는 10~50톤 정도 여러 타입의 타워 크레인이 6000대 정도 가동하여 위험하게 사다리 등에 매달려 고소 지역으로 오르내리는 횟수가 많아지면서 안전벨트를 걸 수가 없어 위험에 쉽게 노출되고 있다.
- 고소 지역 사고예방을 위해 작업자들이 고소 지역에 올라가서 "안전망" 설치 "비계 발판" 설치 "안전벨트"를 걸려고 로프 줄을 설치 할 때 여러 번 오르내리면서 위험을 노출시키고 있었다.

컨테이너 선박속의 칸막이는 설치하기 전 비계 발판 10단을 지상에서 칸막이에 걸어 두고 크레인으로 칸막이를 달아 올려서 선박에 설치한 후 한쪽 면에 비계발판 10단을 크레인으로 한 번에 선박 내 설치하는 공법이다. 조선소 작업은 무거운 쇠를 다루기에 오래전부터 위험 공정을 많이 개선시켜도 수천 명이 하루 종일 위험물을 취급하므로 사고는 자주 발생하고 있다. 일본은 지진을 대비하여 산업계와 건설공사에도 타워 크레인의 인양능력 수백 톤 용량의 장비를 설치하여 근로자들이 고소 지역으로 올라가는 걸 획기적으로 줄여 버리는 공정을 1994년도부터 볼 수 있었다.

- 일본은 공사장 입구에 세륜기가 없어지는 공정을 1995년 확인했다.
- 한국은 2024년도까지 공사장 출입구에 세륜기를 가동하고 있다.


## 5) 사망 사고 근절 대책

"설계와 공정 단계에서" "공법"을 개선하여 위험요인을 없애는 공정을 전체 산업계에 적용시킬 수 있다면 위험을 줄이고 시간을 단축시킬 것이다. 도크마스타를 직접 운전하면서 공장건설에 6m 정도까지 근로자들이 1995년도 건설공사에서 위험을 제거하면서 작업하고 있었다.

### ■ 사고를 막으려고 여러 단계가 관여한다

대한민국은 관련 직종들에 먹고사는 조직들이 많이 있는데 관련 조직들의 반대로 공정 개선을 시도하기 어렵다. 산업안전보건법에서 관리자들을 단속하여 개선의 경각심을 주어야 하는데 그들의 조사를 토대로 가장 쉬운 방법으로 기업의 사업주를 중대재해법으로 먼저 제재부터 하기에 사망 사고는 줄어들 수 없는 구조를 만들어 버렸다.

- 근로자를 작업 ↔ 작업반장 ↔ 업체 과장, 부장 ↔ 업체 소장
- 원청사가 관여하는 ↔ 기사, 대리 ↔ 과장, 부장 ↔ 원청사 총책임자

여러 단계가 존재하며 어디서 작업지시나 시설물 개선이 지시되는지 누가 관리하고 있는지 복잡한 구조로 되어 있다.

제5장

# 대기업과 중소기업 안전 관리

산업안전보건법에 안주하다 사망 사고 감소가 어려운 환경에서
예고 없이 닥친 코로나가 전 세계를 감염시키면서
경제까지 침체되고 기업이 힘들어할 때
중대재해법까지 등장하면서 기업의 사업주를 더욱 압박하고 있다.

# 1. 열악한 작업장

재해예방을 위한 안전컨설팅을 처음 펼친 사업이 한국을 침몰시키려던 금융 위기가 덮치면서 생산성 향상과 재해예방 사업이 어려워지면서 벗어날 길을 중소건설사 공사 현장을 직접 경험하면서 돌파구를 찾아보기로 했다.


## 1) 일당제 근로 작업을 경험

정부가 만든 건설업 기초 안전교육을 여러 가지 내용을 4시간 두루뭉술하게 들은 후 교육 이수증을 지참하고 뒷날 새벽 5시에 용역 소개소에 이수증을 맡기고 택시를 타고 가라는 건설현장에 6시 도착하여 반장이 호명하는 누구를 따라가라는 내용이 전부였다. 반장의 역할은 이놈들이 작업하는 데 무리가 없을지 안전한 인간들이 왔는지 위 아래로 확인하는 역할이 전부였다. 벽에 걸린 안전모를 받아 땀이 뺀질뺀질 묻어 배배 꼬인 턱끈을 턱에 조인 후 인부를 따라 가라는 지시를 받는 게 작업반장의 작업 배치가 전부였다.

### 가. 근로자에게 무재해를 달성하자고 외치려면 작업배치는 중요하다

12층까지 정리작업하면서 소변이 마려워 소변기가 어디 있는지 같이 작업하던 조장에게 물어 보자 아무데나 싸 버려라 하는 소리였다. 고객들이 평생 살아 갈 비싸게 주고 분양 받은 집인데 콘크리트가 양생 중인 주변에 아무 데나 싸 버리라는 소리가 너무 쉽게 나오는 걸 들었다. 내부는 동바리를 고이고 양생 중인 벽에 싸 버리라는 그 말은 본인이 건설했던 구조물에서는 상상할 수 없는 듣기도 말할 수도 없는 위험한 이야기였다. 리프트 카를 타고 1층에 내려가서 파란 플라스틱 간이 화장실에 문을 열자 똥은 가득 차 있고 똥 닦은 종이가 신발에 묻을까 옷에 묻을까 너무 더러웠다. 중건 건설사에서 본 것은 기본에 충실하자고 표지판은 붙어 있지만 충실해야 할 기본이 없는데 무엇에 충실할 것인가. 그것이 열악한 건설사들의 현실일지 모른다는 걸 처음 겪으면서 우수한 삼성건설에 근무했다는 걸 내가 설치 관리하면서 지난 일이지만 대한민국 건설 현실이 너무 달랐다.

## ■ 가상 추락 사망 사고

점심을 외부 식당에서 사 먹은 후 오후는 외부 벽체 설치된 시스템 거푸집에 다니면서 남은 마감재와 잡쓰레기를 수거하는 작업이었다. 일을 끝내고 비계에 부착된 수직 사다리를 잡고 올라가다가 사다리 발판용 16mm 둥근 바에 발을 밟다가 미끄러져 발판 위로 굴러 떨어졌다. 1단 난간대 높이가 30cm로 그사이로 몸이 빠져 땅으로 추락 사망했다고 상상해 보면 어떨까.

## ■ 준비할 기본 서류

① 작업 배치 전 안전교육 실시하고 날인받은 것(건설업 기초교육을 복사하여 첨부하고 현재의 위험 상황은 듣지도 못했음)

② 안전모는 지급해도 본인 사인이 없어 법적으로 다툼의 소지가 있다.

③ 추락 위험작업 구역에 안전 관리자나 관리감독자 배치가 없었다.

④ 안전벨트 지급할 장소인데 미지급(애매할 것이다)

⑤ 안전계획서와 위험성 평가표는 작업 내용에 맞게 제대로 만들고 지켰는지 법이 확인할 것이다.

⑥ 근로자를 보호할 안전조치를 어떻게 했는지 업체 반장 책임자 원청 관리자 현장 소장 등을 조사하여 자료를 모두 모아서

⑦ 본적도 없는 본사 사업주는 무슨 역할을 했고 사고예방을 위해 무엇을 어떻게 지시했는지 사업주 날인한 근거를 확인할 것이다.

사업주는 산업안전보건법 중대재해법에 걸릴 항목이 너무 많은 걸 사업장의 관리자들 현장

책임자들이 공사를 하면서 법적관련 근거서류 계획서들을 만들었는지 검토한 근거와 사고예방을 위해서 지시한 내용을 확인 안 했다면 법적 책임에서 벗어날 수 없을 것이다.

유가족 쪽 안전 쪽 전문가가 있다면 처음 참여하는 근로자에게 작업할 구간들에 어떤 위험이 있다는 걸 알려 준 근거가 없었다. 듣지도 못했다. 안전 조치가 가장 허술했다는 걸 반장이나 관리자가 위험 구역의 조치를 어떻게 하라는 내용이 없었다. 알지 못한 상태로 시키는 작업을 하다가 사망 사고가 발생하여 관리자들이 알려 주지 않은 과실을 회사와 국가에 구상권 청구를 할 것이다. 중대재해법에서 사업주에게 불리한 진술은 법적 조치가 끝난 후 별도로 법에 걸지도 모른다.


## 2) 안전한 사업장

근무하러 오는 근로자들은 다치지 않도록 해주고 일하다가 죽지 않도록 해 주는 업무는 어렵고도 어려울 것이다. 조선소에서 건설에서 추진했던 내용들과 일본 대성건설 닛산자동차 공장 견학 가서 본 것들보다 더 잘해 주려고 했지만.

- 직책이 낮을 때는 직책이 높은 간부들에게 사정하면서 무재해를 그 당시는 추진하기가 어려웠고 지금도 직책에 눌리는지 모른다.
- 과장 정도에서는 안전 관리자의 의지대로 50%는 직접 실행할 수 있을 만큼 의지대로 관리해 나갈 수 있을 것이다.
- 차장이나 부장이 되면 회사에 무재해도 만들어서 보여 주고 상도 받고 싶으면 안전도 기획적으로 끌고 가서 원하는 목표를 달성할 것이다.

사망 사고가 발생해도 여론이 잠잠하면 무과실책임주의 환경이기에 무재해 활동을 추진하기에는 어려움이 많았고 달성하기는 더욱 힘든 과정이었다. 3.2km 부두를 만들면서 평지를 컨테이너 야적장으로 만들어 나가는 과정 속에는 여러 공법들이 들어가는 아기자기하고 복잡하고 위험한 난공사들도 생기고 추진하는 과정도 끝에서 끝이 멀어서 식별하기 어려워서 위험도 많이 있을 것인데 어떻게 위험을 제거할 것인가.

10개 도급사 간부들을 앞장세워 그들이 근로자들을 관리할 의욕이 생기게끔 만들려면 그들보다 앞장서서 아침 06시 출입문을 열어 줄 때 출근하여 솔선수범하면서 21시까지 근무하는 과정이 쉽지 않았지만 그렇게 하면서 관리자들을 무재해판에 동참시킬 수 있었다. 노동부 장관상을 받고 싶다면 받을 때까지 내용을 숨겨야 하고 다른 기업 관리자들 앞에서 무재해 추진을 위해 정도를 걸어가자고 동참을 얻어야 하고 사업이 끝나면 각자의 회사로 돌아가야 하기에 무재해 활동이 그들하고는 회사가 다르기에 적극적이지 못할 수도 있었다. 그들도 긴 과정이 순탄치는 않을 것이고 어려움도 배로 많을 것이다.

## 가. 현장에 철제 화장실 휴게실 배치

철판으로 간이 화장실을 제작하여 배치하고 환기팬을 달아 공기를 순환시키고 고급 종이를 넣어 주면서 매일 청소로 위생관리를 철저히 해야 한다. 담배를 물고 의자에 앉아서 쉴 수 있도록 휴게실을 여러 군데 만들어서 일본 휴게실보다 더 깨끗해야 된다는 생각으로 앉아 쉬게 되면 편안하다는 느낌이 들도록 정성을 다해서 만들고 관리를 해 주어야 할 것이다.

## 나. 60m 사다리를 잡고 오르내림 추락 위험 제거

60만 평 부지는 팩 드레인 장비를 사용하여 섬유망 호스를 땅속 60m까지 삽입 후 갯벌 속에 함유된 해수를 재하성토작업으로 압력을 가해 뽑아 지반을 다지는 압밀 촉진 공법으로 4천만 m를 심는다. 호스가 60m 위 상부 로라 구멍으로 통과하여 아래로 당길 때 공중에서 당기는 힘과 바람에 흔들려 자주 끊어져 버린다. 호스 길이를 6대의 장비로 1대당 666만 m를 111,000번씩 지하로 박는데 간혹 끊어진 호스를 연결하려고 장비 마스터 60m 위로 올라가서 로라 구멍에 끼워 연결하려고 여름과 겨울에 오르내릴 때 높은 데서 손발을 놓친다면 추락의 위험이 존재할 것이다.

## ■ 추락 방지대 걸이

마스타 상부 끝에 16mm 로프를 묶어서 아래로 내려지면 근처에 결속하고 추락방지대를 내려온 로프에 끼워 둔다. 호스가 끊어져 연결하려고 상부로 올라갈 때 안전벨트에 추락방지대를 부착하고 오르내리게 해 준다. 작업자들이 추락방지대에 안전벨트를 스스로 걸고 오르내리면서 잘 지키는데 위험한 부분은 최상의 안전한 시설물을 만들어 주면 스스로 지켜 주었다. 활용할 시설물들이 불편하기에 사용을 안 하는지 기업의 관리자들은 생각을 해야 한다.

재개 7위 기업이 수천 명 근로자들을 참여시켜 안전하게 관리하면서 수천 년 동안 신발에 짚신을 신던 시대에서 혁신의 검정 고무신으로 바꾸게 하여 수익을 창출하면서 경영하다가 권력의 센 힘 한 번에 평생 일군 그룹이 분해되었다.

## 1) 한국의 기업 현황

최고 통수권자는 전 국토가 자기 땅이고 힘 있는 부처를 동원시켜 기업 재산을 많이 소유한 국민일수록 노비처럼 부릴 수 있는 특별한 환경이 분단 국가에서 쿠데타로 강제로 권력을 잡을 때 발생한다.

### 가. 권력의 무서움

기업을 경영하려면 경쟁사들의 도전과 자연환경의 위기와 고객들의 불평과 내부 임직원들의 노사문제들이 발생한다. 가장 큰 위험은 권력자의 눈밖에 나면 기업 경영이 불가능할 것이다. 최고 집권자는 국가의 모든 권력을 움직이기에 점찍어 둔 기업에 가하는 위험은 언제나 위기로 다가갈 것이다. 권력의 가장 큰 장점은 5년마다 교체되는 짧은 집권 시간이 관습이 더 많아진다.

승자의 공식을 만드는 데 검증이 필요 없는 선거 때 기여했던 밥그릇을 어떻게 나누어 줄지 그것이 중요하고 그릇만 많이 있으면 여유로워진다. 5년간 더 많은 그릇을 만들어 배분해야 하기에 더 강한 힘으로 순간에 힘 있는 부처를 총 동원시켜 힘을 과시해야 기업들에 얻을 그릇이 많이 생긴다. 권력자의 자존심도 살리고 그룹 회장도 살리고 그룹을 보전할 방법은 무엇이고 위기로부터 벗어날 방법은 있는 것일까.

일해재단 창업 자금 모금에 기업들의 협조가 미지근하고 총선 지원도 저조하여 거대한 그룹부터 한 번에 권력을 휘둘러서 스스로 고개 숙이게 본보기로 희생양이 될 큰 그룹이 필요했는데 국제가 5억을 내므로 다른 기업들이 적게 내는 단서를 제공하면서 회장들 회의 참석 시간까지 늦어 버렸다. 고르는 방법은 단순하고 간단하여 본보기로 한 놈만 골라서 격리된 방에서 겁을 먹여서 걸리게 만들고 세무조사 등 가용할 권력의 힘으로 찍어 버린다. 물은 항상 담을 수 있기에 빼앗아서 주고 싶은 놈에게 그냥 줘 버린다는 간단한 힘의 논리가 통하던 시대였다.

일찍이 청와대 회의에 참석하고 싶었는데 본사가 부산에 있고 눈이 내려 참석하는 데 늦은 국제그룹이 본보기로 찍혔다. 430억 원의 출자를 못 막으면 부도가 날 수밖에 없었고 잔돈으로 고무신 팔아 모은 죽도록 고생하여 세운 잘나가던 국제를 본보기로 삼을 정도로 권력은 기업의 사정은 과심도 없었다. 돈을 빼앗고 기강을 잡는 게 목적이기에 뺏은 건 주고 싶은 놈에게 그냥 준다는 권력이 할 수 있는 폭력을 행사하는 걸 보면서 앞다투어 엎드릴 것이기에 기상 악화는 관심도 없었고 회의시간에 늦은 국제그룹이 죄 없이 걸렸다. 국가의 최고 권력자는 목표를 쟁취하기 위해 상상을 뛰어넘는 위기가 닥쳐도 최고가 되려는 경쟁자들을 무너뜨리는 생존 경쟁 속에 살았기에 강하다. 자연환경으로 발생되는 최악의 위기는 전혀 관심도 없으며 그룹회장이 제시간에 참석하지 않은 것만 괘씸죄로 엮을 몇 가지 구실을 만들어 보고했을 것이다.

### 나. 전화로 알리는 정통 직원

우수한 학벌로 당당하게 입사하여 성장한 출신들은 부산발 항공기가 눈이 많이 내려 이륙할 수 없어서 출발이 늦어진다고 전화로 평범한 현실을 당당하게 알렸을 것이고 양해를 구했을 것이다. 참모들에게 잘 말해 지연된다고 양해를 구했다는 이야기에 회장은 흡족해하면서 역시나 믿을 수 있는 최고 학벌로 평가해 버리는 단순함을 보인다.

### 다. 낙하산을 등장시키는 잡초 같은 직원

허기와 한기를 마시면서 잡초와 같은 시련 속에서 승부근성으로 살아 온 인간들은 회장에게 엉뚱한 발상을 보고하면 듣는 걸 싫어한다. 잡초 같은 근성을 가진 직원들이 옆에 있는 걸 사업주는 귀찮아한다. 청와대는 제시간에 꼭 가야 하며 가지 않았을 때 어떤 일이 회장에게 닥친다는 걸 명령에 죽고 사는 조직문화를 보고하고 도착 시간을 맞추어야 한다고 보고한다.

특단의 방법도 구상하고 제시하면서 부산서 할 수 있는 최악의 상황을 정확히 보고하면서 참석 시간을 준수하려면 특단의 방법이 필요했다. 듣는 사람들의 현실 감각과 상황 판단이 부족하기에 이해를 못한다. 군용기를 타고 가서 성남공항에 착륙해야 한다고 방법을 제시한다. 착륙을 못한다면 하늘에서 군인들에게 의지하여 낙하산으로 같이 내려서 참석 시간에 회의장에 가야 된다고 강력히 건의할 것이다. 회장은 늦은 걸 양해를 구했는데 늙은이가 낙하산으로 내린다는 건 죽을지도 모르는 방법을 보고하는 직원의 이야기를 안 듣는 게 편했다. 날씨로 못 올 것이라고 괘심하게 생각했던 그룹회장이 회의장 문을 열고 제시간에 맞춰 불쑥 들어간다면 그룹을 어떻게 생각할 것인가.

위기가 닥쳤을 때 대응하는 방식은 각각 다르지만 살길도 그 속에 있었지만 받아들이는 방법에서 위기와 기회를 선택해야 하는 현실은 별개다. 한번 빼앗긴 그룹은 훗날 찾으려고 할 것이기에 세월이 흐른 후 살릴 수 없게 완벽하게 법으로 정리해 버렸기에 소송으로도 불가능한 게 현실이다.

### 라. 국제그룹 몰락은 대한민국 기업사에 중대한 교훈을 남겼다

그룹과 기업의 본사와 사람들은 옛날이나 지금이나 조선시대부터 사대문을 벗어나면 안 된다는 걸 알렸고 그 속에 있어야 생존할 수 있었다. 모든 권력을 동원시켜 국제를 몰락시키면서 다른 기업들과 국민들을 통제하면서 권력은 생존했기에 어떠한 소송으로도 이길 수 없는 게 대한민국이다. 권력자들은 퇴직하면 서울에서 노후를 보내기에 지방의 발전은 헛구호뿐이고 정부의 지방 육성을 믿고 대응하다가 인구감소 지방 소멸은 짧은 세월 권력자들이 권력투쟁 과정에 나온 부산물이기에 권력이 존재하는 한 지방 소멸은 빨라질 것이다. 기업은 권력자의 의도를 파악하는 능력이 탁월해야 생존할 수 있으며 어느 권력에서나 실세에게 이용할 수 있으면 국가에 피해를 주지 않으면 생존할 수 있는 건전한 생각은 좋은 기회가 될 수 있다.

파도치는 백사장 사진 1장과 거북선이 새겨진 500원 지폐 1장을 가슴에 품고 조선소를 지을 투자자를 찾아서 유럽으로 떠나갔던 전 현대그룹 고 정주영 회장처럼 위기에 강한 프로 인재들을 기업은 학맥 인맥 혈연 속에서도 발굴해야 할 불확실한 환경이 되었다.

## 2) 중국 황제들이 보여준 2세들 보호방식

### 가. 춘추전국시대

춘추전국시대 550년간 천하대란의 시기에는 센 놈도 약한 놈도 살아남는 게 기적이었고 그때 태어난 백성들만 세상을 원망하면서 생존하려면 빼앗는 기술이 탁월해야 했다. 춘추시대는 290년간 무려 480차례나 전쟁이 일어난 만큼 싸움하려 태어난 하수들이 농민들과 노비들을 싸움판에 투입시켜 부를 쉽게 빼앗아 부자가 되는 시대가 오랫동안 지속되었다.

### ■ 지지층과 부자들

국가는 60대 이상 경로석으로 갈 고령층의 지지를 너무 믿으면 안 되는 게 국가가 위기에 처했을 때 30~50대 계층이 등을 돌리면 허수아비가 될 수 있다. 서울 APT 84m²(34평)이 60억 원에 거래되면서 특정 지역들에 젊은 세대들이 큰 평수에 쉽게 소유한다면 다른 지역과 경기도 등은 힘든 시기를 이겨 내지 못하고 빈부격차가 계속 커지면 인구도 감소하고 60대 이상 고령자들을 의지한다면 국가의 미래는 힘들지 모른다.

### 나. 천하 통일

진시황제는 영리하지는 못해도 똑똑한 것은 여불위의 재능과 실력과 재물을 만드는 비법들 야망을 모두 토해 내게 한 후 자신의 시대를 빨리 열고 싶어서 연고권도 없는 이사와 같은 외부인들로 권력의 변화를 짠다. 통일만 시키면 모든 게 자신의 의도대로 갈 줄 알았지 통일 후 6국을 다스릴 능력이 누구도 없던 국가에서 여불위를 상국으로 삼고 중부로 모시다가 성장하면서 성인이 되자 그늘에서 벗어나려고 너무 빨리 토사구팽 시켜 조나라로 추방시켜 버렸기에 통일 후 진나라 미래를 누구도 생각 못 한 악수를 둔다. 진나라와 죽자 살자 싸우던 6국의 패잔병 권력자들을 어떻게 통제 할 것인지 대비 없이 그냥 풀어 한곳에 모아 두면 고분고분할 것이라고 생각했던 진시황제의 구상은 쉽게 통일을 시키고 쉽게 망하려고 군인들을 죽음으로 내몰았던 가장 어리석을 짓을 하게 된다.

재산은 많겠다 하는 일은 없어 심심함을 어떻게 달랠 것인지 무얼 하겠는가. 문화가 다른 6국을 최초로 10년 만에 통일시킨 건 대단한 업적이지만 통일만 시키면 천하가 태평할 줄 알았던 황제의 통치술이 천하 통일까지로 시 황제의 그릇의 크기는 거기까지였다. 권력자들은 통일 후에는 패잔병들에게 얻어먹는 게 많으니 어떤 대안도 내놓지 못했다. 1만 명이 앉을 아방궁 공사와 진시왕릉은 30년간 높이 110m 둘레 2.5km 사람크기 병마 8000개의 거대한 무덤에 70만 명이 동원되면서 나라가 망해야 노역이 끝날 것이라고 원망하는 통곡소리만 밤마다 들렸다. 유령 같은 과거 유물인 기초 폭 7m 높이 3~8m 상부 넓이 4~6m 거대한 만리장성 흙이나 2톤 이상 화강암들을 높은 산꼭대기까지 어떻게 끌어올리고 장비도 없이 어떻게 축조했는지 전쟁이 없는 기간 군인과 농민들 30만을 동원시켜 최측근 몽염장군과 부소왕자를 출정시켜 공사를 했다. 노역꾼들의 죽음 위에 쌓아 올린 만리장성 그 속에서 원망의 통곡소리로 변하면 백성들은 등을 돌리고 국가는 무너져 간다. 가정에 돌아가서 농사를 지으면서 가족들과 지내게 해야 하는데 전쟁에 차출되고 부역에 차출되는 과정은 국가가 붕괴되길 빌 것이다.

### 다. 진나라 멸망 원인

진나라는 쉽게 무너질 국력이 아니고 수백 년 준비했기에 여불위를 잘 모셨더라면 통일 후를 준비하여 성장했을 것인데 그런 인재들이 없었다. 천하 통일을 너무 빨리 달성하고 6국을 너무 빨리 멸망시켜 성공에 도취되어 싸움과 권모술수가 탁월하고 모함과 미인계 상대국을 무너뜨릴 전략가들이 많은 6국의 패잔병들의 능력을 무시해 버렸다. 그들이 뭉치면 어떤 위력을 발휘할지를 아무도 몰랐다.

■ 언어만 통일시키면 모두 따라올 줄 알고 수백 년 내려온 문화를 없애 버렸기에 조상들의 뿌리를 못 찾으면 같이 망해 버리려고 진의 정통성을 훼손한다

■ 노역에 동원되게 만들고 남아 있던 백성들까지 언제 잘못했다고 끌려갈지 모르는 불안감 때문에 진나라가 멸망해야 자신들이 가족에게 돌아가고 편안해진다는 생각으로 미래의 꿈을 버리게 만든다

■ 국력 키우는 데 동원했다면

이민족들이 침략할 지역의 산 아래를 따라서 길게 파낸 흙을 수로를 둑을 만들고 주변으로 농경지를 개간했다면 모두 다 참여하여 잘살고 싶어 고맙게 동원했을 것인데 산꼭대기에 후세 관광지 만들어 주려고 국력을 동원시켰다.

■ M&A

GE처럼 많은 기업들이 미래 발전을 위해서 20년간 1700개를 M&A를 시키는 승부사로 성공 신화를 만들었던 잭 웰치 회장. 재임 중 408개 기업을 매각하면서 개인 성과 20프로 미만자를 5년 동안 10만 명을 집에 보낸 중성자탄이란 별명의 소유자다. 시간이 지나면서 다른 기업 문화를 융합시키지 못해 성장이 저조해 지면서 시총 1위 GE가 2008년 리먼브라더스 파산으로 GE 캐피탈의 급격한 하락으로 GE가 과도한 차입과 대출의 위험성으로 환경의 변화는 몰락을 가져왔다. 선박과 항공기 리스까지 손을 대어 사업 영역을 너무 크게 넓힌 결과 문어발식 확장이 서로 불협화음을 내면서 잭 웰치의 사업 확장이 훗날 급격한 분열을 만들어서 몰락하듯이 한국의 대기업들에 큰 교훈을 주고 있다.

안전과 품질보다 비용절감이 이익우선으로 세계에서 가장 존경받는 경영의 달인으로 기업 가치는 130억 달러에서 2800억 달러로 늘어났다가 분해되어 130년 전통의 기업도 사라지는 걸 보여 준다.

**라. 기업이 스스로 막아 버리는 울타리의 무서움**

신선한 미래 성장동력을 막아 버리고 바람이 통하지 않으려고 울타리를 치고 지내는 걸 바라본 다른 새로운 강자는 날렵하게 준비하여 새로운 시장에 31년 만에 3조3천 960억 달러를 넘은 엔비디아는 새롭게 2024년 11월 시총 1위에 등장한다. 한국의 기업들은 60년 정도 경력

이 쌓였고 정상에 섰기에 지칠 수 있다. 많은 인력들이 세대 교체를 하고 떠나갔으며 노조에 의지하면서 뭉친다.

기업의 간부들은 노조의 활동에 참여하는 직원들을 겉으로는 자제하라고 말하면서도 속으로는 그들이 경영층과 협상을 강도 높게 잘해야 간부들에게도 이익이 돌아온다고 말할 때 사업주는 사업을 성장시키고 노조협상에 힘들 것이지만 종사자들은 얼마큼 회사를 위해 실적을 얼마나 열심히 낼 것인지 궁금할 것이다. 기업이 쇠퇴기로 접어들면서 각자의 역할 분담이 줄어들고 자기들 구역만 관리하며 시간이 지나면서 이것쯤이야 하면서 방심하게 되고 관리하지 않은 간격이 발생하면서 그 틈으로 사고로 이어진다.

### ■ 가도공사외 만리장성
서양에는 모든 길은 로마로 통한다는 가도 공사로 로마는 천년의 대제국을 열어나갈 길을 만들었다. 동양에는 말을 타고 잠을 자면서 달리고 활을 쏘는 흉노족 몽골족들 북방 유목민들 침략을 막으려고 통일 후 백성들을 동원시켜 죽어야 끝나는 만리장성 울타리를 15년 만에 망하는 길을 만들었다. 진나라는 외부와 담을 쌓으면서 아무것도 하지 않고 국가 발전에 관계없는 패잔병들이 앞장서서 진나라 권력자들을 부추겨서 6국 통일에 동원된 백성들의 피로감을 풀어주지도 못하게 아방궁 만리장성 병마용갱 진시왕릉 공사에 수십만 명씩 동원시켜 국가는 거대했지만 속은 소멸되어 갔다.

### 마. 여불위의 명분론
지금의 인재들은 전쟁을 주도하기에 통일을 관리할 새로운 인재를 양성하여 전하를 장악한 통일 후가 중요하기에 그들을 담아 둘 그릇을 만드는 데 시간이 걸린다고 말한다. 그 당시나 지금이나 깊은 속은 보지 못하고 보이는 부분만 보게 되어 그런 인간들만 옆에 두면서 세상을 가볍게 평가하다가 이룬 평화는 오래갈 수 없는 걸 보여 주고 있다.
여불위는 통일에 준비 기간이 필요하다고 전쟁을 미루자고 진심으로 말렸는데 여불위의 그늘에서 벗어나고 싶은 이사와 권력자들 꾐에 빠져 혈기는 넘치는 데 참아라 기다려라 하는 뒷다리 잡는 절제력은 혈기왕성한 진시황제의 귀에는 들리지 않고 빨리 싸우러 가야 했다. 통일 후 패잔병들을 통제할 수 없기에 그들을 통제할 전략을 세운 후 전쟁을 하자는 명분론자였지만 문신들이 시간이 지나면서 쳐드는 고개들을 누를 수 없었고 여불위가 통일의 발목을 잡는다고 천하 통일의 훼방군이라고 제거 대상으로 삼아 버렸다. 노예의 반란사건에 연루되었다는 죄명을 만들어서 조나라로 추방시켜 버린다.

### 바. 진시황제의 순행 목적

천하통일 후 5번이나 전국을 순행해도 채울 수 없는 건 영원히 살고 싶어 불로장생의 환상에 젖어서 불로초를 찾으려는 게 목적이었다. 제나라 출신 서불이 진시황제에게 동해의 신비한 섬에 불로초가 자생한다는 보고로 3000명의 선남선녀들을 화려한 대선단을 꾸려서 동해로 불로초를 캐러 보내는 거대한 선단 속에는 누가 섞여 있었을까. 4번이나 전국을 순행하면서 불로초를 구하지 못하자 5번째는 210년 사망을 핑계로 평생 시중들던 환관 조고에게 호해를 2세 황제로 세우라고 지시를 하고 모든 걸 넘기고 서불의 선단 속에 섞여서 불로초를 찾으려 동해로 떠난 것은 아닐까.

승상 이사까지도 환관들이 진시황제 마차에 접근을 통제해 버리고 썩은 고기 속에 죽은 부패한 시신을 운송한다. 평생을 함께한 조고는 얼마든지 십만의 자신의 사병으로 진시황제를 평생을 같이 다녔기에 진나라 권력을 통제할 수 있는 강력한 1인자가 되었다. 화려한 행차에 극비리에 호위병들이 책임지고 서불의 행차 속으로 진시황제를 진입시켜 동해로 떠나보낼 수 있다고 추정을 해 본다. 수 개월 후 부패한 시신을 누가 진시황제가 아니라고 의심할 것인가.

### ■ 동해로 떠나갔을까

의심이 많은 진시황제는 불로초를 찾아서 몇 년이 걸려 구해서 가져올 때 썩을 수도 있고 말라 버리거나 분실하거나 누군가 가져오다가 장생할 수 있기에 먹어버리고 도망가면 누가 잡으러 올 것인가. 불로초를 캐서 가져오면 바로 먹으려고 선 단속에 섞여서 멀리 남방까지 갔을지 모른다는 상상 속의 전설이 될 수도 있다. 진시황제의 무덤을 찾을 수 없다는 한계점과 60척의 함선에 선남선녀 3000명과 보조인력들의 화려한 대선단이 진나라를 떠나서 다시는 돌아오지 않았다는 의문점이다. 진시황제의 소원도 극비리에 들어주고 자신이 가르친 호해왕자를 황제로 앉혀도 자기 말을 더 잘 들을 것이기에 조고의 세상이 다가온 것이다.

장남이 자살했다는 이야기를 듣고 남해 금산에 부소암을 세워 위로해 주었을지 영주산(한라산)으로 갔을 것이라는 서불의 흔적만 추측할 뿐이다. 거대한 전쟁을 끝내자 할 일이 없어진 진시황제는 불로장생에 매달리면서 중국 천하에는 불로초가 없다는 걸 검증한 후 전설 속의 동해의 섬 속에 자생한다는 상상의 불로초를 찾으려 외부로 직접 떠나갔을지 상상해 본다.

불로초가 어떻게 생겼는지도 모르고 있는지도 모르지만 싱싱한 식물이라면 발견한 놈이 먼저 꿀떡 씹어 먹어 버리기 전에 황제가 먼저 먹으려고 따라나섰다. 화려한 선단도 세월이 흐르면서 배고프고 초라해지면서 많은 사람들이 자연사하면서 영원히 생존할 것이라고 불로초를 알고 있다던 서불도 죽어 버리고 시황제도 50살에 출발했으니 얼마나 살았을지 대선단이 이동했다면 흔적은 있을 것이고 불로초를 부르다가 평범하게 죽었는지 모른다.

## 사. 한고조 유방

유방도 항우와의 마지막으로 진평과 책사들의 모함으로 72살 중국 최고의 책사 범증을 하수 중의 하수로 항우로부터 결별하여 초나라를 완공시키지도 못하고 떠나가게 하여 초한지의 주인공이 유방으로 넘어간다. 책사 범증이 떠나가고 없어지자 항우는 힘만 가지고 수십 명의 전략가들이 포진한 유방을 이긴다고 덤비다가 그냥 무너진다. 책사가 없는 전투에 패해 쫓기자 오강을 건너가서 재기하자고 말하는 부하들의 말을 항우는 자존심 때문에 사랑하는 여인도 세상을 떠났고 희망이 없어지자 다 이긴 땅을 유방에게 상납하면서 자살로 쉽게 끝낸다.

항우는 황제감이 아니지만 자신이 곧 죽기 전에 황제를 만들어서 자신이 얼마나 위대한지를 남기고 간다는 범증의 생각으로 추진하는데 옆에서 귀가 얇아 쓸모없는 등신들의 말에 현혹되어 일생을 망치는 일을 직접 하는 걸 항우만 그런 어리석은 일을 하겠는가. 시장 잡배를 죽이면 자신이 살인자가 되기에 끓어오르는 치욕을 견딜 만큼 칼자루를 쥔 손가락이 부러질 정도로 꽉 쥐면서 사타구니 사이로 기어 나갔다고 인간이 아니라고 푸대접해 버릴 만큼 상대를 품어 안지도 못하고 판단력도 약해 자존심과 힘만 넘치기에 마지막 전투에서 한신에게 당한다. 조그마한 감정으로 품어 안지 못하고 상대를 버리면 언젠가는 결정적인 보복을 당한다는 걸

해하전투에서 항우를 사면초가로 만들어 자신의 능력을 보여 준 한신이다.

자신을 도와주려고 찾아온 이들을 떠나보냈던 항우. 수만은 영혼들을 고향에 돌아가지 못하게 죽음으로 끌고 다니면서 고향을 그리워하게 만든 항우는 무엇을 얻고자 70번이나 승리해 준 책사 범증을 버리면서 항우도 쉽게 한 번에 무너지게 했다. 기업도 항우처럼 자존심과 좁은 마음으로 뭉쳐서 결정적인 인재를 구분하지 못하고 다 만들어 준 수익도 쉽게 버리기에 치명상도 당할 수 있다. 유방처럼 항우에게 패해 도망 다니면서도 자신의 목적 달성을 위해 표정까지도 바꿀 줄 알고 시키면 속도 감출 줄 아는 리더가 되어야 한다. 힘과 괴력의 소유자로 전해진 항우이지만 후세에 전해지는 패왕별회의 무용담은 죽은 자신에게는 무슨 의미가 있을까.

임직원들과 말단 근로자들까지도 기업의 입인 안내원들까지도 사업주를 잘 만나야 하고 그들은 권력과 기업에서 양복 입고 들락거리는 걸 보면서 자신들을 비교할 수 있기에 항상 힘들기에 잘 배려해 주어야 할 것이다. 그것은 기업의 얼굴이기에 잘못 대답하면 고객이 등을 돌릴 수 있다. 한 나라를 건국하고는 피로 맺은 동지들을 성공을 만끽하게 세상을 다 소유한 것처럼 쾌락에 젖게끔 멋대로 먹고 마시고 살아 보게 풀어 준다. 그들을 살려 두면 아들이 허수아비보다 못한 황제가 될 수 있겠다고 생각했다.

훗날 천하를 주름잡은 악녀라고 평하는 유방의 부인 여태후는 싸움에서는 유방을 도왔지만 아들이 황제가 되면 유방의 동지들이 아들을 허수아비로 만들 만큼 전쟁에서 살았기에 그들을 그대로 둘 수 없어 잔인하게 죽이므로 악녀로 평가받았다. 유방을 따라 목숨을 걸었던 동지들 가족들 기득권들 15,000명을 몰살시켜 자손들이 강건한 황제가 되도록 자리배분을 잘하는 걸 수천 년 전부터 현명한 인재 관리를 보여 주고 했다. 평범한 농민 아들이 중국 천하를 만들고 자신들 세상을 만들 만큼 남자들이 시샘할 만큼 특출한 여장부 여태후다. 동네 술과 계집질로 이름난 난봉꾼 유방을 중국의 황제로 만드는 데 기여한 세상에는 현실을 이겨 낸 특출한 부류들이 존재한다. 장가는 가고 싶지만 학문도 짧고 재산도 없어 불알 두 쪽밖에 없는 술꾼에게 귀한 딸에게 장가들 수 있는 자격이 된다고 건강한 불알 두 쪽에 사위로 삼으려는 특출한 인간들도 존재한다.

진시황제의 행차를 보면서 자신의 야심을 감추고 황제가 된다면 천하의 술과 계집들을 다 품을 수 있다는 생각 속에 오지 않을 야심을 키웠다. 처녀도 야심은 천하를 삼킬 만하고 기상이 큰 처녀는 미래의 권력이 올는지 안 올는지 모르지만 불알 두 쪽밖에 없는 유방을 선택한다. 항우는 명문가 출신에 중국 천하의 주인은 따 놓은 자리이기에 미래가 보장되는 한자리 얻으려고 수천 년 전이나 지금이나 자신의 능력보다 출세하고 싶어 옆에는 검증 안 된 인간들이 우글거린다. 그들이 1년 정도 헌신한 후 평생 권력을 누린다면 할 만한 장사였다. 초나라 명문가 항우 옆에는 인재들이 모여들지만 미천한 농민 출신유방 옆에 가면 별 볼 일 없기에 인재들이 모여들지 않았고 항우에게 갔다가 버림받거나 항우의 그릇이 황제 감이 안 된다는 걸 알고는 유방에게로 가게 된다. 거대한 중국천하를 농민출신이 천하를 잡는 데는 진나라와 항우가 도왔다.

### ■ 왕후장상의 명분론

백성을 얻는 자가 천하의 주인이 된다는 걸 진시황제를 보면서 결심한다. 항우에게 버림받은 장수들을 모두 받아 주어 기용하는 참으로 기묘한 전략으로 진시황제의 폭정과 항우의 난폭성을 잘 활용할 수 있는 시기를 잘 이용하여 기회를 자신의 것으로 만들었던 유방. 큰 인재가 될 수 있으면 학맥과 인맥이 아닌 프로 선생을 붙여서 싹을 키워 주면 부모가 풍족한 재산을 물려주어 돈에 기웃거리지 않게 해 주어야 한다.

대선 후보들의 주변에 인재들이 있는데 당선 반대쪽 인재들을 관찰해 보면 그중에 똑똑한 인재들을 고를 수 있을 것이다. 한국 내의 인재로는 일본을 이길 수 없고 난세를 정리할 수 없을 것이다. 불가능하다면 70억 인구 속에 중국 유럽에서 찾아야 할 것이다. 자신보다 나은 인간들과 권력을 나누어 가지면 언제든지 배반하게 되고 친할수록 더욱 믿으면 안 되고 도륙시켜야 한다는 걸 유방이 증명했다. 친구도 의리도 믿으면 안 되고 어떠한 권력도 돈 앞에서는 의리도 사라지는 걸 보여 주면서 세월은 흘러간다. 새로운 권력이 탄생하면 충신들만 옆에 두기에 잘못하면 위험할 수 있다. 지만 죽으면 되었지 한때 멋모르고 객기를 부리다가 가족 친지들까지 피해를 주는 어리석은 일을 삼가야 할 것이다. 권력자들과 야심가들이 수틀리면 배반하는 생존과 처세술의 지혜를 한고조 유방과 항우 이사와 진시황제로부터 배울 귀한 인재술이다.

## 아. 주원장이 후세에 미친 영향

명태조 주원장처럼 권력도 인맥도 가문도 없이 글자도 몰라 부모가 죽어도 묻어 줄 땅 1평 없었기에 목숨을 연명하려고 거지가 되어 천하를 돌면서 구걸하면서 얻어먹으면서 중국의 실정을 보는 길이다. 떠돌이 땡중이 되어 천하를 떠돌아다니면서 그는 글도 배울 수 있었고 무술도 배울 수 있었고 야망도 품을 수 있었다.

거지로 떠돌아다닐 때 누군가 거지가 되거나 천자가 된다고 알려 주자 거지 노숙자에서 중국의 천자가 되는 꿈을 꾼다는 건 중국이 뒤집어질 때 가능한 일이다. 친구의 소개로 홍건적 도적이 될 정도로 먹을 수만 있으면 무엇이든지 할 수 있었다. 도적도 실력을 발휘하면서 홍건적 두목의 수양딸을 부인으로 삼으면서 홍건적의 세력을 발판으로 더 큰 세상을 만들려고 현명한 부인의 지혜를 얻으면서 중국 천하를 자신의 손바닥 위에 놓고 주무를 생각을 해 본다.

거지 출신에 쥐뿔도 없어 고난의 연속이었기에 이러나 저러나 죽기 전에 하늘 아래 단 1명의 천자가 된다는 상상할 수 없는 일을 저지른다. 천하를 떠돌아다니면서 백성들의 배고픔과 탐과 오리들의 횡포를 직접 목격하면서 인생에서 어떤 대가를 지불해도 배울 수 없는 걸 직접 알게 되었다. 황제가 되어 백성들의 배고픔을 해결해 주어야 하고 후손들에게 안전한 권력을 물려주려는 두 가지를 정리하려고 했다.

자신을 도와 명나라를 건국한 창업공신들 우수한 가문들 뿌리 내린 기득권들 지역마다 토착 세력들은 거지 출신인 자신의 후손들을 무능한 황제로 만들 것이기에 허수아비로 물려줄 수 없어 자신이 힘이 있을 때 자신의 손으로 피를 묻혀 정리하기로 했다. 훗날 뱀 대가리처럼 쳐들 수 있는 인간들을 60,000명을 자신이 앞장서서 살아 있을 초기에 일시에 도륙시켜 버린다. 백성들이 볼 때 횡포가 심했던 탐관오리들을 없애 버렸기에 전폭적인 지지를 받을 수 있는 시기를 잘 선택했다. 중국 천하를 후손에게 안전하게 물려주려고 자신보다 센 놈들을 도륙시켜 명나라를 굳건하게 경영하게 물려주었고 청나라에 망하기 전 276년간 경영의 기초를 만들어 준다.

## ■ 주원장의 큰 실책

명나라를 건국했지만 사랑했던 장남이 죽어 버린다. 손자에게 동생에게 물려줄 것인지 고민하다가 장남을 생각하고 어린 손자에게 물려주려고 죽음 속에 뛰어들어 생사를 같이 했던 부하들을 잔혹하게 죽여 버린다. 권력 앞에서는 형제고 조카고 필요 없어지는데 주원장 4째 아들 영락제가 반란을 일으켜 조카를 죽이고 황제가 쉽게 되었다. 주원장이 생사를 같이했던 부하들을 모두 죽였기에 손자를 보호해 줄 충성스런 울타리를 없애 버렸기에 힘이 없어 삼촌에게 당했듯이 주원장의 모성애도 완벽하지 않았다. 아들들 26명이나 되었기에 공신들을 살려두어 아들들을 적당하게 눌러 둘 힘을 남겨두지 못했기에 자신이 죽어서 엉뚱한 아들이 중국의 황제가 되는 길은 없었을지 모르는데 어느 것이 정답인지 적당한 것이 최선일 것이다.

### 자. 조선의 이방원

조선을 건국한 일등공신 조선의 반을 나누어 가져도 충분했던 정도전도 이방원에 의해 도륙당하듯이 중국이나 조선이나 나라가 안정되고 왕이 당당해지려면 자신보다 자신의 가문보다 센 놈들은 처내고 상대를 제거해야 자신들이 안정되어 오래 갈 수 있었다. 부친을 따라 개성에 왔을 때 북방에서 토호족으로 힘을 썼지만 개성 권력자들은 그들에게 끼워 주지 않고 멸시를 받아 외부로 빌빌거린 세월이 길었다. 그때 받은 수모를 갚아 주려고 벼르면서 살아왔다. 권력은 부친에게도 나누어 줄 수 없으며 방해되는 인간들은 제거하고 견고히 다지고 정리한다. 가장 큰 권력 집안으로 건국 과정에 가장 큰 힘이 되어 준 세도가인 작은 어머니가 죽자 이복동생까지 죽이면서 미래를 설계했던 야심가 이방원이다.

### 차. 중국의 시진핑 주석

중국 주석 시진핑도 부친이 숙청당해 어린 시절 먹을 게 없어 바닥에서 살아남기 위해 이빨을 갈았고 위기에서 살아남아 독종이 되었기에 생각이 엄청 깊고 넓고 높아서 권력자들과 전혀 다른 자신의 시대를 준비할 줄 알았다. 코로나 19 바이러스가 중국 우한 시장에서 전파했다고 세계적인 공격을 받아도 시인도 부정도 하지 않는 대담함도 세계에 보였다. 다른 어떤 나라가 바이러스를 전파시켰다면 무너졌을 것이다.

서방국가들은 중국의 개방정책으로 저렴한 노동력과 거대한 시장을 환영했고 중국도 급격한 성장을 하면서 시간이 흐르면서 중국은 세계 물건을 만드는 공장이 아니고 시간이 지나면서 세계 경제를 책임지는 한 축으로 등장한다. 2008년 금융 위기는 미국의 금융시스템을 무너뜨렸고 경제에 심각한 위기를 세계에 전가시켰다. 중국이 그때까지 서방의 지원으로 경제를 성장시켰기에 8000억 달러의 미국 국채를 사면서 세계 경제가 붕괴되는 걸 막았다. 시진핑이 중국과 세계 무대에 부주석으로 등장하면서 주목을 받았다. 2012년 국가 주석에 오른 후 중국을 변화시키면서 미국에 대항하려고 국방비 증액으로 미국을 긴장시키면서 위협적인 존재로 등장한다.

위기가 닥쳐도 포기하지 않았고 표정을 감추고 눈과 귀는 열고 입을 닫고 불시에 다가온 환경에서도 순간 대응하는 방식이 탁월하다. 미국의 견제 속에 14개국의 국경을 다스리고 2050년 미국을 넘으라는 모택동의 유훈을 14억 인구를 데리고 전진하는 시진핑 주석은 난세를 헤쳐 나갈 결단력이 강한 걸 누가 감히 도전할 것인가. 미국이 앞서서 중국을 세계무대에 등장시켜 주었는데 어느 날 미국에 도전하는 걸 제재를 가해도 너무 빠르게 성장해 버린 걸 누구도 통제를 못한다. 트럼프의 당선으로 중국은 더욱 어려워질 것이고 시 주석의 시험대가 될 것이다. 중국은 수천 년 전부터 많은 전략가들이 등장했기에 14억 인구가 한 방향으로 달린다면 누구도 막지 못하기에 최고의 성과를 달성할 수 있는 미국에는 위협적이다.


## 3) 일본 경제를 소생시키려고


지금까지 일본에게 계속 당해만 왔기에 결정적인 순간에 한국을 다시 이용하여 야욕을 채우려고 할지 모른다. 일본은 한국의 기업들은 위협적이지 않다는 걸 수백 년 동안 오면서 단 한 번 삼성전자에게 일본의 국보급 소니가 침몰하면서 자존심을 구겼고 복구할 엄두도 못할 만큼 모든 전자제품이 치명상을 당해 무너졌다. 한국에 없는 일본에 치명적인 약점은 국토가 섬으로 되어 있어 언제든지 열도를 가라앉힐 직하 지진이 잠재하고 있다는 무서운 현실이 두려울 것이다.

일본이 할 수 있는 최고의 묘수는 경제가 불안한 북한을 부추겨서 불안을 일으켜 남한 경제를 마비시켜 한국의 수출물량을 일본이 대신하면서 자신들의 부채를 일시에 소멸시키려고 한국에 불안을 힐책할지도 모른다. 독도를 일본 영토라고 공개적으로 우기는 건 지진이 없는 독도 주변의 내장되어 있을지 모르는 석유와 광물질도 탐나기에 일제 36년 사이 독도 주변을 탐색했는지 자기들 영토로 우기면서 가다가 독도 보호라는 명분으로 한국에 군대를 투입시킬 명분을 쌓고 있는지 모른다. 일본이 겪어 보지 못한 경제 대위기를 한국은 두 번 겪으면서 살아남았기에 일본이 더욱 위기를 느끼고 극성을 부릴지도 모른다.

## 가. 뱀의 찬스와 인간의 두뇌를 합성

가장 열악한 환경에서 살아가는 동물이 달리지도 못하고 날지도 못하고 시력까지 약하기에 소리 소문 없이 머리만 쳐들고 배를 땅에 대고 발도 없이 기어 다니는 불안한 실체를 보이는 혐오 동물이 인간들 옆에서 생존한다. 먹잇감을 잡기 위해 한 번에 목표물을 제압하지 못하면 도망가는 적을 다시 잡을 수 없는 몸 구조는 한 번 놓치면 풍요로운 먹잇감을 먹을 수 없다면 어떻게 해야 배고픔을 한 번에 해결할지 인간들이 상상할 수 없는 생존 전략을 가지고 있을 것이다. 상대를 공격할 준비를 하면서 자신보다 큰 상대를 정확하게 일격에 가격하여 독을 발사하는 동물 중에 위기를 기회로 만들어서 목표한 걸 쟁취하는 성공 확률이 상상할 수 없을 정도로 정확한 뱀이 인간 옆에서 살아간다. 혐오 동물이기에 인간이 피해 버려도 인간들 주변에 있어야 생존 확률이 가장 높은 강한 동물이 함께 생존해 왔다. 눈으로 보면서 냄새도 맡으면서도 귀로 들으면서도 높이뛰기도 달리기도 하고 주먹을 가격하기도 권모술수가 심하고 상대를 모함하고 세 치 혀로 사람을 죽이기도 하면서도 상대에게 당하는 인간들은 의외로 약할 수도 있다. 불안한 여건 속에서도 생존 확률을 높이면서 살아가는 뱀이다. 인간의 두뇌와 찬스에 강한 뱀의 감각을 합칠 수 있다면 추노보다 더 강한 인간 사냥꾼이 되어 범죄자들을 싸그리 없앨 것이다. 자신의 실력을 갈고 닦으면서 능력을 키우고 시간이 걸려도 자신을 알아줄 인연을 찾아서 뱀처럼 열악한 여건을 가지고도 이겨 내면서 성공해야 한다.

한때는 툭 쏘는 그 맛에 음료 시장을 사로잡았던 최강자로 군림했던 코카콜라도 세월이 흐르면서 수십 개를 담아둔 진열장 한쪽 속에 같이 섞여 있다. 빈틈만 있으면 강자들이 튀어나오는 환경이기에 콜라도 평범하게 팔리고 있듯이 강자일수록 옆에서 무너뜨리려는 새로운 강자들이 더 많이 등장해야 얻을 것이 많기에 강자의 기업일수록 울타리 치고 안주할 때 더 많은 도전자가 등장할 것이다.

### 나. 약해지지 마

92살에 글을 쓰기 시작하여 98살 할머니가 펴낸 "약해지지 마"는 쓰다가 지우고 다시 쓰기를 반복했던 7년의 세월은 언제 죽을지도 모르는 세월이 너무 아까웠고 아들이 늙어 가는 어머니를 볼 때 무료하게 지내는 게 애처로워서 등산 무용 등을 할 수 없기에 책을 쓰는 걸 권하게 되었다. 자신의 평범한 삶을 돌아보고 인생의 역경을 긍정적인 삶으로 바꾼 책이다. 70만 부가 6개월 만에 팔린 약해지지 마 베스트셀러의 작가 시바다 도요 할머니의 글은 특별한 사람들만 쓰는 게 아니고 이 시대는 고령자들이 많기에 그들 속에는 인생의 뭔가가 있기에 사회의 짐이 아니고 세상을 끄집어내어 사회에 전해 줄 뭔가 있다고 했다.

# 제6장

# 사업장에서 추진해 볼 기법

화력 발전소(1998년)

Top Down 공법

안전벨트에 훅크 2개를 착용하고

고소지역인 보일러 내부 110m부터 아래로

이동 중에 1개는 항상 지지물에 걸려 있어 추락하는 위험을 막았다.

일을 하기 싫으면 가 버리고 내일 출근하기 싫으면 오지 않는 퇴직금이 없는 하루 일당제 근로자들이 하루하루 참여하여 사업장에서 무재해를 추진하는 과정은 어렵고도 힘들고 고귀한 시간이다. 직원들이 관리하던 부분에서 규정을 누락시키거나 방심하여 사고의 위험성이 잠재하다가 위험을 당하는 건 그 부분에서 하루 종일 움직이면서 힘들게 작업하던 근로자들이 대부분 위험에 처해지고 사망 사고를 당한다. 그들이 일하면서 무재해 시간을 만들어 주는 건 존경해 주어야 하고 퇴직금이 없는 근로자들도 사업주를 안전하게 보호해 줄려고 한다. 1억대 이상 고액 연봉을 받는 고급인력들은 색다른 요구를 하고 있다. 기업에 영업하러 다니지 않고 푹신한 의자에 앉아서 공기를 정화시켜 주는 깨끗한 공기를 마시면서 정해진 시간 속에서 돈을 빌려주라고 굽신거리고 사정하러 오는 여러 고객들을 상대하는 직업은 부러움의 대상인데도 그들만의 애로가 있는 것 같다. 그들은 9시 출근하던 걸 9시 30분에 출근하자고 한다. 가족과 아이들과 같이 밥상에 앉아서 아침밥을 같이 먹고 싶으며 주 4.5일제 근무하면 저출생 문제를 해결할 수 있다고 말한다. 지방에 방문할 수 있는 시간이 많아져 지방 소멸도 막는다는 국가의 통수권자도 못하는 이야기를 1억 1천만 원 이상 평범한 월급쟁이들이 너무 쉽게 말하고 있었다. 여론은 배부르면 눕고 싶고 누우면 자고 싶다는 이야기라고 한다. 한쪽에서는 6시 지나서 사업장에 도착하는 관리자들은 땀 흘리는 근로자들이 일을 하러 와서 일을 하다가 죽지 않고 일을 끝내고 가족이 기다리는 집으로 안전하게 돌아가게 해 주는 투철한 사명감에 근무하는 산업계도 묵묵히 근무하고 있다.

# 1. 안전벨트 훅크 2개 착용

화력발전소에는 110m 상부와 옆면이 철골로 지지하고 그 안으로는 보일러 원통처럼 철판으로 막아 버린다. 보일러 내부로 50톤씩 부품들을 달아 올리면서 설치하고 아래쪽에 와이어 로프를 다시 연결하고 중량물을 달아올려 용접하고 아래로 이어지는 반복 공정에 추락위험이 높아도 고소 지역은 위험해도 이동 중에는 안전벨트 후크를 걸 수가 없는 구조가 거대한 보일러 내부 설치 공사다. 작업 과정에 보행 중에 후크 1개는 지지물에 걸려 있게 하여 추락 위험을 막고 싶어도 1개를 걸게 되면 보행이 불가능해져 걸지 않고 빨리 보행해 버린다. 지금도 사업장에는 안전벨트 훅크를 걸지 않는다고 단속하고 있을 것이다. 1998년도에 안전벨트에 훅크 2개를 양쪽으로 착용하고 고소 지역에서 보행 중에 1개씩 교대로 걸면서 보행 후 걸린 상태로 작업하여 추락을 막아 보려고 7~8명의 근로자들과 관리하는 관리자들을 오랜 시간 설득하고 회유하여 2개를 걸고 작업하도록 어려운 여건을 만들었다. 발주처 정문 앞에 현수막을 당당하게 걸어 두고 실천했다. "안전벨트 훅크 1개로는 추락한다. 2개 걸어 추락 막자"

## 가. 사업주와 현장소장

사망 사고 발생 시 현장을 운영하는 책임자와 관리자들이 시설물을 설치하고 인력을 관리하고 작업지시를 하여 작업 중 일어난 사망 사고를 사고 예방에 어떤 법적 조치를 했는지 결과를 취합하여 법은 책임 의무를 다했는지 어떤 근로자인지 어떤 조건에서 일했는지 전혀 모르는 상태에 본적도 없는 멀리 본사에 있는 사업주에게 죄를 주려고 사업장에서 만든 내용들을 적정하게 만들었는지 점검했는지 묻는다. 수천억 수조 원 매출을 달성하는 사업주에게 수십 개 사업장의 안전 서류 등을 잘 검토하고 적절하게 조치했는지 묻게 된다. 작업장에서 안전하게 관리하려고 하청업체 관리자 원청사 관리자 현장소장들이 산업안전보건법에 나열된 법규를 준수하고 있다. 법을 넘어서 멀리 있는 여러 사업장을 경영하는 사업주에게 죄를 묻게 되지만 현장을 경영하고 투입되는 인력까지 관리할 권한을 본부와 현장 책임자들에게 다 주었는데 사업주를 법으로 보호받으려면 그 선을 넘어서 무과실 책임주의에서 했던 안전관련 관리방식을 획기적으로 변화시켜야 할 것이다. 사업장 관리자들이 사업주에게 중대재해법이 덤비지 못하도록 차원을 높여야 할 것이다. 사업장을 관리하고 근로자를 보호하여 사망 사고를 막겠다는 방법을 본사와 본부가 같이 찾아내고 본부와 사업장들이 같이 찾는다면 100개 사업장을 관리하더라도 불안해하지 않을 것이다.

## 1) 공장 마감 후 인계 방식

건설에서 오랜 시간 공장을 활기차게 건설하여 마감재를 넣어 완공시키면서 자동차공장 건설과 원자력발전소 건설의 마지막 공사 후에 공사를 추진했던 담당부서는 마지막 가장 보람될 일이 남아 있다. 이 일을 마무리해야 발주처의 좋은 평가와 공사 완공 필증을 당당하게 받은 후 인계하는 과정이다.

### 가. 마지막은 직원들이 정리정돈에 참여한다

모든 작업이 끝나고 발주처에 공장을 인계하기 전에 공장을 깨끗이 청소해 주어야 모든 일의 순서가 마감되는 것이다. 회사의 모든 정식 직원들인 기사부터 부장까지 참여하고 해당 작업 업체까지 동원시켜 공장을 순차적으로 철골 위까지 올라가서 청소하고 마지막 바닥을 깨끗하게 마무리한다. 구석구석 먼지를 빨아들이고 닦으면서 마감청소를 세심하게 한 후 발주처에 보고한다. 승인을 받고는 인계를 하여 공장 출입을 끝내고 업무를 종료한다.

그 시간 이후부터 수정작업 요청 시 공장으로 출입할 때는 발주처 승인을 받고는 주민등록증을 공장 출입문에 맡기고 내부로 출입하여 작업을 끝내고 나갈 때 주민등록증을 찾아서 나가므로 자신이 작업했던 주변은 출입이 기록되어 이상 없이 해 두고 끝낼 것이다. APT 내부는 회사 지정업체서 구석구석 모든 청소를 한 후 입주민이 입주 전 청소업체에 별도로 의뢰하여 깨끗이 청소를 한 후 입주할 것이다. 하자 부분이나 수정할 부분을 찾아서 정상적으로 조치해 주는데 입주 후 살고 있던 APT 천정에 냄새가 나서 뜯어 보니 똥을 비닐에 담아서 얹어 두었다는 언론보도가 있었다. 건설했던 생각으로는 상상할 수 없는 일을 건설사가 만든 것이다.

# 2. 많이 발생하는 사고

고소 지역에서 작업 중 많이 발생하는 추락사고는 작업자가 "이동 중 손발을 놓쳐 떨어지거나" "발을 헛디뎌 중심을 잃고 떨어지거나" "받쳐 줄 지지물이 없거나" "지지물과 같이 무너질 때" 발생한다. 추락사고는 감당할 수 없는 힘든 공정에서 발생하거나 몸을 보호해 줄 보호 설비나 시설을 사용할 수 없을 때 순간 떨어진다. 작업 여건에 적합한 보호설비를 해 주는 것인데 모두 다 안전벨트를 잘 걸고 작업하자고 말을 너무 쉽게 해 버리고 추락 시 안전조치를 안했다고 지적한다. 안전벨트 후크를 걸 때 1.5m로 사용 반경이 좁기에 풀었다 걸었다를 반복한다면 풀어 버릴 수도 있고 이동할 때 걸 수 없어 그사이에 위험에 노출될 것이다. 입으로는 안전하게 하자는 말은 쉽게 하지만 어디에다 어떻게 안전하게 사용하자고 하는지 걸고서 작업은 수월한지 작업에 지장은 없는지 안전해야 할 여건이 산업안전보건법 적용을 받는 사업장 속에 위험은 잠재한다.

## 1) 제조업 사고 유형

가동 중인 공장은 오래전부터 법적으로 공정단계에 안전시설물을 잘 설치해 두고 규칙적으로 점검하여 개선하기에 사고가 발생할 위험을 제거해 왔다. 보행 중에 지지물에 충돌하거나 부딪힐 수는 자주 있었다.

"부품을 장비로 실거나 내릴 때 끼이거나 자재가 낙하"

"장비로 자재를 이동할 때 후진중 장비에 접촉"

"건축물의 파손 부품을 복구하는 과정에 추락이나 끼임"

"유해물질 생산물질 화재 폭발" 등이 주로 발생한다.

회사가 생산하는 제품은 선적과 하역은 정상적인 자동화 설비로 움직이기에 사전에 철저한 계획으로 실행하기에 돌관 사고 발생은 자주 없을 것이다. 불규칙적인 외부에서 들락거리는 물량 처리 중에 사고가 자주 발생한다. 여기에 안전감시자나 관리자가 없다고 지적하는 건 하루에 수십 번 이루어지기에 지켜 서서 규모가 작은 사업장은 구석구석 지키고 있는 건 어려운 일이지만 감시자가 없다고 법은 용서를 안 하고 있는 모순을 보인다. 하차 중에 일어나는 사고는 누가 책임진다는 계약서에 표시할 필요가 있다. 트레일러에 파일을 얹어서 잘 묶어서 실고 작업장에 도착하여 묶어 둔 와이어 줄을 운전사가 풀자 아래로 쏟아지면서 줄을 풀던 운전원 몸 위로 쏟아져 바닥에서 오징어처럼 납작하게 만든 사고가 있었다는 작업자들의 소문이다. 처음 묶을 때는 잘 고정했지만 운전과정에 파일이 움직였을 것이기에 아래로 쏟아지기 전에 지게차 등으로 파일을 밀고 있게 한 후 로프를 풀어야 하는 과정을 그냥 풀다가 무너질 것이다.

### ■ 위험한 부분은 경계를 철저히 한다

거대한 냉동 참치를 몇 명이 매일 매일 고속회전의 기계 톱날로 자를 때 노출된 톱날이 너무 빠르고 위험하여 톱날에 닿으면 손이 잘려 버려 큰 사고로 연결된다. 작업자들은 항상 긴장하여 작업하기에 도리어 절단 위험이 없다고 한다. 냉동 고기는 수출해야 하기에 크기와 규격이 조금이라도 다르면 불량이 된다. 보면서 자르기에 커버를 할 수 없고 하더라도 정밀하게 자르려면 앞과 옆이 잘 보여야 정상 작업할 수 있다. 간혹 한 번씩 절단 톱을 사용하거나 탱크 내부로 들어가서 가스 측정을 소홀히 하거나 외부 지붕 벽체 등에 외줄을 타고 높은 데서 작업 중 줄이 끊어지거나 엘리베이터 내부 보수할 때 끼여서 사고가 날 수 있다. 감시자를 교대로 배치하거나 당사자들도 스스로 위험을 찾아서 위험을 제거하면서 작업하지만 잠깐 방심하는 사이 작업 중 풀리지 않은 위험이 돌출되면서 사고로 이어진다.

### 가. 불가능한 낙하물 사고

크레인에 15m 길이의 작업대를 달고서 이동 중에 원인 모르게 크레인의 호이스트 와이어가 순간 풀리면서 2톤 작업대가 20미터 바닥으로 떨어졌다. 떨어지는 아래에 작업자들이 없었고 중량물을 달지 않았기에 안심했지만 어어 하면서 대책이 없이 바라만 봤을 것이다. 기계실에 확인해도 원인을 알 수 없어서 정비팀이 와서 호이스트를 작동시키자 기아 부분은 돌아가는데 와이어를 감아 둔 큰 드럼통이 돌지 않아서 정비팀이 기아 박스 전체와 모든 부분을 분해했다. 거대한 와이어를 감아 둔 드럼에서 브레이크를 거쳐 기아박스 사이로 연결되는 샤휴드가 드럼 쪽에서 절단되었다. 와이어 드럼 옆에서 샤휴드가 절단되어 브레이크를 잡아도 와이어가 낙하해 버린 것이다.

굵은 샤휴드인 쇠물을 부어서 막대를 제작할 때 기포가 빠지지 않고 흠집이 쇠막대기 속에 있다가 오랜 시간 중량물 20~40톤의 블록들을 하루 종일 인양하는 작업으로 피로도가 쌓여 그 부분이 절단되었다는 정비팀 설명이다. 수십 톤 중량물을 달고 하루 종일 운전을 해야 하는 위험성은 조선소의 많은 장비들과 보이지 않는 부분을 확인하기 어려울 것이다. 사망 사고가 발생하면 중대재해법에서는 사업주를 문제 삼을 수 있을까. 10년이 지난 장비의 제작업체에 문제를 지적할 수 있을지 가능할까. 크레인에 중량물을 달고 이동할 때는 작업자들을 피해서 이동하는 방법이다.

### 나. 와이어가 풀리면서 타격

바닷속에 모래를 넣은 후 함마로 다지는 SCP 장비가 작업 중 지지하던 와이어 드럼을 돌리는 기아 카바의 두꺼운 부분이 파손되어 수십 톤의 함마가 순간 낙하하면서 거대한 드럼의 와이어가 풀리는 사고라고 했다. 브레이크가 작동하는 부분보다 앞쪽에서 가아박스가 파손되어 원인 파악이 어려워서 대형 장비 5대가 같이 공사하는데 두려워도 점검으로 나타나지 않는 부분이다. 점검을 해도 나타날 수 없으며 겉만 보면 모르는 위험을 찾아내기 어려울 것이다. 거대한 힘을 받는 기아박스를 지지하고 있는 커버가 왜 파손되었는지 대형 장비들에 있는 기아박스가 파손되는 경우는 없었기에 장비가 노후될수록 관심을 더 가질 것이다.

### 다. 은폐 사고

벽체에 철근을 조립하고 거푸집을 양쪽으로 설치한 후 콘크리트 타설 전 거푸집 고정 볼트 조립을 확인하려 젊은 근로자가 1.7m 위 각재를 밟고 다니다가 발을 헛디뎌 바닥으로 뛰어 내렸다고 했다. 점심을 먹고 오후까지 정상 근무를 하고 퇴근했다고 한다. 뒷날 아침 집에서 업체 반장에게 전화로 허리가 아파서 일어날 수 없다고 하여 반장이 며칠 쉬라고 전화로 독단적으로 말해 주었다.

두 달 후 안전팀 사무실로 점심시간 전에 불쑥 찾아와서 업체 반장이 며칠 쉬라고 하여 쉬면서 치료를 해도 더 아프다고 산재 처리를 요구했다. 업체에 확인 후 오후에 결과를 알려 준다고 업체로 돌아가서 기다리라고 보냈는데 오후에 바로 노동부 지방사무소로 찾아가서 산재를 안 해 주고 감추었다고 원청사를 고발했다. 하청업체는 대답을 반장에게 미루어 버렸다. 어떻게 조사도 하기 전에 갔냐고 하자 업체 사무실에 들렀다가 아파서 바로 가 버렸다고 하며 지방사무소에 나가서 내용을 설명하고 원인을 추적 중이라고 기다려 달라고 사정했지만 담당자가 회사에 통보도 없이 회사에 사고 은폐로 만들어 두고 산재를 인정하면서 전출가 버렸다.

연초에 SOC사업장 S 건설사가 사고 은폐로 대문짝만하게 중앙지 신문에 실렸고 회사는 사고은폐를 심하게 다루던 시대로 어떤 해명도 어려웠고 업체 반장이 독단적으로 며칠 쉬라고 결정하여 뒤 수습은 원청사에 돌아왔다. "결정하기 전에 업체 사무실이나 시공사 담당부서에 물어보고" 전화 준다고 해야 하는데 단독으로 결정해버린 결과였다. 원청사가 사고 은폐가 되어 본사에서 해명하라고 닦달하여 더 이상 누가 벌을 받을 것인지 원하는 것 같아서 안전 관리자가 책임을 진다고 해 버렸다.

18년간 한 장소에서 4기의 원자력 발전소 구조물을 건설한 회사들은 근로자들을 채용할 때 양호한 인원들을 업체를 통해 양호자를 골라서 취업시킨다는 소문을 그때 알았다. 18년 건설사들이 두 눈 뜨고 있는 속에서 S사가 사고 은폐를 생각할 수 없는 일이기에 정도를 걸어가면서 근무했지만 억울하기도 했고 끝까지 확인하지 못한 게 불찰이었다. 매월 공사 안전 품질 공정 등 업체를 평가할 때 평가 점수가 낮을 때는 집중적으로 관리를 해야 하며 그 후부터는 원청사 하도급 관리자들 누구도 믿지 않았다. 철저하게 안전 감시단을 시켜서 근로자 밀착관리와 업체관리를 현미경처럼 들여다보면서 신규채용 때부터 위험을 만들 수 있는 불량 근로자를 더욱 철저히 찾아내는 빈틈을 막을 수 있는 계기가 되었다.

### 라. 화학공장 화재 폭발 사고

공장이나 화학공장은 시설물이 노후될수록 관리를 잘하기에 사고는 적은 편이지만 발생하면 대형 화재 폭발사고로 이어지고 있다. 사고 원인은 사고와 함께 소멸되기에 원인을 추정할 뿐이고 정확하게 밝혀 내지 못해 위험은 계속 발생할 것이고 기업은 많은 손실을 볼 것이다.

### ■ CCTV 임시 설치

정비할 위치가 정해지면 위험 부위 쪽을 향해 방폭형 CCTV를 몇 대 설치하여 인간은 실수를 하지만 인간의 동작보다 빠른 CCTV는 전 과정을 여러 각도에서 관찰한다면 폭발사고가 발생하는 원인을 파악할 것이다.

### 마. 개인 비용이 많이 들면 사고는 줄어든다

90만 평 단지를 매립하는 토목공사와 30만 평 화학공장 공사를 같이 진행하는 과정에 수십 대의 덤프트럭들이 24시간 흙을 나르면서 도로 중앙 맨홀들을 파손 시키지만 덤프트럭 타이어는 크기에 그냥 운행하고 있었다.

관리자 근로자들이 야근을 끝내고 밤에 차를 타고 퇴근할 때 깨진 맨홀에 승용차 봉고차의 타이어가 끼어 인원들이 다치면서 위험이 계속되고 있었다. 나르는 횟수만큼 돈이 되어 수십 대의 덤프들이 24시간 과속으로 달려야 돈이 되기에 90만 평 전체에 홍보와 단속하는 통제는 불가능한 것은 언제든지 맨홀을 파손시키고 운전해 가 버리면 찾을 수 없게 된다.

### ■ 강제로 속도 통제

땅 바닥에서 덤프트럭 앞 범프 높이가 70cm, 해상부두에 사용했던 직경 90cm 파일을 90cm 높이로 잘라서 밑은 철판으로 용접 후 속은 모래를 채워 위쪽도 철판으로 용접해 버리면 무거운 쇠 덩어리가 되므로 중앙 맨홀 위에 야광 표시의 파일 통이 우뚝 서 있는 게 보이도록 놓았다. 덤프트럭이 통과하다가 부딪히면 파손 시 변상은 없다고 공지했다. 운행 중 차가 파일에 부딪히면 범프 수리비가 잠을 안 자고 운전하여 얻은 일당이 수리비로 허비해 버리자 파손품 수리비를 강하게 요구했다. 안전 규정 속도를 안 지켜 발생한 사고이므로 수리비는 지급할 수 없으며 규정 속도를 어겼기에 차를 외부로 나가라고 더 강하게 지적하면서 목소리 큰 놈이 이기는 시대에 언성을 높이고 단속을 강하게 하면서 과속을 한 번에 간단하게 제거시켜 버렸다. 불만이 있으면 고발하라고 해 버리고 규정대로 끌고 가면서 항의를 무시하면서 근로자들을 보호해 줄 수 있었다. 매립 공사에서 규정을 엄격하고 강력하게 지킬 때 법은 공정해진다는 걸 볼 것이다.

## 3. 부산 신항만 부두 1단계

현대 대우 대림 한진 등 10개 건설사가 공동 도급으로 참여하고 19개 협력회사를 안전관리하면서 육상과 해상에서 백호부터 수천 톤 거대한 SCP 장비 수만 톤 준설선까지 260대가 투입되어 여러 공사가 육상에서 바다에서 바다 아래서 잠수사가 눈 뜨고도 바닥이 안 보이는 뻘땅에서 무전기로 대나무 깃발을 꽂아 작업이 진행되고 있었다. 건설공사 시작 초기에 육상과 바닷속에서 사망 사고가 발생하면서 위험성은 더욱 증가하고 있었다. 수만 톤 모래를 선박으로 싣고 와서 16m 바닷속을 매립하여 3.2km 길이로 60만 평의 육지로 만들어 나가는 과정 그 속에는 일반 건설 공사하고는 전혀 다른 여러 공정들 속에 안전사고가 발생할 수 있는 위험성도 증가하고 있었다.

### 1) 신항만 세부 공정

가덕도와 진해 용원동을 사이로 물살이 흐르면서 쌓인 펄을 준설하면서 공정이 복잡하게 증가할수록 더 많은 위험들이 높아지면서 대형 조직으로도 육상과 해상에 1명씩 사망 사고가 발생했기에 관리가 어려워지는데 10개 공동도급 조직에서 그 당시 안전조직으로는 그들을 통제하면서 위험을 제거할 수 없다고 회사는 안전팀장을 바꾸게 되었다.

### ■ 부산신항만 공정

울진원자력 발전소현장에서 급히 차출되어 부산으로 와서 본 것은 북컨테이너 공사를 먼저 시공하면서 육지에서 바다에서 바닷속에서 근로자들의 고생을 보면서 육상의 보이는 데서도 사망 사고 1건이 볼 수 없는 바닷속에서 1건의 사망 사고 발생은 들어가 볼 수도 없는 상태에 안전관리는 어렵고도 더욱 힘든 과정이 될 것을 각오해야만 사고를 막을 것이라고 다짐했다. 가덕도 방향의 남컨테이너 진해 쪽의 서컨테이너 등도 뒤에 똑같은 공정으로 다른 건설사들이 참여하여 건설한다면 공동도급에 참여했던 건설사들은 직원들이 먼저 삼성건설의 주도했던 공사를 경험하여 잘 준비한다면 안전 공사 공정이 쉬울지 모른다. 도급사와 하도업체를 잡음 없이 잘 관리해 나가던 걸 보면서 거기에 참여한 그들이 선 공정을 보고 따라 한다면 쉬운 공사가 되었을 것이다. 삼성이 3년간 무재해를 만드는 걸 그들도 도급사로서 참여했기에 따라 할 수 있다면 그들도 무재해를 달성할 수 있을 것이다.

부두는 선박이 접안하는 안벽과 컨테이너를 적재하는 야드로 나눈다. 가로 18m × 세로 14m × 높이 18m의 2607톤 철근 콘크리트 Caisson 109함 제작 후 3000톤 해상 크레인으로 인양 후 작업 구간까지 끌고 가서 바다에 띄워 둔다. 가로 33.8m × 세로 15m × 높이 19m의 4550톤 철근 콘크리트 Caisson 35함을 제작 후 플로팅 도크에 담아서 바다로 이동하여 물에 대기시킨 후 3.2km 기초를 쌓아 나가는 공정이 안 보이는 바닷속에서 해상에서 이루어졌다. 안벽부분과 야드 부분은 안 보이는 바닷속의 갯뻘 위에서 시공하는 공정으로 연약지반도 안벽부분과 야드부분으로 서로 공정이 다른 이유는 20m 이상의 높이 접안 안벽에 4500톤 케이슨을 거치하려면 하부에는 강한 지지력을 확보하려고 지진과 쓰나미 태풍에 견디도록 직경 2m의 모래 말뚝 하부에는 초대형 중량을 지지할 SCP(SandcomPaction Pile) 공법으로 갯벌에 지하로 50m까지 모래 기둥을 깊이까지 넣고 다지고 하는 공정들이 진행된다. 3.2km 부두에 50m씩 800km 정도 바닷속에 박아 기초를 튼튼하게 하여 외부의 어떠한 압력에도 견디게 해 준다. 연약지반에 진동과 충격하중을 가해 모래를 압밀시켜 기초를 다진다. 컨테이너를 적재해 둘 야드에는 PBD 공법이 갯벌속의 50m까지 함유된 해수를 배수하는 공법이다. 그 위로 과하중의 모래를 얹어서 압밀을 촉진하는데 덤프트럭이 근로자들 장비들 작업하는 주변으로 330만 번을 왕래하면서 재하성토 작업이 이루어진다.

케이슨을 앉히고 그 속에 모래를 채워서 부두기초를 만들기 전에 케이슨 위로 여러 중량의 콘크리트 블록들을 수십 개씩 얹어서 케이슨을 바닷속 기초 자리에 안정을 시키면서 3.2km 이동시켜 나간다. 케이슨이 안정이 되고 난 후 콘크리트 블럭들을 다시 옆으로 옮기는 작업이 진행되며 케이슨 위로 2m 높이로 바닷물이 빠질 때 거푸집을 세워 바닷물이 침입 안 되게 조립한다. 그 안으로 철근을 조립하고 선박계류용 빗트를 앉히고 옆으로 정박 시 보호대 고리를 설치하고 배수로 맨홀을 설치하고 하역 크레인 한쪽 레일 기초 철근을 양호하게 설치한 후 콘크리트를 타설하여 부두 기초를 만들어 나간다. 수십 대의 덤프트럭이 골재를 담아서 바다에 정박한 빠지에 적재해 주면 빠지를 끌고 가서 케이슨 안쪽 기초부분 바닷속을 매립하는 공정이다. 선박 9대가 동시에 접안할 수 있는 3.2km 부두를 건설하는 여러 공정이 차질 없이 진행된다.

뻘땅으로 바닷속으로 잠수사들이 들어가서 측량하면서 부두기초가 파도에 유실되지 않도록 수천 개의 큰 돌들을 바닷속에 깔아 나가는데 크레인이 로프로 돌을 묶어서 16m 길이의 깃발에 의지하여 바닥에 내려 주면 바닷속의 잠수사는 보이지 않는 위치로 돌을 얼마로 이동하라는 무전기로 신호한다. 육상에서는 눈으로 보면서도 사고가 발생하는 여러 작업인데 볼 수 없는 뻘땅에서 수천 개 돌을 깔아 나가는 작업이 3.2km 길이로 잠수사의 노력으로 위험한 작업이 진행된다. 컨테이너 2개를 동시 인양하는 65톤 용량의 하역 크레인 18기를 중국에서 제작 후 선박에 3대씩 싣는데 크레인 레일 폭이 넓어 선박의 폭에 맞추어 주행 거더를 별도로 좁게 부착하여 선박 갑판에 고정시켜서 부산 현장으로 항해 후 육지로 레일을 타고 끌어 옮긴다. 육지로 옮겨서 정상적인 주행임시 거더를 교체하는 작업이다. 49대의 이동식 크레인을 트랜스포터에 실어서 빠지에 얹어 창원에서 예인선으로 끌고 와서 육지에 배치할 위치까지 가서 하역하는 공정이다. 수만 톤 적재하는 해상 준설선이 100km 바다로 운항하여 바닷속 모래를 펌핑하여 선박에 실고 와서 페이로다가 배관 파이프를 끌고 다니면서 60만 평 바다를 모래로 매립하여 육지로 만들어 나간다. 팩드래인 장비(PBD) 6대가 지반에서 집수용 호스를 지하 60m까지 4000만 m를 심을 때 흔들릴 때 상부에서 상부 로라 낮은 구멍을 통과할 때 잘 끊어져 오르고 내려갈 때 위험이 존재했다. 27개 동의 여러 건축 공장들을 규모 6.5의 지진에 견디게 시공하여 건축 전기 설비 작업이 그 속에서 진행된다.

컨테이너 야적장 바닥은 배수로를 만들어 플라스틱 관을 묻고 구직포를 덮어서 물은 잘 빠지게 모래는 가두어 야적장은 물고임이 없을 것이다. 하역 크레인 레일 기초 파일을 한쪽 면에 3.2km 길이로 박아 나간다. 현장에 대리 2명과 다른 직원을 남겨 두고 서울 본사서 안전 관리자 교육을 받던 중 도자가 후진을 하다가 신호하던 작업자를 깔아서 사망 사고가 발생하여 급히 현장에 내려가서 사고처리를 지원하면서 사고 없이 최선을 다해 안전하게 해 준 시간이 너무 아쉬웠다.

## ■ 3년 후 정년퇴직을 하고 삼성건설을 떠날 것이다

27년 근무를 마감하려면 삼성에 왔다가 간다는 발자취는 남겨 두고 퇴직하고 싶었지만 공사 여건이 너무 복잡했고 위험한 공정들이다. 1000명의 근로자들과 크고 작은 장비들이 60만 평을 만들어 나가는 과정 속에 사망 사고 한 번에 추진하던 모든 공정들이 침체되는 의욕을 상실하게 만들 수도 있는 다양한 공정이다.

눈을 뜨고도 서서 바닥이 보이지 않는 바다 16m 속 뻘땅 속에 수천 톤의 장비들이 파도치는 바다 위에서 바다를 매립하고 그 위에서 크고 작은 거대한 구조물들을 설치하는 여러 공정들 속에 위험을 어떻게 제거할 것인지 공정만큼 어려울 것이다. 눈으로 보면서 작업하는 육지의 건설공사하고 전혀 다르며 그들의 위험성을 육지와 같이 평가하는 게 큰 모순일지 모른다. 보이지 않을 바다 탁한 물속에서 파고 다듬고 눌러서 거대한 구조물과 작은 구조물들을 안착시켜 바닷물 밖으로 솟아나게 만드는 공정은 건설 공사의 극치라고 할 만큼 난공사 중에 위험하게 솟아나는 위험을 안전하게 만들 것이다.

## ■ 사망 사고 3건이 발생된 더 복잡해질 공정

같은 공정이 더욱 복잡하게 진행되므로 사망 사고가 더 많이 발생할지도 모르는 육상에서 해상에서 또 바닷속에서 무재해를 달성할 수 있을 것인가. 가덕도와 용원 사이 바다로 흘러가는 바닷물에는 수억 년 쌓인 미세한 펄 물이 잠수사의 시야를 가려서 발도 보이지 않는 볼 수 없기에 안전을 강조하고 사망 사고를 막으려면 육상에서 안전관리하고는 전혀 다른 많은 준비가 필요하다는 걸 잠수사들을 보면서 삼성건설 다른 육지 건설공사들하고는 전혀 다른 준비가 필요했다.

남은 3년 동안 안전관리로 10개 도급사의 직원들과 22개 협력사와 1000명의 근로자들 260대의 크고 작은 중장비들을 앞장세워 파도치는 바다에서 그들이 헌신할 때 3건의 사망 사고를 거울 삼아 무재해를 만들려면 생각부터 전혀 달라야 그들이 생각 못한 깊은 부분까지 놓치는 부분까지 찾아야 사망 사고를 근절시킬 것이라고 다짐 또 다짐했다. 그 속에서 그들의 작업을 보면서 안전팀장으로서 어떤 말도 쉽게 할 수 없었다.

몇 시간씩 아무것도 보이지 않는 바다 탁한 물속에서 잠수사처럼 그들의 열악한 작업을 직접 보면서 들으면서 안전관리를 해 준다는 그런 심정을 가질 때 육지에서 눈으로 볼 수 있는 데서 안전관리도 더욱 세심하게 다듬어서 해 본다면 사망 사고는 반드시 줄어들 것이다.

### ■ 복지

여름은 아침과 점심 후 담아 가져가서 물에 넣어 마시도록 얼음을 깨끗한 컨테이너를 별도 구입하여 가득 채워 두면 작업장에 갈 때 필요한 만큼 담아서 가져가도록 매일 공급하여 땀 흘리는 데 필요한 소금과 얼음을 최대한 공급해 주었다. 오후 3시 안전 관리자 안전감시단이 아이스크림을 팩에 넣어서 현장을 돌면서 근로자들에게 하나씩 전달하므로 더운 열기를 식혀 줄 수 있었다. 겨울은 음료수를 따뜻하게 데워서 다니면서 손에서 손으로 전해 주었다. 퇴근 때는 컨테이너 탈의장에 깨끗이 씻고 퇴근하도록 온수를 공급했다.

200명 입실용 안전 교육장은 협력사 식당이 옆에 있어서 11시부터 여름은 에어컨을 겨울은 온풍기를 빵빵하게 틀어서 가장 편안함 속에 안전팀장 주도로 누구도 관습을 못하게 편안하게 휴식하도록 해 주었다. 공종별 특별 안전교육은 외부에서 회의나 견학 오면 사용하는 신항만 홍보관에서 푹신한 고급 의자에서 편안하게 앉아서 교육 받을 수 있었다.

# 4. 중요한 무재해 활동

가장 위험하고 거대한 공정 속에 무재해를 달성한다는 결심을 하면서 어려워도 위험해도 해봐야 훗날 후회 없는 퇴직이 될 거라고 생각했다. 사망 사고를 끊으려면 특단의 안전활동을 추진해야 하고 최고의 안전 시설물을 설치하면서 최고의 안전활동을 할 수 있다면 무과실책임주의 속에서도 관심이 적은 그 속에서도 1989년 삼성종합화학에서 다짐했던 인간존중으로 무재해는 추진해야 할 것이다.

지금은 사망 사고가 발생하면 사업주를 법 앞에 세우고 직원들의 잘못이 있을 때 사업주를 구속시킨다는 중대재해법이기에 안전관리하기가 얼마나 쉬울 것인가. 원청사가 안전관리 계획을 세우고 시설물에 투자하고 설치 후 관리를 하면서 협력사와 근로자들이 위험을 발견하면 원청사에게 개선해 주도록 당연하게 요청하고 협력사는 안전활동을 잘 지키게 유도해 가면서 사업장의 안전시설은 안전팀이 주도하여 1000명의 근로자들을 활용하고 거대한 중장비들을 움직여서 목표한 걸 달성하고 싶었다.

## 1) 근로자 관리자 모두 안전 감시자

아침은 현장별로 소장들과 근로자들이 모여 몸을 풀고 전달 상항을 들으면서 무재해를 진행하자고 다짐하고 해산한다. 반별로 모여서 TBM(Tool Box Meeting) 반장이 주관하여 반원들이 모여 개인들에게 당일 작업 지시를 세밀하게 전달할 것이다.

① 근로자는 그 자리서 자신이 어떤 작업을 하는데 안전을 스스로 잘 지키지만 무엇이 필요하다는 걸 어디가 위험하다는 걸 어떻게 해 주면 좋겠다는 걸 반장에게 원청사 관리자 앞에서 자연스레 이야기를 하게 된다.

② 1000명의 근로자들이 매일 아침 반장의 통솔 아래 당일 공통 내용과 작업 내용과 장비 사용을 미팅 후 작업장에서 1차 위험을 발굴하는 안전 감시자가 된다면 사업장은 어떻게 변화할까.

관리자들이 관리하는 작업주변은 근로자들이 안전하게 작업하겠다고 밝히는데 관리자들도 스스로 개선시킨다는 의지가 필요한 분위기가 되었다. 안전감시단들도 본 업무인 근로자들의 위험작업이나 작업장 위험을 찾아내어 제거하면서 근로자들의 요구사항은 안전팀에 무전기로 연락한다.

### 가. 반장의 작업지시에 관리자가 같이 참석

원청사 관리자가 1명씩 반장이 작업 지시하는 TBM 자리에 배당되어 매일 참석하여 작업자들의 요청 사항을 들은 후 자기들이 해 줄 일과 다른 부서와 관습되는 내용을 안전팀에 전달할 것이다.

### 나. 안전팀에 전달받은 내용은

안전 시설반에 통보하여 위험을 최우선 제거하여 작업장을 안전하게 해 준다. 직원들이 해결할 일은 조금 높은 분야로 투자비가 들게 되면 안전팀에 요청하여 같이 안전관리비로 해결해 준다. 부서장들이 해결할 일은 안전팀장이 부서장들에게 직접 찾아가서 협의하여 가장 빠르게 해결해 버린다.

### 다. 다른 건설공사에서 겪어 보지 못한 위험을 제거

무재해를 만들어 주고 퇴직한다는 목표를 세웠기에 근로자들을 직접 움직여서 최고의 시설물과 최고의 안전을 해보려고 적극적으로 지원했다. 안전팀 안전 관리자들이 순찰하면서 개선해야 할 부분들을 찾아서 개선시키면서 위험을 제거해 버리는 것이다. 안전팀장이 직접 부서 장들과 협의하여 그날 바로 최우선 해결해 버리므로 안전 관리자들이 적극적으로 활동하게 된다. 근로자들이 건의하는 내용들은 뒷날로 넘기지 않고 처리했다. 그날 빨리 해결해 주면서 자신들이 건의한 내용이 당일 그것도 일찍이 바로 개선되는 걸 매일 본다면 근로자들 생각은 어떤 반응을 보일 것이고 그들도 현장에서 행동이 달라진다.

지적하고 개선하는 일을 장기간 하다 보면 느슨해지고 지루해질 수 있어 빼 먹거나 형식적으로 흐를 수 있지만 본인이 직접 무재해 달성한 후 상을 받아 본다는 각오가 확실하고 현장에 위험을 찾아서 불시에 순찰차를 운전하여 다니면서 감독하기에 대충하게 되면 위험은 보인다. 근로자들이 수십 년 동안 여러 건설 회사들에 근무하려 다녔지만 아침 툴박스 미팅 때 반장과 원청사 직원에게 건의하는 기회도 없었다고 했다. 자신들이 작업하는 데 위험한 사항을 아침에 이야기를 할 수 있게 분위기를 만들어 주고 건의 사항을 듣고는 바로 해결해 주는 걸 최초로 매일 매일 본다면 그들은 어떤 생각을 하면서 근무할 것인가.

## 2) 무재해는 이런 각오로 시작해야 할 것이다

무재해를 달성한다는 의지가 얼마나 강한지에 따라 다르다. 기업 문화가 다른 공동도급 10개사 직원들을 앞장 세워 움직이게 해 주고 근로자들도 안전을 어느 정도 잘 지키게 유도하면서 안전팀장이 직접 발로 뛰어 자신의 역량을 총 동원시켜 재해가 없는 사업장을 만들어 보겠다는 집념이 강할 때 가능할 것이다.

### 가. 개인 휴대폰에 99번 입력

원청사의 무재해를 달성하려면 근로자들의 생명도 보호해 주어야 한다. 개인들 휴대폰에 99번을 입력해 준다. 작업장에서 위험이나 개선해야 할 일이 발생하면 주변에 관리자가 없으면 급한 상황을 발견한 후 연락을 어떻게 할 것인가. 신규자들은 채용자 교육을 받을 때 교육장에서 취업하는 개인들 휴대폰에 99번을 설정한 후 안전팀에 비상전화기 번호를 입력한 후 직접 걸어 본다.

## ■ 모든 위험은 안전팀으로 통하게 만드는 것도 중요하다

개인들은 휴대폰을 지참하기에 넓은 작업장에서 쉽게 접하는 119로 연락하면 사무실은 모르고 외부에서 먼저 사고 장소로 도착할 수 있다. 언제든지 편안하게 99번을 눌러서 이야기하면 안전팀이 나서서 바로 조치를 해 줄 수 있어 위험이 방치될 공간을 제거시켜 줄 것이다.

## 나. 즉시 건의가 유효한 점

근로자들이 작업 중에 휴대폰에 주변에 위험을 스스로 직접 찾아서 개선해 주라고 반장이나 관리자나 안전순찰원들에게 직접 말할 수 있거나 주변에 그들이 없다면 99법으로 전화로 말하면 사무실에서 무전기로 안전 순찰원들에게 전달하면 빠르고 신속하게 조치할 것이다. 건의하고 싶고 이야기를 들으면 안전팀에 이야기할 수 있는 여건을 만들어 주는 자연스레 이야기하는 게 중요했고 바로 위험을 제거해 버리는 걸 보여 주는 게 근로자들과 관리자들의 관심과 참여를 높인다. 그런 신고를 해 준 근로자들에게는 작은 선물이라도 가정에 도움될 걸 고마움의 표시로 지급하여 참여를 격려해 줄 필요가 있을 것이다.

근로자들이 작업하면서 작은 부분들을 위험을 스스로 발견하게 된다면 안전 시설물 등을 최선을 다해서 설치해 줄 것이고 근로자들은 스스로 안전한 행동을 할 때 안전은 지켜질 것이고 관리자들도 위험을 누락시키지 않는다.

안전팀장이 부서장들을 움직여서 무재해를 달성하여 장관상을 받고 정년퇴직 한다는 목표를 남들 모르게 가질 때 어떤 난관도 돌파할 수 있을 것이다

## 다. 무재해를 달성하려고 겪은 고통

안전업무만 열심히 배워서 자격증을 취득하고 사회에 나가서 안전을 강조하면서 무재해를 추진하겠다고 덤비는 의욕은 가상하다. 직원들이 오랜 세월 다양한 환경에서 근무했기에 통제가 어려울 것이다. 시시각각 변화하는 공사와 공정을 시공 부서 간부들보다 더 많이 알아야 하

지만 그들만큼 되어야 안전을 공정에 넣어서 원가를 절감하고 공법을 개선 시켜야 안전관리가 쉬울 것이고 직원들 근로자들을 통제할 수 있을 것이다. 10개 도급사 직원들과 근로자들을 합심하여 무재해를 만들어 두고 떠나려면 어떻게 목표를 달성해 줄 것인지 직원들이 원하는 공사를 하는 데 안전으로 각 부서에 부담을 주어서는 무재해를 달성할 수 없을 것이다.

공사와 공정을 지원하면서 직원들이 안전으로 도움 받는다는 인식을 심어 주고 직원들을 관리하는 데 유리할 것이다. 안전은 근로자와 직원들을 대상으로 안전의 직무를 다해야 한다. 월급 주는 회사의 입장을 먼저 생각하고 복잡한 사정들이 안 보이는 것 같아도 회사는 많은 문재들을 안고서 처리하면서 경영하기에 오랜 경륜이 있으면 어려운 업무도 쉽게 처리하면서 원하는 걸 얻을 것이다.

### 라. 안전은 다양한 환경을 겪어 봐야 유리하다.

안전관리는 직원들을 통제할 수 있는 위치가 되려면 다양한 경험이 쌓으면서 웃고 울고 해 봐야 다양한 인간들을 다루기 쉬울 것이다. 여러 공정을 겪어 보고 위기를 당해 근무할 부서가 없어지는 고통의 대기발령을 당해 보면 직원들이 생각하는 방법과 전혀 다른 다시는 겪으면 안 된다는 집념과 배짱은 위험을 해결하고 개선하는 데 전혀 다르게 접근하여 처리한다.

- 조선소에서 육상의 대형 크레인들이 없는 시대에 파이프 60m 길이 2개를 A형으로 세우고 뒤에서 와이어로 조정하면서 50톤 정도의 부품들을 달고 있으면 레일을 타고 크레인을 끌고 와서 총중량 1000톤 2000톤 크레인을 설치하는 공정과 수백 톤 블록의 운반과 회전을 장비 운전과 장비 관리를 해 봤다.
- 거대하고 구조가 복잡한 선박 내부에 비계 파이프와 작업발판을 규격별 1매당 설치와 철거에 소요되는 시간을 조사하면서 벌크선과 유조선 컨테이너 선 등의 내부 구조를 상세하게 이해할 수 있었다.
- 독크에서 선박을 외부로 진수할 때 4군데에 로프를 잡고 예인선이 천천히 독크 밖으로 끌고 나가는데 통제할 수 없는 강풍이 불면서 선박을 잡고 있던 로프가 딸려 가면서 밀려 가던 고통도 겪어 보기도 했다.

- 선박 내 큰 탱크에 압력 누수 시험을 할 때 외부에서 공기를 넣어 주면 선박 속 아래에서 시험수치까지 넣으면 밸브를 잠그라고 중지 신호를 하면 밖에서 주입구를 잠그는데 부장이 멀리서 수신호로 동그라미 원(○)을 계속 흔들어서 주입하라는 신호인 줄 알고 공기를 주입했다. 조금 후 급히 선박 밖으로 나와서 엑스(×) 자를 표시하여 주입구 밸브를 급히 잠갔다. 부장은 공기를 잠그라고 손을 원으로 흔들었는데 계속 위험하게 주입했냐고 욕을 심하게 들었는데 ○ 신호는 계속 신호로 통할 것이다. 다른 직원들과 전혀 다른 많은 공사 경험을 겪으면서 안전팀으로 가서 안전 관리로 근무했다.
- 건설에서 대형공사에 근무하면서 4500명 관리자들 근로자들도 위험으로부터 안전하게 지켜 주려고 했다.
- 260대의 크고 작은 중장비들을 매일매일 안전하게 작업과 운전을 하려면 긴장감이 있어야 한다. 직책이 낮은 안전 관리자들이 직책이 높은 직원들을 상대하기 어렵기에 힘들게 하는 걸 팀장이 앞장서서 해결해 버리는 것이다
- 공사 중에 위험을 발견하면 문제가 생기기 전에 부서에 알리지 않고 공사중단권을 발동하여 공사를 중단시킨 후 작업장에서 안전교육장으로 데리고 가서 편안한 상태에 무엇 때문에 공사를 중단했는지 알려 주는 건 위험하게 작업이 될 수 있다는 걸 상세히 설명해 주어야 이해할 수 있었다. 위험한 공정이나 사고가 발생하면 제일 먼저 현장으로 달려가서 무엇이 문제인지 가장 먼저 알고 싶어 했고 해결도 쉽게 해 주었다.
- 발주처 사장께서 아침 일찍 직원들 출근 전에 현장을 순시하다가 바람이 많이 부는데 안전모를 안 쓰고 60m 빅타워 아래로 들어가려는 걸 달려가서 5분만 기다려 주시면 안전모를 가져다 드리겠다고 하자 괜찮다고 나가는 걸 보면서 대부분 간부들은 다른 공정을 지적할까 두려워 피해 버리는 걸 자주 봤다.

## 마. 사고 조사도 변질될 수 있다

작업장에서 해당부서 간부들 중에 관리 잘못으로 사망 사고가 발생하면 승진에 영향을 받을 수 있어 당사자들에게 피해가 적도록 해 주고 싶은 게 직접 데리고 같이 움직인 극소수 상사들의 바람일지 모른다. 실적도 다른 공정 부분에서 보충시켜 줄 수도 있지만 사고 보고서에서 변

화가 있으면 사업주에게 법적 영향이 미칠지도 모른다.

## 3) 중대재해법에서 빨리 벗어나야 한다

모두 위험을 찾아서 개선할 것이라고 직원들 근로자들 안전감시자들을 너무 믿으면 안 되는 게 1000명 근로자들과 수십 명 관리자들 중에 사고를 막으려는 각오와 확실한 신념이 있어야 사고는 제거될 것이다. 신규로 들어온 관리자나 근로자들이 1주일 만에 작업장 주변 위험을 발굴하고 개선해 주라는 말을 쉽게 못하는 걸 알고 있었다. 자존심도 있고 여러 사람들 앞에서 한 번도 안 해 본 행동을 쉽게 말하기 어렵다. 산업계는 똑같이 아침조례를 실시하고 반별 모여서 작업 지시할 것이다. 반장이나 관리자가 당일 작업지시를 하는 건 똑같다. 반장이 작업 지시하면 작업자가 작업 주변에 위험이 있다고 말하고 개선해 주라고 건의하면 대답해 주는 이런 절차는 외부에서 없었다면 말하기 쑥스러울 것이다. 시간이 흘러야 여러 작업자들 앞에서 말하기 쉽지만 그사이 위험은 언제든지 나타날 것이다.

- 부서장이 사업장을 순찰하고 직원들에게 위험을 방치하고 있다고 지적하려면 자신의 승진이 목적이라면 자신의 실적에 좋은 이미지를 쌓고 싶다면 어떤 행동을 여러 사람들 앞에서 할 것인가.

안전을 스스로 잘 지킬 것이라고 일임해 버리고 지적을 하지 않으면서 좋은 평판과 실적을 높이려는 경우가 있으면 사업장 위험은 계속 쌓일 것이다. 부서장은 사업장에서 실적이 높아지자 안전활동도 잘할 것이라고 모두 다 일임하고 위험이 있어도 담당직원들이 개선할 것이라고 편안하게 넘긴다.

- 모 부서장은 대형 장비들을 관리하면서 작업을 안전하게 진행하는 게 어렵겠지만 공정이 지연되는 이유는 안전팀에서 관섭으로 공사가 방해된다고 안전 관리자들과 자주 대립하게

된다.

　사망 사고도 한번 발생하였기에 안전 관리자들이 집중관리하는데 직책에 눌려서 쉽게 지적할 수 없고 쉽게 개선되지 않는다고 말한다. 안전 관리자들의 애로사항을 들으면서 말썽 없이 업무를 도와주라고 이야기는 자주 하지만 위험을 방치하면 다른 공정도 관리가 어려워질 수 있어서 본보기로 차장이 부장에게 강한 지적이 필요했다. 공정회의 시간에 부서장들 앞에서 작업도 위험하게 하면서 안전을 지키지 않으면 당신 회사에 문제를 직접 지적하고 답을 얻겠다고 강하게 말했다. 책임자와 부서장들 앞에서 지적하여 시정은 되었지만 책임자나 담당 부서장은 어떤 생각을 가질 것인지 많은 어려움도 겪으면서 원하던 무재해를 달성하려면 불합리를 합리화로 바꾸려면 쉽지 않은 걸 겪을 것이다. 차장이기에 군대로 권력으로 치면 항명이기에 당연히 불평이 다가올 수 있는 걸 감수해야 하고 그런 불리함을 예견했을 때 위협은 개선될 수 있지 않을까. 그 당시 무재해 달성은 그만큼 어렵고 힘들 것이다.


## 4) 선박 폭보다 넓은 크레인 폭

　컨테이너 2개를 동시에 인양하는 65톤 컨테이너 하역 크레인을 중국의 모 회사에서 제작하여 3대씩 선박에 실어서 부산 공사 구간까지 운항하여 부두에 접안한 후 선박에서 육지로 레일을 깔아서 크레인을 로프로 당기는 공정을 진행하여 육지에 안착한다. 선박은 폭이 좁고 크레인 주행 거더는 폭이 넓어서 임시 거더를 크레인 안쪽으로 부착한 후 선박에 싣고 왔기에 육지에서 임시 주행 거더를 잘라 내고 본 주행 거더를 부착하는 위험한 공사가 중국 근로자들이 한국의 신항만 구역에서 작업이 있었다.

### ■ 대나무로 비계 설치
　대나무를 비계 Pipe처럼 쌓고 고무줄 끈으로 결속한 후 발판은 대나무를 깔아서 사용하려고 선박에서 대나무를 하역하는 걸 중단시켜 버렸다. 바닥이 뻘땅인 매립지에서 무거운 항타기 장비가 바닥 기초 파일을 박으려고 할 때 전복을 방지하려고 대나무를 돗자리처럼 엮어서 바닥에 깔아 두고 항타기 장비를 그 돗자리 위에 얹어 두고 작업하므로 장비의 전도를 방지하는 용도로 사용할 것이다.

작업자들이 비계용도로 사용하려고 대나무를 내리려다 제동이 걸렸다. 한국도 60년대 건축 공사 작업할 때 소나무나 굵고 곧은 대나무를 비계 기둥으로 사용했듯이 한국과 외국에서 구조물 설치는 모두 대나무를 사용했다는 통역관의 이야기를 듣고 그런 시대는 지났다고 공사를 중단시켰다. 교육장에 모두 모아서 신항만 공사 구간에서 작업을 준수해야 하는 이유와 여기서는 규정대로 강관 파이프와 알루미늄 발판을 사용한다고 알려 주었다.

작업이 안전하지 않으면 선박을 잡아 둘 수는 없지만 작업이 위험하게 진행되는 걸 중단시키므로 선박이 제날짜에 출항이 지연될 수 있다고 말했다. 출항 지연 비용을 삼성건설에 청구할 것이라고 그들 책임자가 대국다운 답변을 하여 쉽게 개선하기는 어려울 것 같았고 사고가 나더라도 자신들 회사가 사고 처리를 책임진다고 당당하게 반박하고 있었다. 안전팀에서 공사 중단권을 끊은 스티커를 가지고 삼성건설 본사에 가서 설치 지연비용을 주라고 요구하든지 엿을 사먹든지 좋은 대로 하라고 시원하게 대답했다. 대나무로 사용하는 걸 처음 겪어 보면서 9년 전 아나방 사용이 떠올랐다.

1993년 울산 삼성석유화학 3차 공사에서 아나방 발판을 알루미늄 발판으로 최초로 바꾸면서 용접 불량 원인을 제거했던 실적이 생각났다. 국책 사업이기에 방문하는 외부인들이 많이 왕래하기에 대나무는 후진 작업으로 일단 중단시켜 버렸고 선박은 접안했지만 선원들은 육지인 부두에 내리지 못하게 슬리퍼 신고 담배 물고 다니지 말라고 말했다. 책임자들과 작업자들 20명 정도와 해당 외국 업무 담당부서와 교육장에서 자기들끼리 협의를 한 후 안전팀이 지적하는 걸 개선하겠다는 답이었다.

중국 그들 회사의 공장에 견학 가서 본 것은 와이어 로프에 철심이 끊어진 걸로 무거운 철판을 천정 크레인으로 달아서 작업자들 머리위로 그냥 이동하는 위험 작업들을 봤기에 안전을 지켜주세요 하는 말은 그들에게 안 통한다는 걸 알고 원칙대로 작업할 것을 지적했다. 크레인을 싣고 온 선박과 타고 온 작업자는 선박과 함께 출항할 날짜가 정해졌기에 선박을 잡아 두지는 못하지만 작업 지연으로 선박이 정해진 날짜에 작업자들을 외국에 두고 떠날 수 있을지 재미있는 건수를 저질러 놓았다. 임원에게 보고하면 사고가 발생하면 처리는 중국 쪽에서 책임진다고 계약서에 있다고 작업 지연은 서로 시비소지가 있어 거부할 것이라고 생각하고 껄끄러운 일을 넘겨주기 싫었고 보고하지 않고 혼자서 처리하려던 생각이었다. 안전규정을 잘 지키면서 왔는데 대나무 작업을 1000명의 근로자들 공동 도급사들이 보는 데서 외국의 계약을 어떻게 처리하는지 관심을 가지고 중단시키는 걸 그들도 주시했을 것이다. 보고하지 않고 독단으로 저질러 버리면 무언가 반응이 올 것이고 후진 작업방식을 용인할 수 없었다.

시간이 흐른 후 지적한 내용을 그들은 잘 지키겠다는 내용을 해당 부서로부터 연락이 와서 위험한 작업이기에 안전을 잘 지키라고 하고 최우선 필요한 걸 그들은 가져 오지 않았기에 안전직원들에게 원하는 걸 지원하라고 했다. 비상시 사용하려고 쌓아 둔 비계 파이프와 알루미늄 발판을 그냥 사용하게 지급하고 비계 설치까지 안전반장이 알려주고 도크마스타 1대를 무료로 사용하게 중국인을 교육까지 시켜서 중국에서 볼 수 없는 작업을 안전하게 하도록 더 좋은 걸로 해 주었다. 나머지 선박에 싣고 오는 크레인 작업도 안전하게 실시할 수 있도록 크레인 관리 부서장의 체면도 세워주면서 그들은 경험해 보지 못한 최신 안전작업을 경험하면서 공정도 당겨지고 작업도 안전하고 수월하게 진행하게 도움 주어 기분 좋게 중국으로 출항할 수 있었다.

계약서에 사고 발생 시 처리는 중국 측에서 책임진다는 내용이기에 현장은 중국인들을 작업 중 사망 사고가 발생하면 언론이 대나무 비계를 사용하여 사망 사고가 발생했다고 대대적으로 지적할 수 있고 한국에 없는 작업을 삼성건설이 하고 있다고 비웃을 걸 만들 수 있었다. 계약서를 작성할 때 회사가 필요한 걸 기록할 수 있어야 하는데 안전은 대충해도 되었던 시대였기에 안전관리 계약서는 중요하지 않던 시대였다. 안전 차장이 부장의 업무를 중단시키려면 그들이 생각할 수 없는 더 높은 경지의 안전한 방법을 제시해야 인정하고 수용할 것이다. 공사중단권을 발동하려면 안전 관리자의 임무는 그들보다 더욱 안전하고 공정도 개선시켜 주면서 위험을 제거시켜 현장을 안전하게 만들어 주어야 수긍하고 인정할 것이다.

## 5) 중국인들에게 다가올 미래

일본의 핵 처리수를 30년간 방류할 때 국제원자력기구(IAEA) 전문가들이 해양으로 방류가 국제 안전기준에 부합하다고 보고서를 발표했다. 한국 정부는 방류수 근처에 접근조차 못하고 IAEA와 일본의 말만 믿고 위험할지 모를 처리수에 말이 없었다. 일본의 발표를 못 믿는다고 수산물 수입을 전면 중단시키는 중국은 대국다운 조치를 할 수 있는 대단한 힘을 가진 공산국 가도 백성들을 위해서는 원칙을 고수한다. 훗날 일본 해안가나 미국의 서부 한국과 중국의 해안가로 처리수는 흘러다니다가 훗날 바다의 수산물을 먹은 연안국들에 어떤 변화가 온다면 해당 국가들은 어떤 대안을 보여 줄까. 처리수가 방류해도 안전한 바다가 되어야 할 것인데 불안한 미래가 다가올 것이다. 30년간 방류한다면 어떤 변화를 예측할 수 없을 것이고 해수욕할 수 있는 깨끗한 바닷물로 돌아가는 건 언제일지 모르고 위험을 발견해도 바다에 뿌려진 처리는 주워 담지 못한다는 위험성을 가지고 있다.

### 가. 중국의 유산

중국은 28배나 많은 14억 명의 인구 95배나 넓은 국토 면적 56개국의 민족 14개국의 국경을 맞대고 58백만 명부터 1억1천만 명이상 살고 있는 10개 지역과 12위 칭화대학 16위 베이징대 21위 상하이대 등 200개의 연구소에 배출하는 인력들과 2025년 연구소형 기업을 2000개를 만든다는 이만한 인적 자원이면 세계를 경제와 군사력으로 정복하고 싶을 것이다. 2050년부터 미국을 넘으라는 모택동의 유훈을 지키려고 시진핑 주석은 눈과 귀는 열어 두고 입은 굳게 닫고 넓은 면적에 많은 인구를 데리고 앞장서서 단일 대오를 유지하고 당당하게 전력 질주하고 있다.

대만 통합은 중국의 오랜 소원으로 최종 목표이기도 하고 TSMC는 중국이나 미국이나 반도체가 필요하지만 트럼프 대통령이 대만에 많은 군비를 들여 가면서 지켜 주는 게 이익이 적어 포기한다면 중국이 대만을 치면서 주변까지 같이 흔들지 모른다. 북한을 충동하여 한국 도서 지역을 침략하여 주한 미국이 대만지원을 못하게 발을 묶어 두려고 중국 러시아가 남한 주변으로 움직이면서 미국을 위협할지 모른다. 경쟁은 경쟁을 낳고 경쟁에서 살아남으려면 이겨야 하는 중국의 정부 기업 학교 공무원들 어쩌면 그들의 힘은 오래전부터 2050년을 바라보고 미국을 넘는다는 목표로 조직이 짜여 권력이 위로 갈수록 치열한 경쟁으로 짜여 있을 것이다.

일본이 만주국을 세우고 중국 본토를 유린하고 영국이 아편으로 중국백성들을 유린했던 서구열광들을 겪으면서 알았다. 힘이 약하면 미국에 끌려간다는 것과 미국은 절대로 중국의 성장을 용납하지 않는 건 미국을 넘는다는 각오이기에 양국은 친구가 될 수 없다. 어느 쪽일까는 역사 속에서 찾아야 할 것이다. 중국은 단일 대오로 한곳으로 뭉쳐 전진할 수 있는 힘이 있고 그렇게 힘을 모아 언제까지 가야 하는 시간을 알고 있다.

1950년 미군들이 압록강을 건너 중국을 침략하려고 하자 일본이 1932년부터 1945년 패전까지 14년간 만주국을 세워서 중국을 유린했던 걸 겪었고 미국까지 진격하려는 건 되풀이하지 않으려고 30만 중공군을 일시에 압록강을 건너 북한으로 보냈다. 크리스마스를 가족과 함께라던 미군 1명에 중공군 6명이 달려들어 우세한 화력을 가지고도 국공 내전 때 싸웠던 경험을 발휘하자 미군들은 후퇴했던 전적이 있었기에 인해전술에는 미국도 도망가야 살 수 있었다. 미국이 그때 중국을 겁내면서 두뇌싸움으로 전환했다.

미국도 총기난사 사고 등 편안할 날이 없는 걸 계속 보여 준다. 미국은 대영제국과의 싸움 여러 과정들에서 총의 소지가 중요하다는 걸 알게 되면서 자연스레 소유할 수 있는 사회적 분위기가 생겨났다. 3억 4천 명이 가정마다 총기를 소유한다면 자신들 방어를 어떻게 하고 어떤 일이 일어날까. 중국이 미국과의 경제 전쟁에 밀리면 서방 진영, 뉴욕, LA, 도쿄, 오사카, 제주도, 서울에 사 둔 부동산들을 반의 반값으로 시장에 동시에 던질 것이다. 시장은 서로 먹으려고 하이에나처럼 달려 들때 가계약을 하려고 달려들 그때 주인이 매물을 거두어들인다고 해 버리면 부동산을 소유하려던 고객들은 일대 혼란을 줄 것이고 부동산으로 혼돈을 일으키지만 중국은 욕만 얻어먹으며 끝낼 것이다. 14억 인구가 미국에 영원히 굽실거리기에는 군사와 경제력이 너무 커져 미국을 위협하고 있다.

미국이 미래의 중국을 두려워서 많은 부분에서 관세를 높이고 반도체 기술 등을 통제하고 자유 우방국들을 앞장세워 인도양과 태평양 동진과 남진을 막고 있는 속에서도 중국은 당당하게 전진하는 게 그릇이 얼마큼 큰지 모른다. 미국 눈치 보는 다른 나라들의 중국 진출을 꺼릴 때 미국의 애플 같은 거대한 기업들은 지구를 돌고 돌아 푼돈을 벌어 가는 힘든 수출보다 중국의 거대한 소비시장을 외면할 수 없어 마음 놓고 들어가서 큰 돈을 벌어서 가져가도록 미국이 도와주는 역할을 할 만큼 자국의 이익이라면 우방까지도 주눅 들게 만드는 미국이다. 영국은 18세기경 증기기관차의 등장으로 산업혁명을 발전시키면서 지구상에서 가장 많은 55개국 식민지를 거느렸던 해가 지지 않던 영국도 어느 날 자만심에 빠져서 역사가 짧은 미국으로 넘어갔다. 자체적으로 지는 해를 붙잡아 두지 못할 환경이 미국에도 엄습할지 모른다. 대통령 후보들 연설회 때 참석하는 많은 인구들은 상대편에 적개심을 가질 때 폭동으로 돌발할 수 있고 트럼프에게 총기를 난사하던 걸 TV로 보여 주었다.

## 나. 많은 인구를 한곳으로 모으는 힘

세계의 중심지가 되려고 14억 거대한 인구가 각 지역별로 발전하면서 그 속에 수천 년 유물들을 같이 보존하여 지역의 가치를 높인다. 미국이 옆에서 간지러운 곳을 긁어 주기에 국민들이 뭉치게 하는 힘은 더욱 당당하게 전진하고 있는 중국이다. 미국과 중국 어느 한쪽은 치명상을 당할지 모르는 서로 상극이기에 주변국들은 눈치 본다고 수출길도 힘들게 만들어 버린다. 중국의 경제가 어려워지면 수출 수입이 많은 한국은 직격탄을 맞을 것이다.

### ■ 안정된 구조의 중국

중국은 한 번에 무너지거나 한 번에 폭등을 가져오지 않고 땅위의 주택만 거래하기에 최고의 안정적인 구조를 유지해 나간다. 수천 년 변화 속에 살았기에 한방에 무너지는 경제를 만들지 않고 상해처럼 같은 디자인이 없는 고층 빌딩들은 탄탄한 바탕위에 세워진 중국 경제를 잘 지탱하면서 운영하고 있다. 한국처럼 사람이 안락하게 살아가는 주택이 불평등을 심화시키면서 갈등을 부추기고 가진 자의 허영심을 보이면서 불안한 미래에 큰 부담이 될 것이다. 국가가 존재하는 이유는 백성들을 안전하게 해 주고 기업들도 수출도 잘 되게 해 주는 방법이 국가의 리더들이 할 일인데 세계는 그런 리더들의 헌신을 기다린다.

한국처럼 인구가 감소하는 이때 가장 가까운 중국과 러시아가 북한을 통제할 수 있고 미국 대통령도 북한의 권력자와 인연이 있기에 경제적으로 어떤 변화가 유리한지 명나라와 청나라가 싸울 때 등거리 외교를 하면서 백성들에게 피해를 주지 않는 광해군의 리더십 역할이 국가도 백성도 안전을 보장해 주었기에 다시 기대해 본다. 광해군은 군주로서의 청나라와 명나라를 적당하게 가지고 놀면서 백성들을 지켜 주다가 명 추종자들에게 모반을 당해 권자를 내려두고 귀양을 갈 정도로 백성들보다 자신들 권력 유지가 앞섰다. 세 치 혀로 설치는 놈들이 나라를 망친다는 말처럼 지 나라의 백성들을 지키는 게 아니고 황제를 추종하여 앞에 닥칠 노비들과 평등하게 될까 두려워했던 양반들은 바다 건너 황제를 받들어야 정통성을 지킬 수 있었기에 노비들을 속으로 두려워했다.

중국과 미국으로 적당히 다가가야 하는데 권력에 따라 가는 거리가 다르다. 1개 국가에 2018년 26.8%로 수출이라면 대단한 유대관계로 유지했던 중국에 2022년 친미로 돌아서고부터 중국 수출이 17%까지 낮아지던 그사이 3억4천만 미국으로 날아가는 데 항공기로 10시간 이상 선박으로 기름 소비하며 1개월 이상 걸리고 14억 중국은 항공기로 3시간 선박으로 이틀 길을 한 번에 처리하면서 한국의 성장이 중국 옆에 있다는 걸 큰 이익인데도 수출이 줄어 버렸다. 32개 성 중에 6천만 명에서 1억2천만 명이 넘는 10개 지역의 자치장들은 한국보다 더 많은 인구를 관리할 만큼 중국이 1980년대부터 개혁 개방 정책으로 세계 경제 무대에 급부상하면서 저렴한 노동력으로 거대한 시장을 열었다.


미국의 우호적인 국가들도 코로나로 국가가 침체되고 국민들이 죽어 나갈 때 미국의 내국인 보호주의로 등을 돌릴 때 중국은 어렵게 생존하는 아프리카 등에서 우호적으로 우군들을 만들어 나간다. 정부가 중국에 거리를 두는 사이 그 자리를 미국의 거대 기업들이 암묵적으로 들어가서 자국의 이익을 만들어 가져가는 것은 아닐까. 중국은 지리적으로 가까운 5천년 동안 같이 왔는데 5년 정권이 쉽게 끊어 버린다면 신뢰를 잃어버린 시간은 짧지만 복구하는 데 오랜 시간이 걸릴 것이고 어쩌면 변덕이 심하다고 마음을 열지 않을 수도 있기에 기업들은 불리할 것이다.

IMF와 미국발 금융 위기를 겪으면서도 급성장한 배경에는 중국의 큰 도움을 받은 건 싼 물건을 대량으로 가져다가 배고프고 위기 때 쉽게 넘기면서 기업들이 가까운 거리를 활용했고 싼 임금을 찾아서 성장하는 데 큰 기여를 중국사회가 지원했다. 얼마나 고마운 일인가를 배부르기에 잊어버리고 잊은 세월이 오래되었다.

## 6) 미국의 힘

    제45대(2017. 1.~2021. 1.) 미국 대통령을 역임하고 78세에 노익장을 과시하면서 또 다시 2024년 11월 6일 제47대 미국대통령에 당선된 도널드 트럼프 대통령은 펜실베이니아 대학교를 경제와 비즈니스를 전공하여 부동산 사업가로 성공했다. 1983년 뉴욕에 트럼프 타워를 완성시켜 세계의 유명인들이 사무실로 활용하도록 하여 미국 전역과 중국 등에 부동산 거래에 도움 받으면서 사업적인 성공을 하게 된다. 수익이 나지 않으면 파산해 버리는 등 이익에만 투자하는 특수한 경력의 소유자로 세계 질서가 다시 출렁일 것이고 우크라이나 전쟁을 종식시키겠다고 했으며 한국을 방문하여 문재인 전 대통령 주선으로 북한 김정은 위원장과 판문점 회동으로 친선을 가졌다.

    세계 판도는 한국과의 관계는 어떻게 변할 것인가. 상원 하원을 모두 공화당이 장악한다면 트럼프 대통령은 무소불휘의 힘을 펼칠 것이고 중국이 더욱더 고통을 겪을 만큼 성장하는 걸 두고 보지 않을 것이다. 1929년 대공황을 겪었던 미국은 모두 고통을 감수하면서 이겨 내고 1930년 3월 17일 착공 1931년 5월 1일 최단 시간인 1년 45일 만에 엠파이어 스테이트 빌딩 381m 높이까지 건설을 완공시킨 그 당시 미국이 붕괴될지도 모를 대 위기를 만든 책임을 국가를 경영했던 대통령에게 전가시키지 않고 모든 국민들의 탓으로 돌렸기에 모두다 힘을 합쳐 벗어나자고 뭉쳤다.

    모든 국민들이 뭉쳐서 미국다운 대 위기를 단시간에 이겨 내는 기회는 국력을 키울 수 있는 힘이 있다는 걸 세계에 보여 주려고 스스로 위험에 도전하여 성사시킨다는 저력은 세계의 경제 군사 문화 대국다운 저력이다. 최고 높은 전망대는 랜드마크의 명성을 이어 가고 너무 빨리 건설하여 위험하다고 했지만 지금까지도 가장 어려운 시기에 만든 미국 사람들의 자존심이 튼튼하게 인간이 뭉칠 때 거대한 힘을 만드는 걸 스스로 증명해 보였다.

    1945년 7월 28일 아침 B-25 폭격기가 안개 낀 날씨로 운항 코스를 잘못 잡아 날아가다가 빌딩 79층에 충돌했지만 안전하다는 걸 직접 증명해 보였다. 한국처럼 누구의 잘못으로 대 환란이 왔다고 책임을 떠넘기고 벗어나는 게 아니다. 미국이 세계를 상대로 너무 광범위하게 일을 벌여서 세계 경찰 노릇을 보여 주고 있지만 내부적으로는 너무 큰 위험 요소가 커지면서 힘의 역사는 굴러가고 있었다.

7월 13일, 9월 25일 도널드 트럼프 미국 대통령 후보 연설 도중 총기암살 미수사건이 발생하여 극단적인 분열이 갈수록 심해질 것이고 정치적 폭력이 거대 제국 미국을 위협할지 진보 보수로 분열시킬지 위험요소가 많다. 최대 호황기였던 일본은 이자가 싼 대출로 부동산에 투자하면서 미국까지 진출하여 뉴욕과 LA 등 주요 건물들을 매입하면서 록펠러 빌딩에 투자하므로 미국인들의 자존심을 짓밟아 버렸다고 생각했다.

1995년 고베 7.3 규모 지진으로 더욱 경제가 침체되면서 390개 기업들이 도산되고 2011년 후쿠시마 원자력발전소 폭발 등으로 연속적으로 악재가 일본 열도를 긴장시키는 걸 여론을 다른 데로 돌릴 줄 아는 일본은 가장 가까운 한국에는 고통과 시련을 안겨 주려는 일본이 거대한 미국도 침략하는데 작은 옆에 있는 한국이야 쉽게 다루려고 하고 있다.

## 가. 911 테러가 주던 교훈

2001년 9.11 세계무역센터 쌍둥이 빌딩 테러는 뉴욕 심장부를 향해서 미국 땅에서 미국의 항공기 두 대가 미국의 기름을 주유받고 미국 하늘을 날아서 미국의 쌍둥이 빌딩을 전속력으로 받아 3000명이 넘는 사망자를 발생시키면서 빌딩이 붕괴되던 걸 전 세계가 TV로 생생하게 보았다.

2008년 금융위기로 미국도 대내로부터 도전을 받기 시작하면서 미국이 만든 세계질서가 그 질서를 미국이 뒤흔들어 버린다.

미국의 힘도 911을 거치면서 서서히 저물어 가는 걸 보여 주면서 대응방식도 약자를 무시하는 걸 미국만 모르고 있었다. 천문학적인 부채를 안고 있는 미국에도 달러를 무한대로 찍어서 소비하므로 언젠가 비트코인이 달러를 밀어 내고 새로운 세계 시장의 주인으로 등극할 때가 온다고 자신한다.

미국 연방정부의 재정 지출이 통제하기 어려울 정도로 증가하면서 세계 경제를 주도했던 미국이 파산할 수도 있다는 끔찍한 경고에도 전 세계를 주도했던 미국과 달러의 시대가 영국처럼 쉽게 무너지지 않는 구조다. 미국의 주식과 부동산이 거품이 끼어 있기에 몰락을 한다면 중국 러시아 인도 사우디 등은 조심스럽게 미래시장을 주도하려고 준비할 것이지만 쉽게 오지 않을 것이고 강대국 힘은 어떻게 약해질지 먼 훗날 이야기다. 미국의 몰락이 현실이 된다면 중국은 수십 년간 당한 경제와 군사 수모를 되갚아 주려고 미국과 일본을 철저히 밟아 버릴 것이고 주변국들에게까지 피해를 줄지 모를 만큼 그들은 입을 닫고 대국다운 모습을 보여 준다.

한국도 미국에 기대어 중국과 러시아와 척을 지고 있지만 반도체라는 강력한 경제무기가 있기에 중국에서 배척당하지 않고 살아남을 것이다. 110일 만에 1조 달러씩 늘어나는 미국의 부채는 지난 1월 초 34조 달러를 넘어섰기에 국가 파산과 시장 붕괴를 피하려고 달러를 사용하는 국가들에 거대한 환란을 만들어서 경제 위기를 전가시킬지 모른다. 아시아 금융권 중심지였던 홍콩이 거대한 중국으로 넘어가면 미국으로는 경제 중심지를 중국에 넘겨줄 수도 있어 홍콩의 경제를 흔들려고 하는 걸 8000억 달러 국채를 사 준 중국이 심하게 거부하자 아시아 쪽으로 돌려서 IMF를 오게 했다는 뜬구름 잡는 이야기라고 하지만 미국도 빚이 늘어날수록 어딘가로 전가시킬 구실을 만드는지 모른다. 위기를 예상하면서 앞으로 재산을 보호할 수 있는 금은 비트코인이 답이라고 했고 2008년 미국의 금융 위기 여파는 미국에 세금이 감소하는 영향을 미쳤고 2003년부터 2009년에 끝난 세계 2번째 큰 산유국 이라크에서 파괴된 전쟁 복구는 민간 기업들이 독점해 버렸고 2001년부터 2021년 아프간 전쟁의 철수까지 2개의 전쟁에서 2조 달러까지 쏟아 부으면서 얻은 건 미국은 두 개의 전쟁을 동시에 실행하기 어렵다는 걸 보여 주고 있었다. 한국의 경제를 파산시키면서 대기업 반을 도산시킨 IMF에 살아남았지만 2008년 금융 위기 사례를 거울 삼아서 대비해야 똑같은 위기를 당하지 않을 것인데 국가는 갈수록 정부와 기업과 개인들에게 빚을 늘어나는 경영을 하고 있다.

- 미국은 거대한 땅 덩어리 속에는 막대한 천연자원과 양쪽으로 막아 주는 바닷속 자원과 세계 최고의 산업화는 어디 가지 않는다.
- 미국이 세계 최고가 되는 데 제일 큰 기여를 해 준 원인은 세계 최고 명문대학들이 지역에 자리 잡고는 지방소멸을 막아 주는 가장 중요한 역할은 자신들 지역을 사랑하고 아끼면서 기업들과 같이 울타리가 되어 미국의 성장을 주도하고 있다. 이민자들이 미국으로 와서 성장하는 걸 보면서 미국의 자산으로 각 지방들에 자리 잡고 지방이라는 개념이 없어지게 만

들어서 성장하게 지켜 주도록 할 수 있는 세계적 기업들이 미국의 힘이다. 한국처럼 권력 학벌 기업 문화의 모든 구조가 서울로 가야만 성공한다는 공식을 권력자들이 만든 전유물로 언젠가는 한국에 위험을 만들 것이다.

- 자신들의 야망을 달성하려고 파도치는 대서양을 건넜던 야망가들을 받아 주어 거대한 부를 쟁취하게 해주는 미국은 경쟁의 나라이다.
- 미국의 주력 세력이 남의 나라 가본적도 없는 죽을지도 모르는 전쟁에 스스로 참전하여 지켜 준 정신은 미국을 영원한 제국을 만들어 나간다.

세계에 없는 걸 모두 갖춘 제국이기에 쉽게 무너지지 않을 것이고 쉽게 정상적으로 복구할 여력이 매우 높기에 우물 안 개구리들이 아니고 세계를 상대하고 싶어 한다. 각 나라들이 무너지는 미국을 도와야 하는 이유는 미국이 운영 중인 인공위성들 중에 GPS가 서비스를 중단해 버리면 휴대폰과 내비게이션은 교통상황을 마비시키고 위치 정보를 중단하고 항공기 선박이 항로를 이탈해 버리는 등 건설하는 기능까지 붕괴되면서 달러로 결제하던 세계의 모든 생산품이 석유가 파탄 날 정도로 미국보다 세계 여러 나라들의 기능이 마비되는 사태가 올 것이다. 미국이 파산하는 건 미래 핵전쟁이나 운석 충돌로 미대륙 소멸과 미국 전역 지진이 일어나지 않는 한 미국의 힘은 건재할 것이고 미국의 국채를 다량으로 가진 나라들이 힘을 보탤 것이기에 미국은 AI가 인간을 소멸시킬 때까지 안전할 것이다.


## 7) 품질의 명품제를 만들다

성수대교 완공 15년 후 1994년 10월, 삼풍백화점 완공 6년 후인 1995년 6월 고급백화점 건물이 붕괴되었다. 자신의 잘못이 아니면서 그 시간에 그 자리에 있었다는 이유 하나로 젊고 귀한 생명들이 정부와 기업 일부의 잘못된 관리 방식으로 피워 보지 못하고 세상을 떠나야 했다. 남는 건 기업의 무능과 이미지 하락과 보상비 처리와 사고가 발생할 당시 근무하고 있던 그 기업의 임직원들이 욕을 들으면서 처리해야 할 몫으로 남는다.

## 가. 개선 방법

시간이 흐른 후 그 당시 건설에 참여했던 관련자들을 찾지 못해 어떻게 시공했는지 모르고 어떤 원인으로 대형 사고가 발생한 것인지 원인 규명도 필요할 것인데 한 번도 그 당시 상황을 듣지 못했다. 공종별 업체명을 언제까지 근무했다는 걸 완공 백서나 공정에 연락처를 기록하고 컴퓨터로 입력해 보면 그 당시 누가 어떻게 시공했는지 어떤 방법으로 작업했는지 원인 파악이 나올 것이다. 비싸게 분양받아 입주한 집 천정에 똥을 담아 비닐봉지를 넣어 두는 일은 상상할 수 없는 기업이 얼마나 관리에 허점을 보였거나 기업과 악감정일 때 그런 일이 있을 수 있을까. 자신의 이름이 기록되어 남는다면 더욱 세심한 관리를 할 것이다.

## 나. 식스시그마 운동

JP모건은 부친이 1901년 카네기로부터 4억 8000만 달러를 주고 카네기 철강을 매입하는데 그의 조상도 17세기경 뉴잉글랜드에서 미국으로 건너와 자리 잡으면서 아들에게 살아 있는 비즈니스를 직접 가르쳤다. 유럽에서 자금을 모이 미국으로 보내면 아들은 국제적인 감각으로 장사를 하여 기초를 만들어 경영자로 성장한다. 한국도 자녀를 미국에 유학 보내어 그에게 자금을 보내 투자하는 능력을 키우도록 하는 방식을 시도하고 있을지 모른다. 세상에 기여하던 제품들은 구글처럼 MS가 볼까 싶어 초라한 창고 구석에서 시작했고 유능하고 똑똑한 리더들도 비웃음과 조롱의 소리를 들어가면서 배고픔을 참고 견디어 냈기에 큰 인물들이 되었다. 휴대전화를 최초로 출시한 모토로라는 식스시그마를 최초로 도입했다.

## 다. 삼성건설 식스시그마 운동

지금은 산업계가 이런 운동을 하지 않지만 한때 회사도 품질 혁신으로 식스시그마 운동을 직원들에 열심히 주입했는데 100만 개의 제품 생산당 3~4개 정도 불량품만 허용하다가 뒤에는 Zero defect(0개) 운동으로 전환할 만큼 회사가 더욱 더 식스 시그만 운동을 열심히 전개하여 건설사 1위가 될 수 있는 기초를 만들어 나갔다.

## 8) 고령자들의 경륜을 백두산에

기업은 경쟁 상대를 이겨야 기업을 성장시킬 수 있기에 새로운 기술 개발에 적극적이고 이미지 관리와 기업 홍보에 적극적이다. 외부에서 얻은 지식들을 모아서 믹싱시켜 본다면 우수한 에너지를 얻을 제안도 여러 가지 유용한 자료들도 섞여 있어 힌트를 고르는 기술만 있으면 남들이 모르는 귀중한 자료들을 고를 수 있을 것이다.

### 가. 새로운 기술을 찾아내는 창의성

상점에 옷을 사러 오던 탄광촌 종사자들이 터널 속에서 일을 할 때 땀이나 떨어지는 물에 옷이 젖어 움직일 때 다리에 붙어서 찍찍하고 잘 찢어지는데 질긴 옷이 없는지 몸에 붙지 않는 옷이 있는지 자주 들었을 것이다. 계속 오는 손님들마다 찾는 게 궁금하여 카탈로그를 본 기억을 더듬어서 직접 시중에 있는 천막 천을 생산하는 곳을 찾아서 뻣뻣한 걸 연하게 개선시켜 바지를 만들어서 상점에 전시하면서 여러 색상의 옷을 만들어서 마네킹 모델에게 입혀서 전시하자 소문이 나면서 불티나게 팔렸다고 전해진다. 카탈로그 발행업체는 남에게 돈 벌 기회만 제공했다. 예리한 패션 감각을 지닌 사람들은 힌트만 있으면 정보로 남들의 이야기를 흘리지 않고 들으면서 해당 직종에 유용하게 활용할 것이다. 기업들이 사내 전화 팩스 이메일 등을 개방시켜 세상이 어떻게 돌아가는지를 알려고 하지 않고 만리장성처럼 둑을 쌓고 울타리 치고 그 속에서 근무한다. fax, 이메일 등을 열어 두면 외부에서 욕도 하고 홍보물들이 기업에 팔아 보려고 많이 보낼 것이기에 유능한 직원들은 가만히 앉아서 남들이 오랜 시간 실패도 겪으면서 힘들게 만든 자료들을 보면서 골라잡아 사거나 모방하여 개선하거나 해당 기업에 필요한 자료들을 응용할 수 있을 기술들을 찾아야 하는데 뚜껑을 닫아 버리는데 새로운 기술들을 접할 기회를 기업 스스로 막아 버리는 악수를 두고 있다.

기업의 건물들을 보면 노후되어 수리나 보수를 자주할 것인데 직원들도 늙어가면서 건물들과 노후되어 활용도를 스스로 떨어뜨릴 것이다. 애플, 구글, 엔비디아처럼 되고 싶은 직원들은 더 나은 자료들도 있을지 모른다. 그들을 초청하여 적은 수강료를 지불하고 들을 기회를 만들어야 하는데 직원들로서 외부를 활용해야 하는데 귀찮은지 계속 같은 구멍만 파 봐야 똑같은 기술만 나열하여 흘러갈 것이지만 진정으로 사업주를 보호할 기업이라면 새로운 걸 찾아서 활용해야 할 것이다.

근로자를 투입시켜 위험하게 탄광을 운영하는 회사들보다 에어컨 아래서 편안하게 특허까지 내고 돈을 더 많이 벌었다는 리바이 스트라우스 청바지의 시초도 외부에서 영업하려고 가져오는 팸플릿 등을 잘 활용하여 기업에 유용하게 활용할 안목이 있었기에 기회를 잡았다. 회사에 근무할 때 영업하러 올 정도라면 삼성보다 더 우수한 개선 내용들이 있는지 찾았으며 중요한 것은 상사가 결정하게 보고를 해야 할 때이다. 공정 안전에 관련된 것들을 그냥 흘리지 않고 다른 부서에 도움을 주면서 안전을 지키자고 강조할 것이다. 회사원들은 새로운 일을 벌이는 걸 대부분 귀찮아서 좋은 기회를 흘러가게 버릴지도 모른다는 지금의 기술로도 기업은 돌아가는데 힘들게 새로운 일거리를 만드는 걸 귀찮아서 듣지 않고 보려고도 하지 않을 것이다. 수십 년 전 제품이 포장지 조금 바꾸어 혁신했다고 할지 모른다.

기업들에 자료들을 제시하고 싶어도 정문에서 차단당하면서 팩스를 기업에 보내도 물어보는 연락이 없었다. 삼성건설 삼성중공업에서 안전 공사로 27년 이상 종사했기에 중대재해법에서 기업들에 활용할 자료는 분명히 녹아 있을 것이다.

## 나. 외부 우수 지혜 도입

한국은 고령자를 관리하기 어렵다고 경로석을 만들어 격리시켜 버린다. 열정과 패기를 소유한 젊은 층들 위주로 국가나 기업들은 운영하고 있다. 미국과 같은 세계 경제대국들의 최고의 기술을 뛰어 넘으려면 울타리 속의 리더들이 가진 생각에다가 작은 국토 속에 작은 고령인구들이 누적된 자료들을 끄집어내어 액기스를 찾아서 활용해야 할 생각을 누가 하고 있을까. 수십 년 숙성된 다양한 지식들을 찾아내어 젊은 기술에 믹싱시켜 새로운 걸 창출해 낼 비법도 찾으려고 해야 할 시점이다. 젊은 피만 수혈하여 선진국 대열에 진입하려고 하지만 세계에 우뚝 선 기술들이 적어서 짧은 기간 활용하다가 기업들은 사라질 것이다. 늙은 고령자들은 경험한 경력들을 활용한다면 우수한 기술들을 활용할 수 있을 것이다. 2060년경 65세 이상 노령자가 세계적으로 17억 명 정도 늘어 날 것이다. 물론 고령자라고 모두 다 유능한 지식을 보유한 것은 아니기에 잘 선별해야 한다. 좋은 지혜를 볼 줄 아는 안목이 필요할 것이고 남녀노소 나이를 가리지 말고 죽어서 장례식장으로 갈 때 운구차 뒤를 많은 친지들이 따라가도록 살다 가야할 것이다.

그냥 근무해도 수십 년 활용했던 국가 시스템을 이름만 바꾸어 근무하면 월급이 나오기에 IMF 같은 국가 환란이 와도 월급이 제날짜에 나오든 세수 받는 사람들은 배고프지 않기에 고령자들의 아이디어 경륜을 발굴하여 활용하려면 업무를 추가로 추진하면 일만 늘어 날 것이다. 고령자들도 젊어서 경쟁이 치열한 기업에서 살아남았다면 젊은이들보다 더 많이 기본과 두뇌와 가슴속에 잠자는 지혜가 많을 것이기에 끄집어 낼 유능한 기업가나 리더들이 의욕만 있다면 소멸되기 전에 찾으면 기업에 도움 줄 것이다. 노령이기에 여러 자료들을 제시할 것이고 그 속에서 고르면 되는데 한국은 그런 생각이 없는지 나이 많으면 쓸모없다고 멀리 경로석으로 보내 격리시킨다.

미국은 고령자고 젊은이고 가리지 않고 사업을 하다가 실패했을 때 실패의 지식을 귀중한 자료로 활용했기에 실패의 시간을 줄여 더 우수한 걸 만든다. 군대 문화가 지배했던 한국은 실패를 용납하지 않았기에 실패를 숨기고 나타내지 않았기에 다른 사람들이 실패를 답습하게 되고 실패를 다시 반복해야 하는 구조이다. 에디슨은 영구히 사용할 전구 재질을 바꾸면서 실패한 게 아니고 영구히 사용할 전구를 발명했듯이 1000번 동안 안 되는 걸 알아내어 한국 같으면 정신병자라고 취급해 버릴 것이다.

동남아 최고 강자 거란군을 귀주대첩에서 무찔러 고려에 안정을 가져다 준 인물은 키도 작고 늙은 72살 강감찬 장군이 주도하여 고려에 100년의 안정을 가져다준 인물이 그냥 세월 지난다고 성숙되었겠는가.

**다. 한국의 고령자들이 겪는 고통은 전 세계에 모델이 되고 있다**

감소하는 어린 인구. 늘어나는 고령 인구. 줄어드는 생산 인구. 노후되는 공장 건물들 세계 여러 나라들은 인구 감소에 고령자 관리에 대한 모델을 한국에서 진행하는 정책을 보면서 반면교사로 삼아서 준비를 할 것이다. 60년대 초 시골의 어린 처녀들이 서울 구로 공단으로 가서 머리카락 한 올씩 20만 개 이상씩 심어서 가발을 만들어서 미국에 최초로 수출했다.

다른 쪽은 독일 광부로 간호사로 가고 중동의 더운 나라에 갈 때 지금처럼 얼음도 없어 먹지 못하면서 땀 흘리며 일했고 국가의 부름을 받고 월남전에 참전했던 군인들은 자신도 모르게 군대도 알려 주지 않던 하늘에서 뿌리던 고엽제에 노출되어 평생을 시달리고 2세 3세들이 장애인으로 태어나기도 했다. 정상적으로 태어났다면 3040대들은 국가의 중심이 될 수 있는데 뒤로 숨는다. 그들이 벌어들인 돈으로 경부고속도를 만들고 수백 개 산업 단지들을 개발했다. 전쟁으로 빈약한 나라가 그들의 헌신으로 국가를 부흥시키고 산업을 번창시키는 데 기여했던 산업 역군들은 강남에 살 수 있는 부동산 기술을 몰랐기에 평범하게 가난하게 살고 있다. 가득 권자들이 사는 그 속에 성장하는 자녀들은 주변에 대한 배려나 함께 잘 살아가자는 삶에 대한 나누는 교육을 받은 적이 없다. 그들이 성장해 가면서 자기중심적인 사고로 성장한다면 국가의 권력층으로 가면 미래 세대들에게 비전을 주지 못하면 국가는 암울할지 모른다.

회사에 다닐 때 평균 연봉이 8천만 원 정도 되다가 은퇴를 하게 되면 소득이 급속히 줄어들면 퇴직 후에는 일자리를 찾아야 할 것이다. 노인들의 마지막 자산인 부동산은 대부분 묶여 있어 부동산 가격만 상승하면서 기초연금도 못 받고 건강보험료만 매년 늘어나기에 노인들 60%는 지하철 보초 서거나 길거리 쓰레기 줍는 데 일해야 한다. 훗날 아파트를 손자에게 물려주지만 팔리지 않는 콘크리트 블록만 넘겨주었다고 할지 모른다.

### 라. 근로자들에게 발표 기회를 만들어 준다

"공정 개선 사례" "사고 발생 사례와 재발방지 대책" "미래 개발 구상" 등 관리자들이 젊어서 회사에 근무하면서 사고가 나지 않았지만 위험을 당했던 주변에서 발생한 사례들이나 사고들을 근로자들 앞에서 발표할 수 있는 기회가 있다면 유사 공종 등에 예방 효과가 클 것이다. 위험은 언제든지 발생할 수 있기에 주변에 어떤 위험이 있다는 걸 어떻게 할 것인지 경각심을 심어 줄 기회가 될 것이다. 근로자들 속에는 금융 위기 때 사업 중단 등 고통을 겪으면서 살아온 사업자들도 기업경영보다는 시키는 일만 하는 잡일 등에 근무하던 사람들도 많이 있었다. 신항만 공사에서 여러 산업에 참여하면서 주변의 사고 사례 앗차 사례 실패 사례 등을 발표해 보려고 근로자들에게 제안을 해 봤지만 2000년대의 분위기로는 남 앞에 나서던 시대가 아니기에 나타나지 않아서 중단해 버렸다.

## 마. 능력보다 높은 자리에 있으면 오판을 할 수 있다

명문대학을 졸업한 학생들이 넘쳐나기에 원하는 직업을 가지는 게 극소수이고 일류 대기업에 입사해도 수십 년 정년퇴직을 할 수 있는 게 아니다. 갈수록 직장에서 월급을 받을 수 있는 시간은 짧아지기에 기술을 배워 창업을 하여 평생 자신의 세계를 만들 고유 직업을 개발하는 게 중요한 시대가 되었다. 고령자들 중에 프로들을 찾아내는 방법은 대학이나 초등학교나 졸업 후 50년 이상 흘렀기에 대학물 먹은 건 무시해 버린다. 권력이 높고 60대 이상 중요한 보직일수록 그들은 자신의 능력보다 더 높은 보직에 오래 근무하면서 자존심과 권위의식만 머릿속에 꽉 차서 조금만 치켜세워 주면 엉뚱한 오판을 하여 국가를 위기로 몰아넣는다. 국가에 기여하고 싶은데 앞을 막아 버린 그늘에 가려 있던 중간급들은 자신들 가슴속을 이야기해 주고 싶은 두뇌를 찾아서 깊이 있게 테스트를 해 본다면 자존심보다 지혜가 전혀 다를 것이다. 미래 위기에 처한 한국을 구할 대안은 있는지 국가 채무 6420조 원 중에 개인채무 기업채무 국가채무를 어떻게 갚을 것이지 0.7% 인구감소를 어떻게 높일 것인지 위기를 벗어날 두뇌들을 찾아봐야 하는데 이미 늦었는지 모른다.

기업이 찾고 싶은 인재들 중에는 노숙자로 거지가 객잔을 넘어오는 걸 받아 줄 리더는 한국에는 없을 것이다. 세계 속에서 볼모로 잡혀 온 왕자를 태자로 만든 여불위 같은 전략가요 청치가요 거상을 찾아내야 할 때이다.

우리가 남이가 하는 학맥 인맥 지연 혈연으로는 불가능하다. 중국은 수천 년 전부터 시대마다 난세의 영웅들이 태어나 국가를 위기에서 구한 대국이기에 지금도 제갈량과 사마의 같은 은둔형 인재들은 있을 것이다. 배고프지 않고 편안하게 살아온 사람들은 위기를 겪어 보지 않았기에 용기가 솟아나지 않듯이 위기에서 탈출하고 싶은 강한 정신력을 소유한 인간들을 찾아서 비즈니스하게 길을 만들어 주면 어떨까.


## 바. 할매 할배 산소통 메고 백두산 등산

지금까지 70년간 남북한을 움직이지 못한 이유는 자존심 싸움에서 밀리기 싫어서 양보는 없고 백성들에게 피로감만 주기에 새로운 방식을 찾아야 한다. 젊고 학벌의 국가 리더들이 아닌 새로운 사회 프로들을 투입시킨다. 70~90세의 고령자들이 죽기 전에 미국 중국을 앞장세워 유람 삼아 북한에 들어가서 자신들 태어난 마을을 돌아보게 하는 것도 조상이 그리워 왔다고 한다면 그 사람들의 생각은 어떤 변화를 가져올 것인지 궁금하다. 가다가 중단하더라도 이제는 내일모레 죽을지도 모르는 생존 프로들을 찾아서 미국과 중국의 보증으로 남과 북이 합의하여 배고팠을 시절. 6.25 전쟁. 천연두에 살아남은 노인들을 당당하게 투입시켜 소원을 풀어 보자.

이쪽과 저쪽의 할매 할배들끼리 손 잡고 소형 산소통 메고 백두산 정상까지 힘들어도 쉬면서 올라 가보면 얼마나 감동적이고 세계는 어떤 평가를 해 줄까. 수천 년 역사에서 보도 듣도 못한 새로운 광경을 보여 주어 70년 잠긴 철책선을 열고 잘사는 남쪽을 자랑하면서 왕래해야 할지 모른다. 지금은 핵미사일로 싸우기보다 무기를 다 버리고 같이 잘살아 보자고 해야 하는데 전쟁을 부추기는 말만 하는데 인구가 무얼 보고 늘어날 것인가.

500원 지폐 1장과 울산만 바다가 모래백사장 사진 1장을 가슴에 품고 유럽으로 조선소 지을 비용을 구하러 떠나갔던 1000마리 소떼를 몰고 떠났던 고 정주영 회장 같은 최고수 프로를 찾아야 할 시대로 북한을 상대할 남북 협상가들을 찾을 때이다. 하다가 실패하더라도 시도해 봐야 아까운 세월을 허비하지는 않을 것이다.


## 사. 통일 협상 카드

남북 통일 비용이 수백 수천 조라는 남북한 가난으로 가는 길이므로 싸우지 말고 군비를 제거하고 공동으로 도우면서 같이 가자고 남한의 자금과 최고 기술로 투자하고 북한은 근로자들을 공급하는 안이 항상 거론되었다. 개성에 처음 들어가서 공단에서 조성하고 설비를 설치하여 성공했던 사례를 거울 삼아 기술들을 공유하여 나가자고 할 때이고 시도 해 볼 때이다. 월급을 더 받으려고 빨리 승진하려고 앞에 앉은 동료들과 상사와 아래 직원들과 경쟁으로 승진한 기업가들은 강하다. 그냥 있어도 월급이 제날짜에 꼬박꼬박 나오던 노후가 보장된 사람들은 프로인 척하지만 오랜 시간 안주했기에 프로가 될 수 없다. 배고픈 사람들은 사회에서 노숙자로 추락하기 전 살아남은 사람들은 조그마한 발판만 제공해 주면 살아남으려고 발버둥 치기에 생각이 다르다.


- 엔비디아 창업주 젠슨 황은 대만계 이민자.

- 도널드 트럼프 대통령 탄생의 주역인 일론 머스크도 남아공 출신.
- 샘올트 먼 독일계 이민자들은 미국에 뿌리가 없기에 상상할 수 없는 시련을 겪으면서 배고
픔을 견디면서 프로가 되어야 생존했을 것이다.

우리가 남이가 하는 한국의 토종들하고는 생존이 방식이 전혀 다르다. 그들은 미국에서 최
고가 되려고 죽도록 고생하면서 얻은 명예다.

## 9) 기업도 매출 10배 성장에 도전

미국의 특출한 기업들은 매출 10% 달성이 아니고 10배 성장시키는 기술 발굴에 주력할 것이
다. 기술은 해 오던 방식에서 살짝 바꾸는 것이 아니고 경쟁 시장의 판도를 확 바꾸어 버리고
돈을 투자하는 게 혁신하는 것이다. MS(마이크로소프트) 컴퓨터 운영체계인 거대한 수익을 내
던 DOS를 하루아침에 바꾸어 그 자리를 자사의 Windows로 교체하여 완전히 다른 시장으로
수십 년간 수익을 창출할 정도로 누구도 덤비지 못하도록 성공한 혁신은 쉬운 게 아니다. 실패
할지도 모를 다른 사업에 도전하는 건 모험이 될 수도 있고 그사이를 다른 더 우수한 제품이 파
고들 수 있고 경쟁자를 밟아 버리는 잔인성도 보여 주면서 세상을 먼저 선점하려고 도전했을
것이다.

유명한 코닥은 디지털 카메라를 제일 먼저 개발하고도 크고 무거웠고 필름 판매의 넘쳐나는
수익 때문에 디지털을 포기해 버린 얼마 후 코닥은 필름 수요가 소멸되자 몰락했다. 후발 주자
들이 디지털 카메라를 작고 얇고 성능을 개선시켜 개발하여 뒤이어 휴대폰에 촬영 기능 등을
발전시켜 가볍게 개선하여 무한대로 발전하고 있다.

기업은 경기가 최고일 때 구조조정을 시켜 다른 기업들에 쉽게 취업하게 해 주고 경각심을 가
지게 하여 분발시켜야 하는데 기업들은 경기가 좋을수록 울타리 치고 안주하다가 기업이 위기
에 처해지면 직원들을 감원시켜 희망을 끊어 버린다. 큰 기업일수록 홈피에 Fax 번호를 노출시
키지 않는데 무엇을 말하는지 욕하는지 받아 볼 때이다. 회사 고객관리 차원에서 정성껏 답을

만들면서 나쁜 말은 개선하는 성장의 기회로 삼을 수 있을 아량은 있어야 할 때이다. 기업이 성장하려면 세상의 변화를 고객의 요구사항을 시장이 무엇을 원하는지를 다른 기업들보다 더 많아 더 빨리 알아야 하는데 그런 기회를 닫아 버리면 남들은 날아갈 때 거북이가 될지 모른다.

배고픈 신생 경쟁 기업들은 고객들이 무엇을 원하는지 찾아보려고 시장의 흐름을 더 빨리 많이 알고 싶어 하며 새로운 미래를 준비할 것이다. 수익이 좋고 미래가 밝고 오래갈 기업일수록 경쟁자가 많이 생겨나기에 기업은 영원할 수 없다는 걸 동서양을 통해 보여 주면서 새로운 것들이 그 자리를 메우려고 빠르게 달려 갈 것인데 울타리 치고 안주하면 어떻게 될까.

80년대 라면시장을 독점했던 라면하면 삼양라면이 60% 이상 독점했다. 유지파동으로 일시에 파산단계까지 가져갔던 라면 시장이 86 아시안게임 88 올림픽을 기회로 대대적인 홍보와 제품 개발로 만년 2위였던 농심이 90년대 라면하면 사각에서 둥글게 신라면을 내놓으면서 농심이 국민들의 취향에 맞추어서 성장했다. 그 당시 과정은 당사자들이 아니기에 정확한 과정을 알기 어려울 것으로 2위가 1위로 올라가는 데는 환경의 변화와 임직원들의 고통이 있었기에 언제든지 2, 3위가 치고 올라올 수 있기에 긴장하고 새로운 대비를 할 것이다.

## 가. 구글과 삼성

1998년 래리 페이지와 세르게이 브린은 검색 엔진을 개발하고도 수익이 없어 배고파서 익사이트 기업에 검색 엔진을 1백만 달러(8억 원)에 사 주라고 제안을 하지만 그 당시 산업계 분위기는 함마소리 요란한 기업들에 투자하던 시절로 거절을 당해 경영이 어려웠다. 75만(6억 원) 달러로 낮추어 내놔도 어떤 기업도 쳐다보지도 않다가 대학 선배의 10만 달러를 지원하자 돈 되는 줄 알고 그때부터 투자자들이 참여하여 겨우 위기를 힘들게 넘기면서 배고팠던 기업들이 시련을 견디면서 살아남으려면 상상을 초월하여 도전하거나 혁신해야 할 것이다. 래리 페이지와 세르게이 브린은 25년 이상 동업자 관계를 유지하면서 끝까지 살아남는 우정은 한국에서는 상상할 수 없는 일을 하기에 최고가 된다. 75만 달러(6억 원)가 20년 만에 1조573억 달러(1270조 원)가 된다. 배고픔을 심하게 겪으면서 참아 내면서 세계 정상에 설 수 있었지만 구글도 영원할 수 없다고 그들이 더욱 긴장을 하면서 전진하고 있다.

글로벌 기업이 되고 싶으면 한국을 떠나서 미국에서 경영한다면 다른 성과를 만들 것이다. 애플과 경쟁하는 삼성이 전자 의학 금융 건설 분야를 미국 땅에서 경영했다면 꿈의 목표인 1조 달러를 남들보다 먼저 넘었을 것이다.

미국은 땅이 넓고 어느 지역이나 기업 본사와 사업장을 지워서 경영할 수 있기에 규제와 제약이 많은 한국보다 경영에 유리하여 몇 배의 성과를 창출할 수 있는 미국이기에 가능하다. 삼성은 이 분야들을 공장을 직접 짓고 생산과 판매를 직접하는 건 애플 등이 할 수 없는 기술과 판매를 보유했다.

## 10) 부서장들이 점검 후 지적하고 개선하는 제도

안전팀의 적은 조직으로 넓은 작업장 전체를 보기에는 한계가 있을 것이다. 책임자가 공정에 집중하면 관리자들도 실적 때문에 공정에 우선하면서 넓은 사업장은 위험 반경이 넓어진다. 부서장들이 모여서 월1회를 전체 현장을 합동 순찰해 하는 것이다.

### 가. 안전 조직의 한계
안전 조직이 관리자들과 사업장을 통제해야 하는데 개인 실적들이 우선시되던 시대였기에 관리자들을 통제할 능력과 배짱이 없으면 부서별 관리자들을 전면에 등장시키지 못한다. 시설물도 개선시키지 못하고 넓고 넓은 작업공간은 그대로 두어야 한다. 안전서류에 매달리고 기본적인 건 그대로 두고 힘없는 하청업체만 위험을 개선하라고 요구할지 모른다.

### 나. 안전부서에서 미비점을 지적하여 부서장들을 격려한다
안전 관리자가 기량이 높아 해당 부서장들 앞에서 공사중단권을 발동할 수 있었다면 변했을까. 재개발 5층 붕괴와 APT 38층이 붕괴하는 걸 막으려면 시공부서 감리 안전관리자 하청업체 여러 단계가 있을 것이다. 부서장들을 현장을 순찰한 후 모여서 개인별 점검결과를 발표하거나 어려우면 기록하여 제출하게 할 것이다.

### 다. 상대편 현장의 위험을 안전에서 찾아 모르게 기록해 준다

부서장들도 상대 부서장들 구간을 눈치 보면서 미적거리고 자기공사 구간에서 지적 건수를 적지 않을 것으로 생각할 것이다. 이때는 부서장들 공사구간에 잠재위험이 있는 중요한 걸 안전부서에서 별도 기록하여 다른 부서장들이 지적한 것처럼 기록해야 한다. 부서장들은 자신은 지적 안 했는데 상대가 기록했다고 섭섭하게 생각하게 안전에서 만들어야 한다. 다음부터는 동료 공사구간의 위험을 적극적으로 찾아서 지적하거나 무기명 기록으로 적어내어 점검에 큰 지적 내용을 기록하여 안전팀장이 부서장들에게 전달하여 부서장들의 경쟁심을 강제로 생기게 하여 점검을 활성화시켜 주었다.

### 라. 안전을 공정 속에 넣다

공정진행을 모르고 보이는 안전만 강조하면 사고예방은 어렵다. 공법을 개선하고 공정 진행 때 잘못을 지적할 능력이 있어야 안전을 공정 속에 넣자고 할 수 있는 실력이 될 것이고 사고를 사전에 예방할 수 있을 것이다.

### ■ 인간의 심장을 최초로 이식하는 데 성공

아프리카 공화국 크리스천 버나드 의사가 1967년 의술이 발달하기 훨씬 전에 보이는 부분도 수술이 어려운데 몸속의 숨은 심장 이식 수술에 성공했다. 세상에 위대한 업적을 이룩한 리더들은 실패할지도 모를 위험을 감수하면서 인류에게 봉사하고 싶어서 자신을 희생할 각오로 덤빈다. 실패를 하게 되면 평생 이룬 명예를 한 번에 잃을지도 모를 인류가 상상할 수 없는 창조적인 영역에 도전하는 건 일반인들이 상상할 수 없는 모험이다. 사람의 보이지 않은 몸 깊숙한 곳에 숨어 있던 심장을 끄집어내어 처음으로 다른 환자의 몸속으로 넣어 이식해 주는 수술을 최초로 시도하여 성공했다. 실패를 하게 되면 포기해 버리는데 실패의 자료를 주어 담아서 우수한 두뇌들이 포진했던 실리콘 밸리에서 버블의 붕괴를 변화의 기초로 삼아서 최고의 IT 산업이 성장한다. 실패를 하나씩 하나씩 줄이면서 마지막까지 개선해 나가는 과정이 성공한다는 에디슨은 실패를 노출시켜 성공했다.

한국은 실패를 무능으로 생각하고 숨겨야 하는 정치 사회 구조이기에 아까운 시간이 그냥 사라져 버린다. 실패는 큰 어려움과 모험도 있을 것이기에 값어치가 있을 것이다. 미국은 실패를 귀중한 자료로 인식하면서 목표한 일에 도전하는 사람들에게 보약 같은 지혜를 준다는 걸 알리고 실패의 원인을 분석하여 실패를 줄여 주므로 위대한 발명가나 위대한 경영자가 탄생하는 것이고 세계의 두뇌들이 찾아온다. 미국이 강대국이 되는 데는 에디슨처럼 많은 실패 속에서 실패를 줄이는 과정을 밟아 갔기에 모두에게 실패의 고통을 줄여 주면서 성공의 길을 단축시킨다. 한국은 실패를 숨겨 버리면서 실패를 답습하게 되고 어리석은 일을 반복하게 되는 건 지금도 실패를 딛고 성공해보지 않았기에 실패의 고통을 모른다.

　선진국은 실패와 실수를 진실되게 기록하여 다른 사람들이 실패를 반복하지 않도록 중요한 자료들을 활용하도록 관심 있게 공유하도록 전해 주는 게 한국과 다르다. 실패는 모든 기술들이 들어 있기에 전문가들은 그 속에서 액기스를 찾아낸다. 6.25를 거치면서 중요한 기술을 생산하던 공장들이 파괴되어 사라져 버렸고 재건하고 싶어도 돈이 없어 기술들이 쉽게 사라졌다. 7개 정도 1000년 기술이 32개의 500년 기술이 살아있던 일본에 벤치마킹하거나 쓰다 버린 중고를 사와서 연수를 늘리므로 그 속에 사고도 잠재하고 있었다.

# 제7장

# 중대재해법에서
# 사업주 근로자 보호

기업은 매출도 낮고 도급 순위도 낮은데 영업 이익까지 낮은데
중대재해법까지 걸리면 너무 억울할 것이다.
한국도 이제는 근로자들은 자신의 안전을 자신이 책임지게 만들고
기업도 새로운 기술을 찾고 개발하여

엔비디아, 애플, MS, 구글 등 넓은 세상을 그들만 선점하게 둘 것인가.

일본은 건설현장 소장이 견학팀을 고층 건축물 위로 안내하여 직접 철근을 잡고서 지진 대비 철근 배열 콘크리트 타설 상태를 상세히 설명해 주었다. 일본은 전체 직원들이 한국의 안전 관리자들이 하는 업무를 그들이 모두 담당하므로 공정 단계에서 사망 사고를 줄일 수 있어 일본은 1.4명/일, 한국은 3.6명/일 차이라고 1994년도에 견학 갔을 때 책임자에게 직접 들을 정도로 안전관리가 철저했다. 한국의 산업재해까지도 파악하고 있던 그들은 많은 시간이 흐른 지금의 안전은 어떠할까.

　일본은 지진이 언제든지 발생하는 지대로 어디서 얼마나 큰 지진이 어떻게 닥칠지 모를 위험을 예측할 수는 없지만 작업 공정을 개선시켜 위험을 모두 제거시키지는 못하지만 정부가 앞장서서 법을 준수하므로 기업이 법을 잘 지켜서 사업장에서 발생하는 사망 사고를 줄이려고 관리자들이 모두 노력한다고 알려 주었다.

# 1. 공무원들 연봉제 선택

1998년 IMF 때부터 연봉제를 실시하면서 회사와 개인들 실적이 구조조정에서 살아남는 경쟁의 시대로 진입하면서 긴장하는 강도가 달랐다. 정년퇴직하고 새로운 환경에 도전했지만 쉽게 무너질 만큼 사회는 회사에서 힘들다고 생각한 것보다 더욱 냉정하고 잔인했다. 직장인들은 같은 부서에서만 실적으로 경쟁하지만 사회는 상상할 수 없는 모르는 모두하고 경쟁해야 하고 회사에서 가졌던 꿈과 자존심을 버리지 않으면 사회 어디에 정착할 것인가. 공무원들이 그 당시 연봉제를 먼저 추진했다면 어떤 변화가 왔을까.

25년이 흐른 지금 그들은 국가의 업무 중에 가장 시급한 인구감소의 위기를 해소하려는 최고의 대안을 먼저 찾아냈을 것이고 실행했을 것이다. 고령자들을 지하철 보초나 길거리 쓰레기 줍는 것보다 할배들의 두뇌 속에 사용하지 않은 미래를 끄집어내어 활용하려고 했을 것이다. 힘이 있는 조직이기에 5년 단임 정권이 추진하려면 국가의 비능률적인 정책들을 모두 다 개선하자고 요구할 것이고 국민들의 입장에서 불필요한 정책들을 제거하고 개선하면서 새로운 비전을 제시하면서 국력을 탄탄하게 했을 것이다.

제일 먼저 인구 감소의 해결 대안을 제시하면서 증가하는 고령자들 그들이 젊어서 기업에서 경쟁했던 업무 중에 기업 성장 동력 에너지를 제공했을 제안을 토해내게 했을 것이다. 제안들 중에 필요한 걸 골라서 젊은이들의 창조성에 믹싱 시켰을 것이다. 인구는 감소하고 고령자는 늘어나는 구조는 60년 전부터 둘만 낳아 잘 키우자던 산아 제한을 국가가 만들어 두고 방치시키다가 수십 년이 흘러간 후 380조 원을 투입시켜도 이미 붕괴된 구조는 복구하기 어려운 구조를 만들어 두고 모든 부분에서 손댈 수 없게 되자 다시 TF팀을 꾸려서 복구시키겠다고 안간힘을 쓰고 있지만 불가능할지 모른다.

## 1) 사망 사고 예방은 가능한가

중대재해법은 사망 사고가 발생하면 죄를 줄 결과를 먼저 정해 두고 조사한다. 일면식도 없는 사업주를 법정에 세우려고 사고가 직접 발생한 사업장의 관리자들을 조사하므로 사망 사고를 막을 대안이 있는지 궁금하다. 5층 건물을 철거할 때 주변에 위험이 잠재하게 되면 주변을 안전하게 조치한 후 위에서부터 순차적으로 건물을 파쇄하면서 내려와야 되는데 아래서 파프로 도로 쪽으로 붕괴하여 사망 사고를 발생시키는데 사업주에게 죄를 묻는다면 미래에는 재건축 재개발 사업들이 더 많아질 것이고 좁은 공간 협소한 장소들에서 이루어질 것이기에 이해할 수 없는 사고들이 더 많이 발생하여 사업주에게 중한 벌이 가해질 것이다.

조 단위로 매출을 올리는 1군 건설사라면 기본적인 철거 계획을 세우고 공법이 위험하다면 중단시킬 수 있어야 하는데 공정으로 시공으로 싸워서 이길 수 있어야하는데 안전 관리자나 시공직원들이 공정을 잊은 것일까. 위험이 보이면 공사를 즉시 중단시키고 관리자들도 위험하면 위험을 제거하게 만들 배짱이 안전 관리자에게 있어야 하는데 어떤 수준일까.

사업장에서 발생되는 사망 사고와 붕괴사고들은 수십 년간 기업의 임직원들과 통제 받는 근로자들이 비슷한 내용으로 계속 당해 왔고 앞으로 중대재해법이 계속 강하게 적용해도 사고는 계속 발생할 것이고 어깨띠를 두르고 두 주먹 불끈 쥐고 모두 모여 고함칠 일도 기업마다 자주 생길 것이다. 사업주에게 모든 책임을 전가시켜 버렸기에 몇 명 줄었다고 통계치를 기준으로 말할 것이다.

### ■ 복잡한 지휘 체계

사업주와 근로자들 중간에는 여러 단계의 관리자들을 통하는데 어느 부분이라도 관리에 빈틈이 생기면 사고는 발생하여 이 틈을 찾아내야 하는데 어려울지 모른다. 회사에서 사고가 발생하면 안전조치 위반이면 직원들과 업체에 계약서에 누구의 잘못인지 개인들 사인을 받아 두는 방법도 시도해 본다면 조금이라도 책임감을 주는 것이다.

## 가. 음주 사고처럼 중대재해법을 관리

사망 사고 발생 시 사고 조사가 사업주를 겨냥한다는 걸 모두 인식하기에 조사가 쉽게 된다. 벌을 받을 사람이 정해져 있다면 누군가는 느슨하게 대처할지도 모른다. 서류 작성에 매달리다 보면 진짜 사업장에서는 근로자들이 위험에 노출되어 위험하게 작업하고 있을지 모른다는 생각을 해야 할 것이다. 교통사고는 사고 당사자와 피해를 입히는 과정을 극소수 보험직원이 나와서 수년간 해 오던 업무를 그 자리에서 과실을 말해 주기도 한다. 음주사고는 자동차 운전 중 일정한 장소에서 차를 세우고 경찰관이 음주 측정을 하여 최대 5년 이하 징역에 처하므로 정상적인 마음에서 음주를 금지하는 법을 대부분 잘 지켜지고 있다. 음주에 의한 사고 시 본인에게 징역의 길이 기다린다는 걸 알고 있기에 지켜야 하는 법이다.

※ 혈중 알코올농도 0.03% 이상 0.08% 미만은 면허 정지 500만 원 이하 벌금 또는 1년 이하 징역.

※ 혈중 알코올농도 0.08% 이상 0.2% 미만 면허 취소 처분 1년 이상 2년 미만 징역 또는 500만 원 이상 1000만 원 미만 벌금.

※ 음주운전 기준 0.2% 이상 만취 운전일 때 2년 이상 5년 이하 징역 또는 1천만 원 이상 2천만 원 이하 벌금형.

자동차의 음주 운전처럼 적발 시 벌금이나 구속이라면 음주를 대부분 지켜지고 있다. 음주 측정에서 나온 측정 수치는 어떤 권력으로도 빠져나갈 수 없는 대한민국에서 가장 정확한 법이다. 작업 중 발생된 산업재해 사고의 과실을 개인과 상대의 잘못을 법으로 적용시켜 판단한다면 사고는 분명히 줄어들 것이다 사고를 막을 기법들을 개발하고 마음을 얻어야 하는데 무과실책임주의가 오랜 세월 산업계에 정착하면서 보이는 부분들만 가지고 사고를 막겠다고 대책을 세우므로 보여 주기식 벌 주기식으로 되어 버렸다.

## 나. 공법개선의 기회는 많은데 실행은 어렵다

무과실책임주의가 기업에 영원히 지속될 것으로 믿고서 안전계획서와 법적 서류 작업 지도

서 장비운용 계획서 등을 화려하고 적합하게 만들어서 외부 점검용으로 활용하고 관리자들이 안전 시설물도 잘 설치하고 유지, 관리를 잘하고 사고 예방도 적극적으로 대비한다고 믿어 온 세월이 50년이다. 고소 지역에 올라가는 횟수를 줄이려고 지상에서 자재를 조립하여 대형 크레인으로 한 번에 올리는 공법을 개선한다면 사망 사고 위험을 획기적으로 줄일 것이지만 수십 년 손에 익은 방법인 오르락 내리락하면서 작업하는 게 설계를 다시하고 공법을 개선하는 것보다 편하기에 구방식대로 하는데 개선하라고 법이 도우지 않으면 장애물이 많이 나타날 것이고 사고 발생 시 위험을 개선하지 못했다고 지적할 것이다.

## 2) 삼성자동차공장 건설에서 겪은 애환

30년 전에 공장에서 생산된 차량이 지금도 굴러가는 걸 보는 심정. 법인은 서울로 가야 하는 대한민국 정치 경제 사회 구도에서 부산에 있다는 건 부산으로는 큰 영광이지만 360만 부산시민들이 앞장서서 지켜 주었다면 부산을 믿고 더 많은 큰 기업들이 본사를 부산에 설립했을 것이다. 거대하고 최신 공정인 1개 라인에서 2대를 동시에 생산하는 한국에서 처음 시도하므로 다른 기업들의 시샘과 질투 속에 최신 공정으로 자동차공장을 완공시켜 성능 검증도 못해 보고 평가도 못 받았다.

국가의 정책 잘못으로 발생된 IMF 환란으로 거리로 내몰리고 공장들이 도산하던 그 당시 1999년 대우와 빅딜의 실패로 법정관리에 들어갔다가 최종적으로 프랑스 르노에 매각된 아픈 사연을 가지고 있었다. 고 이건희 회장님은 야심차게 추진했던 그 당시 독일제국 아우토반을 달린다는 야심차게 추진했던 거대한 프로젝트를 가슴에 담았을 것이다. 주변 자동차 기업들과 전혀 다른 최신 새로운 공법들은 심한 견제를 받았을 것이고 액셀을 밟아 보지도 못하고 달려 보지도 못하고 접었을 때 후발주자가 한국에서는 성장이 어렵다는 걸 얼마나 가슴 아팠을 것일까. 한국 자동차가 아우토반으로 달려 보겠다는 야심은 웅장했다.

회장님의 아쉬움을 말단 직원도 가슴 아파했고 내가 건설에 참여하면서 내가 살아갈 집을 짓는다는 심정으로 만든 공장이 아무 내용도 모르고 르노에 팔려 갈 때 아쉬웠던 건 4000명씩 참여하여 거대한 공장을 건설하면서 너무 힘든 안전관리를 했기 때문에 잊을 수 없는 공정들이다. 6조 원을 받아도 아까울 만큼 정성을 들인 걸 똥값에 가져갔으며 르노는 대한민국에서 최고의 튼튼하고 안전하고 최고의 품질로 지어진 공장을 골라서 자재 값보다 적은 헐값에 가져 간 것은 그들로서는 최고의 행운을 주운 것이다.

르노에서 누가 부산의 삼성자동차 공장을 수주했는지 최고의 공장을 가져갔다. 태풍이 자주 지나가는 길목에 85000평 공장 지붕들은 그 당시의 한국 건설공사에서 볼 수 없었던 최고의 품질과 최고의 안전성으로 시공했던 기술력은 삼성자동차가 영원히 사용할 공장이기에 관리자들 근로자들 관리와 작업을 안전 팀장으로서 최고가 되도록 쌍심지를 켜고 지켜봤기에 당당하게 말할 수 있는 아까운 공장을 르노는 가져갔다. 최고의 제품에 비해서 생산기 종은 현대에 너무 차이 나는 건 아쉬워 보인다.

매일 2년 반 1700명 이상이 2m 이상 고소 지역에서 작업하던 50만 평이기에 대표님이 상주하는 사업장에 아래 직원으로서 매일매일 바닥의 자재는 직각 야적으로 확보된 통로에서 천정은 안전망 구멍은 누가 발생시켰는지 쳐다보면서 주어진 임무를 수행했다. 외국인 감리는 몸이 비대하여 고소 지역은 올라가지 않고 땅에 다니면서 각목에 못 튀어 나오는 걸 제거하지 않는다고 파상풍 걸린다고 지적서를 날리면서 추락 부분은 관심도 없었다. 안전과장이 영어를 할 줄 몰라서 자기를 피해서 숨어서 다닌다고 본사에 보고서를 보내어 홈집을 내던 우스운 사연도 있었지만 당당했기에 웃을 수 있었다. 4000명 근로자들이 출역하여 안전하게 해 주려면 그들이 생각하는 안전관리하고는 차원이 전혀 달라야 현장의 사고를 제거시킬 것이다. 각목에 못이나 지적하면서 안전관리하려 감리와 같이 다녀야 했다면 어려운 현장에 근무를 못 했을 것이고 능력 없다고 추방당했을지 모른다. 그때부터 감리를 무시해 버리고 상대해 주지 않았다. 각목을 잡고 튀어나온 못을 두들겨 버리면 되는데 그런 쉬운 것을 여러 사람들 앞에서 지적하는 걸 보면서 무시해 버렸지만 지나고 나서 그분도 고향을 떠났기에 다정하게 지내야 했는데 속 좁은 본인의 생각으로 잘 대해 주지 못한 게 후회해 보기도 했다.

여러 경험을 겪으면서 완공하는 그날까지 안전하자던 삼성 직원이었기에 상상할 수 없는 정성을 쏟으면서 근무했는데 삼성자동차 공장이 프랑스로 팔려가는 게 너무 아까웠다. 1995년도 신호공단 낙동강 지류에 1998년 완공 시까지 근로자들이 하루 4000명이 투입되어 1700명이 고소 지역으로 올라가서 작업하는 건 건설사에서는 상상할 수 없는 추락 위험의 공정들이 동시에 진행되었다. 8개 공장 천정 85000평 덮고, 매달려서 작업할 외부벽체 33500평, 우리 집을 짓는다는 심정으로 06시 현장 문을 열어 주면 아침 조례 전에 50만 평 공사 구간은 밤사이 문제는 없었는지 차량으로 순찰하면서 7시 아침 조례 저녁 9시까지 안전팀원들과 같이 현장을 순찰하면서 다녔다. 그렇게 해도 피로한 줄 몰랐던 건 대표님과 상무님이 발주처 전무님이 상주하면서 믿어 주었기에 최선을 다해서 근무하는 게 그분들께 직원으로서 부담을 주지 않는다는 생각이다.

우리 집을 짓는다는 신념으로 피로한 줄 몰랐으며 회사 생활이 재미있었고 어떤 소장은 성과급을 얼마 받았냐고 계속 묻기도 했고 다른 현장에 근무하러 가서 받은 성과급을 보고 부인이 왜 적냐고 묻기도 했을 만큼 500명 직원들을 앞세우고 격려하여 그들이 앞장서서 4000명 근로자들 관리하는 안전관리가 재미있었다. 간부들을 앞세울 수 있었던 건 대기발령이라는 위기를 당해 보면 관리자들을 관리하는 관리방식이 몇 차원 높게 전혀 달라지게 된다.

세수받는 권력자들의 외부에 보여 주는 행동들을 보면 상대가 비협조적이라고 서로 말하는데 그들에게도 사정이 있기에 권력을 잡은 사람이 여유가 있기에 직접 찾아가서 이런 것이 비협조적인데 국가를 위해 서로 다른 견해이기에 조금이라도 도와주라고도 해 본다면 어떨지 모른 체하면 두 번 세 번 찾아가서 기다리는 게 세수 값을 하는 길이다.

그들도 국가 세수받는 사람들이기에 외면하지 않을 것인데 부딪히는 시간은 보이지 않고 같이 앉아 차 마시는 모습은 보이지 않고 입에 거품만 물고 서로 적이 되는 걸 국민들은 보면서 난세의 영웅은 중국에만 있어야 하는가.

한국 인구보다 더 많은 10개 성의 리더들의 그릇은 얼마나 클지 그들 위에

시진핑 주석의 그릇은 12년간 웃지 않고 성질내지도 않은 모습을 보았다.

자동차 공장 공정들 수백 가지 속에서 사고가 없어야 된다는 것과 여러 경험들을 모아서 공장이 완벽하게 최고의 품질 속에 진행되게 조립 공장 2차 부지 토목작업도 도와주었다. 환경을 관리하면서 부서장들과 임원이 현장을 순찰하면서 정화조 설비 앞에서 낙동강 옆이기에 이상 없이 가동되는지 임원이 물을 때 환경 점검을 나온다면 그물을 당당하게 마셔 볼 수도 있다는 말도 자신 있게 할 수 있었다.

## 가. 단단한 공장 기초

60cm 직경의 파일 18455본을 지하 75m까지 심을 때 지반이 낙동강 옆으로 굴곡이 있어서 파일은 땅에서 90m 높이는 난간대 높이로 생각하고 120kg 쇠뚜껑을 덮어 두고 용접 작업을 진행했다. 대한민국 항타기 37대가 다 동원되어 단시간에 작업이 이루어졌어도 한 치의 오차 없이 규정을 지켰다. 단단한 파일을 심은 그 위로 공장기초가 얹혀 건설되었기에 땅하고는 분리된 상태로 공장이 건설되어 단단하다는 걸 품질 작업까지 관습했다.

어느 날 경찰 수사관들이 강서구 내에서 가출 인원을 찾는다고 현장 내로 들어왔는데 파일을 90cm까지 120kg 들지 못하는 쇠 뚜껑을 덮어 둔 걸 목격하고는 그냥 돌아가는 걸 보면서 안전시공 계획서를 대표님 부서장들 앞에서 발표할 때 핸드레일 높이 90cm까지 커버를 덮지 않으면 항타작 업을 중단한다고 발표하고 철저히 지켰다.

## 나. 철골 UNIT공법으로 고소 지역 위험 제거

공장 면적은 400m × 135m로 6m 높이로 2만 평의 넓은 조립 공장에 철골 지붕은 대한민국에서 UNIT 공법을 처음 시도했던 공정이다. 철골 트러스 부재들을 크레인으로 개별 설치하는 공정들은 수천 번 오르내리는 걸 새로운 공정으로 위험을 획기적으로 줄인다. 지상에서 트러스 철골 부재를 40m × 40m 정도 간격으로 조립하고 그사이에 소형 부재들을 수십 개 조립한 후 볼트를 결속하고 내부에 배관자재 전기 자재 의장품을 조립 도색을 하고 아래는 안전망을 부착한 후 200톤 크레인으로 인양한 후 4기둥에 얹어서 작업자가 철골에 올라가지 않고 마감 처리를 한다.

조선소에서 사용하던 작업자가 직접 운전하면서 도크 마스터에 타고서 4기둥에 철골부재에 볼팅 처리하므로 고소 지역 작업을 획기적으로 줄이는 공법을 1995년도에 최초로 시도했던 삼성자동차 조립 공정이다. 8개 공장의 철골 위에서 부재를 하나씩 조립할 때 볼트 구멍이 안 맞으면 작업자들이 위에서 볼트구멍을 화기작업으로 다시 뚫어서 맞추는데 화기작업을 철골 위에서는 일절 금지 시킨 건 불량 구멍과 헐거움 등으로 변형이 올 수 있었다.

불티도 아래로 비산되면 화재 위험이 있었고 자동차 공장은 중요한 설비들이 철골 트러스에서 부재를 내려서 자동차 부품들을 조립하는 데 변형이 생기면 자동차 공정에 불량품이 발생할 수 있어서 안전팀에서 감시를 하면서 품질에 관여까지 했다. 볼트구멍이 맞지 않으면 철거시켜 조립장으로 가져가서 새 것으로 다시 조립하는 강제적으로 지켰기에 품질도 완벽했다.

안전팀 기사 2명을 시켜 발주처 모 직원을 우리 팀장님이 보자고 합니다 하면서 데리고 사무실로 오게 하여 공장을 안전하게 해 주려는데 왜 어렵게 하냐고 추궁을 한 후 담당 상무에게 찾아가서 이런 일이 있어 죄송합니다 할 정도로 애사심은 철저했지만 그들은 을이 갑에게 할 수 없는 일을 했다고 괘씸했을 것이지만 좋은 공장을 지어 주고 싶었다. 우리 집을 짓는다는 심정으로 관리했던 자동차 공장 삼성건설에서 APT와 구조물들은 최고의 품질로 시공하면서 안전하다는 걸 회사에 근무할 동안 자신 있게 자랑했고 안전팀이 주변의 작업하는 걸 관습했던 건 삼성건설에서도 처음이었고 건설사에서도 없던 일을 시도하고 싶었다.

품질에서 한국은 플래카드 휘날리고 두 주먹 불끈 쥐고 고래고래 고함치면서 보여 주기식 활동을 잘 하는데 사망 사고가 나면 뭐할 것인가. 먼저 위험이 보이면 개선합시다 하고 말한다면 근로자 관리자는 예 예 하면서 지키려고 지키려고 할 것인가. 언제 50만 평을 확인할 것인가. 두들겨 깨고 10m 이상에서 끌어 내려 위험을 중단시켜 버릴 정도로 현장에 밀착해야 위험을 찾아서 어어 하기 전에 제거시켜 버릴 수 있는 게 안전이다. 50만 평 넓은 공사판에서 4000명 근로자들 속에서 하지 않으면 위험했던 1995년도 방식으로 고생을 사서 했던 안전관리였기에 건설사 최초로 690만 무재해를 중단했던 아쉬움은 더욱 더 열심히 뛰었더라면 더 안전한 시간을 만들었을 아쉬움도 팔려가 버린 허무함도 있었다.


## 3) 실타래를 풀기 어려운 사고들

불가항력적으로 발생한 사고나 근로자의 명백한 과실까지도 사고 조사와 진술 과정에 글자 몇 자 때문에 법 적용과 합의 금액이 달라질 수 있었다. 수백 개의 산업안전보건법 여러 법 항목에는 "아", "어"가 다르듯이 실타래를 풀기는 어려운 것도 있을 것이다.

중대재해법이 사업주를 겨누고 있기에 사고가 발생하면 법이 죄를 물으려고 다가가기 전에 여러 대안들을 기업들에 제시하면서 사전 대비를 하도록 안전 기법을 알려야 하고 시간이 지나면서 사고예방용 안전기법들도 많이 발전했을 것이기에 서로 공유할 것이다.

　새로운 일을 벌이는 것이 아니고 기존의 안전활동들을 편리하게 만들어서 직원들이 회사의 사업주도 보호하고 생산성도 올리는 기법들을 많이 찾아서 활용할 것이다. 안전에 유익하다면 어렵고 힘들어도 추진해 봐야 하는데 대부분 일이 늘어나고 귀찮아진다는 생각으로 안전 쪽에서 추진하는 건 계속해서 매일 매일 반복 관리해도 사망 사고 한 번에 쌓아 올린 실적들이 쉽게 무너지기에 시공부서는 모두 다 제일 싫어하는 안전 업무로 여길 것이다. 사고 내용들은 실제와 다를 수 있기에 사고에 대한 경각심을 주려는 내용들이기에 참조할 뿐이다.

### 가. 헬기를 타 보고

　서해안 외딴 섬에 무인등대를 설치하려고 헬기를 타고 10분 정도 날아가서 사전 답사를 한 후 자재를 선박에 실고서 70도 경사로를 로프에 의지하여 자재를 올려 기초를 만들었다. 9m 등대를 2등분하여 1단을 달고 와서 바닥에 설치한 후 비티비계를 조립하고 상단 4.5m를 달고 와서 작은 볼트 구멍에 끼우지 못해 등대가 여러 번 기울어지며 헬기가 휘청 거리는 등 나무에 걸릴 것 같아 위험하여 사무실에 보고한 후 독단적으로 헬기를 철수시켜 버렸다.

　"조종사가 볼트만 끼우면 되는 쉬운 일이라고 너무 믿었다."

　"헬기 조종사이기에 너무 믿고 준비 없이 시도한 것이 패착이었다."

　며칠 후 아래쪽 등대 상단에 파이프를 구부려 철사로 묶어 두고 등대를 달고 와서 내리자 그 파이프들 속으로 안착하여 볼트 조립을 완료했다. 처음 시도하면서 전문가의 자신감 있는 말을 너무 믿으면 안 되고 중요할수록 더욱 철저한 검토가 필요할 것이다. 위험이 있으면 큰 공사일수록 더 빠르게 중단시키는 배짱도 있어야 하는데 회사의 공사비용 때문에 미적거리다가 더 큰 비용과 돌이킬 수 없는 재앙을 부를 수 있다. 등대 작업을 헬기를 중단시켜 회항시키므로 추가비용이 발생하지만 그만한 배짱도 안전 관리자에게 필요할지 그래야 사업주도 회사도 보호할 수 있다. 배짱을 그냥 생기지 않고 위기를 당해 보면 다시 당하기 싫어서 생겨난다. 개인의 의지가 있어야 사고를 막겠다는 각오일 때 위험을 찾아낼 것이고 불이익을 감수하겠다는 각오일 때 어떤 조건에서도 당당하게 행동으로 옮길 수 있다.

## 나. 중식 시간에 발생된 사고

컨테이너 내에서 중식을 하고 각자 자유시간을 가진 후 13시 오후 작업 시작 미팅 때 참석하지 않아 7~8명 반원들이 찾아다니다가 1시간 후 오전 용접하던 400m 떨어진 건물 속까지 가서 3m 높이에 올라가서 직경 1.2m PIPE 속에 거꾸로 박혀 있었다. 병원으로 후송 후 사망 진단서를 발급받아 그날 동료들이 나서서 오전 용접 작업이 뒷날까지 그대로 연속 작업 할 것인데 반장이 일을 시키지 않았는데도 왜 그곳으로 갔는지 의문을 남겼다. 동료들이 잘 중재하여 저녁에 몇 시에 산재 근재보험 기타금액 얼마에 도장을 찍기로 서로 합의하고는 타협을 보았다. 인척이 뒤에 나타나서 합의서를 못 쓰게 방해를 해 버렸다.

별도로 지시할 이유가 없었고 오후도 그대로 용접작업이 진행되면서 반원들과 같이 점심을 먹고 같이 있었는데 점심시간에 반장이 일을 시켰다고 그래서 점심시간에 작업장으로 갔다고 우기면서 며칠간 합의를 못하자 회사에서 빨리 끝내라는 지시로 합의금에 큰 영향을 주었다. "협상 책임자를 정하지 않고 장례협의과정에" "돈과 시간을 허비해 버렸다." 반장은 반원들에게 아침 오후 작업지시는 반원들이 다 모여 있기에 일지에 기록하게 되고 작업장에서 순찰 중 추가 지시는 자신도 책임을 피하려고 "번호가 적힌 메모지를 사용하여 기록하면서 근거를 남길 것이다.

## 다. 컨테이너 폭발

S사 업체 작업반장이 오후 D사 같은 업체 컨테이너에 들어가서 담배를 피우려고 라이터를 켜다가 순식간에 가스가 폭발하는 사고가 북한 캐드 관련 견학을 오전에 와서 보고 돌아간 후 오후에 일어나서 뒷날 폭발 사고라고 신문에 대문짝만 하게 보도하게 된다. 자기들 컨테이너 탈이장이 옆에 있는데 다른 컨테이너에 들어갔는지 의문으로 사고보고서를 발주처 본사 보고하려고 독촉해도 몇 명이 같이 행동을 원인을 알기 전에는 D. S사 누구의 관리소속인지 몰라서 보고서를 작성할 수 없다고 전해졌다.

저녁 늦게 S. D사 소장이 발주처 소장실에 불려 가서 S소장이 사고 보고서만 쓰기로 했는지 위에서 어떻게 처리했는지 진행사항을 일절 알려지지 않아서 일절 관여할 수 없었다. 같은 발주처 같은 공사에서 S사는 컨테이너를 월별 발주처와 합동 점검하면서 규정된 전기 난로를 허가 받아 사용하고 있었다. D사도 매월 발주처와 같이 점검하는데 LPG를 사용하는 걸 묵인했는지 모르고 같은 기업이기에 원청사 모르게 D사 업무 지원으로 갔는지 확인이 필요했지만 그들은 처음부터 같이 근무했기에 우리에게는 정확한 내용을 알려 주지 않았다. 1개 하청업체가 두 기업에 같은 단지 안에서 공사할 때는 철저한 구분이 필요할 것이고 조끼도 다르게 구분시켜 작업하게 현장 순찰시 업무 영역도 확인이 필요할 것이다. D사들은 18년 이상 같은 지역에서 활동했기에 근로자 관리자들도 선별하여 채용했다는 이야기도 들렸다.

### 라. 기초 터파기에서 추락

기초 터파기 하면서 철근 메시를 벽에 붙이고 앵글을 대면서 쇼크리트를 품어 직경 4m 원형으로 견고하게 하면서 12m 까지 깊이 파고 내려갔다. 원통 속에서 6명이 안전벨트를 철근에 걸고 발은 결속된 철근을 밟으면서 지상에서 타이어 크레인으로 철근을 달아 내려주면 받아 결속하는 순서였다. 8m까지 올라오면서 철근을 엮는 중에 철근에 발을 밟고 안전벨트의 후크를 철근에 돌려서 자신의 안전벨트 링에 걸었다고 생각하고는 내려오는 철근을 받으려고 몸을 뒤로 제키자 "어", "어" 하면서 8m 바닥에 쌓아둔 철근 더미 위로 떨어졌다. 작업대를 내려 근로자를 달아 올려 병원으로 후송하여 치료했다. 자기는 분명히 후크를 철근에 끼워서 자신의 안전벨트 링에 걸었다는데 왜 추락했는지 전혀 모르겠다고 했다. 처갓집에 돈이 많이 필요하다는 이야기도 하면서 작업한다는 소문도 있었다.

### 마. 후진 중인 도자에 깔림

재하성토 작업 중 덤프트럭이 모래를 싣고 와서 6m 높이의 바닥으로 후진하여 적재함을 들고 모래를 붓는 작업 중에 도자가 후진 중 덤프트럭을 신호하던 신호수를 접촉하여 사망 사고로 연결하여 개선하기 위해 후진 때 끝까지 운전하지 않고 덤프트럭이 모래를 부은 후 장소를 떠난 후 도자가 운전하는 규정을 정한 후 지키게 하고 덤프트럭은 지정된 도로로 운전하게 된다.

# 2. 대형 사건 사고들

    대한민국에서 발생된 사고하면 떠오르는 대형 사고들이 실제 내용들과 차이가 있을 수 있고 개인에 따라 다르게 접근할 수 있고 다르게 들을 수 있기에 사고 예방 측면으로 접근하여 유사한 위험들을 제거할 의도이기에 언론 인터넷 등에 정확하게 확인이 필요할 것이다. 성수대교, 세월호, 삼풍백화점들은 여러 원인으로 그 시간에 그곳에 있었다는 이유로 아까운 생명들이 인생을 하직하게 되었다.

## 1) 물(바다, 강)에서 일어난 사고

### 가. 성수대교

    한 시대를 장식했던 계열사 22곳을 거느린 10위 그룹. 물이 없던 모래뿐인 사막에 물이 솟아 나온다는 기적에 열광했고 20세기 세계 최대 대수로 공사를 1984 착공 사하라 사막 지하 500m의 지하수를 끌어올려 1895km를 직경 4m 관으로 사막을 농경지로 바꾸려는 녹색혁명의 토목공사였다. 1991년에 1차를 완공시키고 2차 1650km를 세계 유수 경쟁사들을 물리치고 리비아에서 수의계약을 요청할 정도로 모래 사막에 물이 나오던 모세의 기적을 만들어 냈다. 모래뿐인 사막 위에서 한국의 건설 기술을 세계에 보여 주었던 동아그룹이다. 개인들이 벼락출세를 하거나 최고의 성과를 만든 기업들은 자신감에 젖어서 위기가 주변에 잠재하는데 잊어버린다는 약점을 가진다.

    성동구 옥수동에서 강남구 압구정동으로 이어지던 1161m 폭 35m 8차선 한강다리 11번째 성수대교가 15년간 안전하게 통행하다가 1994년 10월 21일 아침 한 구간이 출근 시간에 상판

48m가 한강 물속으로 떨어지면서 출근하던 직장인들 학생들 32명이 억울하게 사망했다. 대한민국 서울 한복판에서 다리가 폭삭 무너진 전쟁에서나 볼 수 있던 아비규환이었다. 대한민국이 성장의 시대에 커다란 기여를 했던 성수대교에서 사고 발생 후 사과하는 과정에 사고 부분만 재시공을 하겠다고 하다가 완공 후 5년간 하자 보수기간을 잘 지켰다고 직접적인 책임이 없는 듯 이해할 수 없는 말을 던졌다가 여론이 공격을 가했다. 그룹에는 똑똑한 인재들이 많이 포진하고 있을 것이다. 유가족과 국민들 앞에서 해서는 안 되는 여러 말들을 하면 안 되고 대형 사고가 발생한 기업에는 언론이 기업에 공격할 먹잇감을 찾는 중이기에 여론도 따라갈 때 말을 쉽게 던지면 기업은 치명상을 당할 수 있어 입을 닫고 최고의 대안을 찾아야 한다. 슬픔에 잠겨 있을 때 위로와 충분한 보상을 해 주고 손실을 만회하는 것 외에는 외부를 상대하는 대응팀을 통해서 회사 내부에서 1차 걸러진 후 외부에 대응해야 성난 민심을 조금은 다독거릴 것이다.

동아그룹은 IMF를 거치면서 기업 경영이 어려워져 2001년 파산 선고를 받은 후 분해되어 사라져 갔다. 차량 하중을 레미콘 차량 평균 30톤 통과 설계를 32톤으로 하여 하루 6만 대 통과하는 설계대로 1977. 4. 9. 착공 ~ 1979. 10. 16. 완공 후 준공 검사를 받은 후 발주처에 인도했다. 한강의 기적을 만드는 데 기여했던 기업들도 사고 한 번으로 언론과 여론에 의해 쉽게 무너지는 걸 보여 주었다.

설계 후 건설했을 때보다 10만 대 이상 차량이 통과. 여러 종류의 하중도 40톤 이상 차량들이 규제 없이 통과했다고 알려졌다. 많은 통행과 무거운 차량 통과는 정부의 규제가 정밀 검토가 필요했을 것이다. 설계 당시와 전혀 다른 하중의 증가는 다리에 심각하게 과하는 여러 문제점의 변화를 시공사와 관리한 지자체는 관찰했을 것인데 사전에 설계와 다른 점을 서류로 근거를 남겨서 대책을 세우게 해야 하는데 문제가 생기면 서류 근거가 없으면 건설사에 부실시공 책임을 전가시켜 버린다. 사고가 발생하자 건설사가 몰매를 맞은 건 공문 1장도 지자체에 제출 못했기에 하자기간이 지나도 부실시공으로 몰고 갈 명분을 건설사 스스로 주었다.

직접적인 사고 원인은 응력집중이 유발하게 된 유효단면적의 감소와 용접시공의 결함제작 검사미흡 피로균열 등 보수 유지관리 미비 등이라고 밝혀졌다. 그사이에 많은 변화가 있을 것이고 매년 다리를 관리하고 점검하는 주체가 따로 관리했기에 접근이 불가능했을 것이다. 건설사가 관여할 수 없는 시간이 10년이 흘렀기에 어떤 이야기를 하기가 조심스럽다고 지자체의 점검 결과에 따라 최선을 다해서 국민들의 처분대로 하겠다고 한다면 언론과 여론의 화살을 일부 돌릴 수 있었는지 모른다. 하자보증 기관 5년이 지나더라도 다리의 수명에 영향을 줄 수 있다고 판단되면 지자체에 중요한 근거를 제출하는 게 다리를 시공한 건설사의 의무이다. 10년~ 20년이고 관리하던 주체는 대형 인적물적 사고가 발생하면 형사 민사 책임에서 벗어나려고 다른 데로 전가시키고 피해 갈 법적 근거부터 먼저 찾는 게 대한민국 세수 먹는 개인들과 기업들 조직이기에 액면대로 믿으면 절대 안 된다. 회사는 제일 먼저 사고 현장으로 전문가들이 달려가서 원인을 가장 먼저 조사하여 대책까지 만들어야 할 것이다. 이때는 회사가 아닌 제3자 입장에서 원인과 대책을 세워야 한다. 자존심과 경영의 미련 때문에 자신들의 생각이 세상의 여론인 줄 자신들 기술이 최고인 줄 착각하다가 국민들의 공분을 사서 무너지기도 한다.

## 나. 세월호

일본은 여객 화물 겸용선을 18년 동안 태풍도 자주 오고 지진도 쓰나미도 발생하던 국가이기에 안전하게 운항한 후 수명이 다해 선박을 중고 시장에 내 놓았을 것이다. 한국의 청해진 해운이 146억 원에 낙찰받아 한국으로 끌고 온다. 선박에 승객 110명 정도 더 싣는 상부 객실을 늘려서 새롭게 페인트칠을 하고 보기 좋게 하여 인천에서 제주까지 운항 허가를 받아 승객과 화물을 싣고서 운항하고 있었다. 한국은 중고 선박을 가져와서 안전조치를 어떻게 했는지 모르며 새로운 바다 파도치는 바다 위를 더 싣고 더 오래 항해하는 기교만 보여 준다. 위쪽의 무게를 증가시키면 물건을 적게 실거나 바라스트 탱크의 물을 조정해야 하는데 일본은 안전성을 최고로 높여 설계를 했기에 한국은 승객이나 적재물을 줄여야 하는데 반대로 승객을 늘리려고 객실 중량을 증가시켜도 허가가 가능했을까.

- 일본은 사용 연수를 지켜 중고 시장에 팔아서 국민들의 안전을 지켜 준다.
- 한국은 중고를 사 와서 많이 싣고 오래 운항하게 허가를 받아 운행한다.

2014년 4월 16일 아침 8시 평상시처럼 제주도로 항해 중에 진도 앞 바다에서 급작스런 원인

모를 45도 변침이 일어나서 우측으로 회전하여 누가 부르는지 인천 방향으로 몇 분 정도 항해하다가 멈췄다고 했다. 바다 위에서 갑자기 우측으로 변침을 하게 되면 360도로 회전을 했다면 선박 자체 회전 키나 관련 부분 고장으로 인식할 수도 있었을 것이다. 인천으로 방향이 바뀔 때까지 8시 45분 세월호가 옆으로 기울어지기 전까지 어떤 이유가 선박에 닥쳐서 돌발 행동을 선박이 스스로 했을까. 이 세상에서 마지막 살 수 있는 시간이 흘러가는 줄도 모르고 바닷속으로 기울어질 때까지 옆에는 구조해 줄 민간 선박들이 달려오고 대기하고 기울어지는 선박에서 뛰어내리면 구조하려고 기다리는데 기울어져 가던 선실 속에 304명이 듣고 싶었던 들어야 할 소리를 듣지 못했다.

선원들의 임무는 인명구조이지만 제일 먼저 구명조끼를 입고 탈출하라고 선원들과 안내원들이 방송으로 소리치는 게 제일 먼저인 건 각 칸막이 선실 속에 있기에 방송으로 탈출을 알리고 최우선인데 왜 탈출하라는 말을 안 했는지를 누군가는 말해 줄 것이다. 선박이 복원력이 어렵다는 걸 알았다면 먼저 탈출을 시켜야 하는데 구명복이 승객 수만큼 선실 속마다 다 비치했는지도 궁금하다.

## ■ 생과 사의 마지막 길에서

기울어지는 배를 육지에서 TV를 보던 학생 국민들은 자기 가족 외는 아무도 믿으면 안 되고 어린 학생들에게 학교 가서 선생님 말씀 잘 듣고 어른들에게 공경해라 하는 말은 헛말이었고 신뢰성을 무너뜨렸다. 해양순찰선과 구조 선박들이 접안 후 구조하고 있는 데서 서서히 침몰해 갔다. 거대한 선박이 바다 위에서 어떻게 침몰할지를 모르기에 구명조끼를 입고 탈출하라고 했다면 나올 수 있던 시간은 있었을 것이다. 476명 탑승 중(단원고 학생 325명, 교사 14명)에 잔잔한 바다 위에서 구조 172명(학생 75명, 교사 3명)만 살아남았다. 사망 299명(학생들 250명, 교사 11명) 실종 5명이 서서히 바닷속으로 세월호와 같이 사라져 간 너무 안타까운 사연을 역사는 어떻게 말해 줄 것인가. 죽을 수 있다는 위기감이 들어 살고 싶어서 스스로 탈출하려고 기울어져 가던 선실 안에서는 배에 물이 차면서 전기가 끊기자 암흑천지가 되었을 추측이다. 진도 앞 바다 깊이는 50m 정도로 선박길이 145m 높이 24m 폭22m 배가 바닥으로 가라앉는 데 선박 속의 공기가 지연시켰을 것이다. 고 유병헌 회장은 죽어서 백골로 발견되듯이 살아서 선박이 파도치는 바다를 항해할 때 승객을 더 실으려고 선실을 늘리면서 안전성을 어떻게 설계했는지 구조를 변경하는 공사를 회장은 어떤 생각으로 결정을 했을까. 가족에게 피해를 유가족과 국가에 너무 큰 피해를 안겨 주고 허무하게 생을 마감하려고 승객을 더 실어 더 많은 돈을 벌어 어디 쓰려고 선형을 변경하면서 아등바등 했을까. 기업의 사업주들은 기업을 경영할 때 세월호와 같은 기업에 어떤 문제를 결정해야 할 시간이 올지 모른다. 너무 큰 교훈을 전해 주었기에 순간 착각할 수 있는 결정들도 있을 것이기에 주변서 걸러 주는 기능도 있어야 한다. 중대재해법에서는 더욱 안전하고 우수한 걸 찾아야 할 것이다. 위험한 것은 어디엔가 피해를 줄 수 있기에 쉽게 결정한 후 결과는 엄청난 피해를 줄 수 있기에 세월호의 과정을 보면서 선박에 승선하면 비상탈출 방법을 알려 주고 시작과 끝을 책임지는 중요한 역할로 승객들을 안전하고 즐겁게 목적지에 가도록 해 주는 기능이 상실되었다. 보험회사에 의뢰하면 가장 정확하게 차량과 화물들을 알 수 있다. 대한민국은 언제 어디서 육상과 해상에서 대형 재난은 항상 일어날 수 있다는 걸 세월호 대응과정에서 상세하게 보여 주고 있었다.

- 위기 대응방식을 평소 숙지해야 하는데 교육시설은 무수히 많지만 결정적인 위기 대응에 누가 자세히 알려 줄 것인가.
  같은 업무를 반복하다 보면 느슨해지고 아래서 잘 하겠지 하며 일임해 버린 시간이 길어지기에 위험은 잠재해 가는데 지적하는 걸 듣기 싫어하기에 그냥 쉽게 넘어가면서 위험은 쌓여 가다가 언젠가 터진다.
- 서해 해리호가 1993년 10월 10일 부안과 격포사이를 운행하다가 해상에서 362명 이 탑승하여 292명이 사망하고 70명이 구조되었다.
  짐을 배 앞 부분에 가득 실어서 돌풍을 만나 회항하려다 우측 프로펠러에 폐물질들이 걸려 우측으로 선회하다가 큰 파도에 흔들리면서 전복되었다고 했다. 선장이 통신실에서 사망한 채 갑판장 기관장도 선박 내에서 사망하여 시신이 발견되었다면 선박을 관리했던 그들은 최선을 다했을 것이다.
- 남영호 침몰 사고 1970년 12월 15일 1시 25분경 제주서 부산으로 항해하다 여수 근처서 침몰하여 적재중량 130톤에 사고 후 사망자 326명 중 12명 구조 실제 화물 540톤이 넘었다고

조사로 밝혀졌다.

- 바다에서 사고가 발생된 여객선들에서 보여 준 것은 많은 사람들을 태우고 적재중량을 초과시키면서 파도치는 바다 위로 항해했던 원인을 정확하게 파악했을 것이기에 해난사고를 예방할 수 있을 것이다.
- 위법을 행하게 되면 기업의 사업주가 중대재해법에 걸리기에 위법을 누가 저지를 것인가.
- 침몰하는 걸 보면서 탈출해야 살 수 있는데 왜 탈출하라고 하지 않았는지 어떻게 설명해야 큰 위기가 발생할 때 구조하거나 탈출할 수 있을지 스스로 판단해야 하고 선박회사의 안전성을 보고 선장과 선원들 믿으면 죽을 수 있다는 걸 심각하게 생각해 보고 배를 타야 할 때이다.

쉽게 생각했던 부분들이 사망 사고가 발생하면 큰 부분으로 나타나는 건 평상시는 깊이 찾아보지 않기에 위험은 보이지 않다가 사고 시 엄청난 피해를 주게 된다. 이제는 규정대로 짐을 싣고 승객을 싣고서 항해하고 있을 것이지만 대형 사고가 발생되면 숨겨진 큰 위법들이 나타나는데 규정을 위반하거나 모르면 위법이 나타나서 중대재해법이 사업주를 기다린다.

## 2) 육지에서 일어난 사건 사고

### 가. 삼풍백화점

콘크리트가 천장에서 떨어지거나 균열을 본다면 어떻게 해야 하는가. APT 위층에서 아이들 뛴다고 언성 높이고 담배 냄새 난다고 고함치고 목청 높여 싸우지만 자신들 생명이 위급할 때는 조용하게 넘기는 인간의 본심이다. 삼풍백화점은 1987년 5월 4층으로 설계하고 착공한 후 완공시점에 5층으로 증축을 하려다 기존 건설사가 위험하여 거부해 버리는 걸 가장 중요한 원인을 깊이 있게 확인하지 않고 자신들 건설사를 투입하여 완공시킨 후 1989년 12월 개점 후 운영했다. 1995년 6월 29일 15시 57분 붕괴까지 5년 6개월 동안 매일 매장을 찾던 많은 고급 고객들이 고급 백화점은 최고로 안전할 거라고 믿으면서 의심 없이 많은 돈을 백화점에 매일매일 보태 주고 있었다.

며칠 전부터 층별 내부 여러 곳으로 위험 징조가 심해지자 외부 기술사 A, B에게 점검을 의뢰하면서 영업 중에 고객들과 매장 직원들 눈치를 보면서 위험한 점검을 했을 가장 취약성을 백화점은 보여 주었다. 기술사는 중대한 붕괴 위험이 있어 매장 안의 고객들을 빨리 대피시켜야 한다고 위험이 닥친다고 결정적인 보고를 했을 것이고 다른 기술사는 위험은 있지만 다른 시간을 보고했을 것이다. 영업을 중단하고 공사에 들어가면 소문이 나면 고급 백화점 이미지 고려하여 그날 영업을 끝내고 밤부터 보수하려고 진술했다.

영업 중 17시 57분 수직 붕괴가 일어났고 사망자 502명 중(매장 직원이 306명) 부상자 937명이라는 너무 큰 피해를 낳았다. 5층부터 1층까지 쉽게 무너지는 걸 보면서 중앙 1층 넓은 부분의 바닥까지 폭삭 내려앉은 모습 속에 기둥도 무너지고 낮게 서 있는 걸 건설인들은 기업의 사업주들은 어떻게 설명해야 이해할 수 있을까.

1년 전 2층 서점에서 무게에 균열이 생겼다고 하며 붕괴 1개월 전에도 균열이 생겨 모래 등이 떨어지는 심각성을 정상적인 운영은 안 되었는데도 운영했다.

건설사의 경고를 무시하고 4층 설계를 자기들 기업으로 5층으로 시공하고 그걸 허가해 주는 관공서를 믿어야 할지 위험은 언제든지 나타날 수 있다.

2022년 1월 11일 모 아파트의 붕괴사고도 충격에 의해 38층부터 23층까지 부분 붕괴가 일어나면서 대한민국 건설 기술이 시간이 흐를수록 완벽하지 않은 걸 보여 준다. 사업주는 기업을 경영하는 중에 어떤 순간에 어려운 결정을 선택하는 것이 아니고 이제는 중대재해법에서 항상 정확한 판단을 할 수 있도록 해야 하고 인간의 판단이 절대 완벽하지 않은 걸 보여 준다.

### ■ 일본에 갔던 조선 통신사

서인(야당)의 정사는 일본의 풍신수길의 행동을 볼 때 담력이 크고 야심가이며 동남아를 파악하는 지략가로 보여 조선을 침략할 것이므로 보고했다.

동인(집권 여당)의 부사는 쥐새끼 같은 상을 가져 겁이 많아 조선 침략은 못할 것이라고 안심하라고 큰소리친다.

　도요토미 히데요시가 대단한 인물인 것은 조선은 전쟁이 없을 것이라고 방심하게 집권당을 통해 안심하게 만들어 뒀기 때문이다. 그사이 조선 중국 인도까지 침략할 전쟁 준비를 하면서 감출 정도 된다면 조선 선조가 조선 왕이기에 얼마나 안심했을까. 일본 군주는 전혀 다른 국가를 성장시키는 인물이다. 쥐새끼 상으로 판단해 버린 무능한 동신사를 적국에 보내고 갈 때는 유람 가는 걸 생각으로 보낸 것 같은 국가관이 약하기에 일본 청나라에 유린당할 때 권력자들은 온전했기에 당파싸움에 물들어 백성들만 고통이었다.

　권력을 가진 집권 여당이 일본을 보고는 안심하라고 선조에게 그릇된 보고를 하도록 만든 일본의 꼼수는 대단하다. 고수의 수에 하수들이 놀아나서 방심하다가 2년 후 17만 대군으로 조선 팔도를 유린당했다. 함선 700척 정도를 수년간 만들려면 조선소도 여러 곳에 만들고 수백 척 정박해야 하고 나무 자재도 오랜 시간 말리지 않으면 나무가 뒤틀려 물이 새는 등 안전하게 만드는 데도 오랜 시간 필요했을 것이다. 조선은 상인들이 일본에 왕래할 때 들을 기회를 상인들을 천민으로 취급해 버리기에 염탐하라는 이야기를 양반들인 권력자들은 상인을 무시해 버리고 그들 이야기를 듣지 않는다.

　100~200m 발사되는 화승총을 수십만 정과 총알들 군사들 입을 갑옷 등 수년이 걸릴 거대한 전쟁 무기를 만드는 장소는 숨기려고 빙빙 돌아서 황궁으로 가는 걸 주시했다. 도요토미 히데요시는 전국을 통일하면서 수십 년간 전쟁을 치른 군사들은 훈련이 필요 없었고 전진하는 일만 남았다.

　조선을 침략하고 중국 베이징을 함락시킨 후 인도까지 점령한다는 긴 시간을 전쟁 준비를 철저히 숨기고 조선통신사에게 평화를 강조할 만큼 주변 정탐을 숨길 수 있다는 게 진주만 공격에서도 발각되지 않은 치밀함을 보여 준다. 일본은 장사치들이 조선의 전국토를 조사하여 부산포에서 한양까지 신의주까지 사전 가장 안전하고 단축해서 가는 길을 조사했다. 1592년 5월 23일 도요토미 히데요시가 중국을 함락시키려고 진격하는데 선조가 명나라로 갈 것인데 일본의 요구를 묵살하고 후궁들과 권력자들과 도망가 버린다. 천민 취급했던 일본에 끌려간 노비들을 조선으로 돌아가자고 해도 조선으로 와 봐야 양반들 노비로 불행해질 것이기에 거부해 버렸다. 정유왜란 때 끌려간 도자기공들도 최고의 기술을 인정받아 풍족한 삶을 사는데 조선으로 돌아가 봐야 양반들 눈치 보면서 천민으로 살아가는 것보다 일본에서 사무라이급 대접받으면서 주저앉아 버린다. 그들은 1600년부터 조선과 전혀 다른 최고의 대접으로 최고의 도자기를 만들어서 유럽에 수출하게 만들어준 영업력은 수백 년 유대관계를 맺으면서 한국과 전혀 다른 관계를 유지하고 있다. 공무원들은 실적이 저조해도 책임지는 일이 없지만 기업은 자신의 업무 미달은 기업에 영향을 미치기에 대가가 따르고 책임을 져야 하는 조직이다. 장사하는 상인들은 정부보다 먼저 주변 정세를 가장 정확하게 알게 되며 어느 날 회사에서 직원들에게 관리비 등 소모품들을 모두 절약하라는 지시를 받았는데 입사 후 처음 들은 지시로 의아했지만 2달 후 IMF가 닥쳤다.

### 나. 이태원 참사

주최 측이 없어도 할로윈 축제는 4~6만 명이 운집하고 매년 교통정리만 해 주면 질서를 잘 유지하면서 수년간 잘 지내 왔다. 코로나로 숨죽이고 집안에 있다가 3년 만에 2022년 10월 29일 토요일 이 날은 다른 해보다 2~3배 더 많이 모일 걸 서울 시민들과 정부는 모두 예측했을 만큼 10월 28일 전날 저녁에도 많은 인파로 북적대는 걸 보였다고 했다. 매년 진행되던 축제가 더 많은 사람들이 즐길 것이라고 알면서 초저녁에 열리는 대형 축제는 더 관심을 가져야 하는데 무방비로 모른 체해 버렸다. 그 이유를 누구도 설명이 없었다. 사람이 죽어 나가자 정부가 우왕좌왕하는 모습만 언론에 그대로 노출했고 아무런 준비 없이 변명으로 빠져나가기 바빴다.

용산서와 서울경찰청은 구두 요청했다고 하고 공식적인 요청이 없었다고 하는 대형사고가 발생하면 살기 위해 책임전가의 소지가 크게 달라진다. 정부가 준비할 일은 매년 해 오던 대로 구역마다 3~4명씩 빨강 신호봉 들고 주변을 교통 통제하면서 내려가면 사람들에게 막힌다고 밀린다고 못 빠져나간다고 옆으로 돌아가야 안전하다고 말해 주었다면 쉽게 사람들을 되돌아서 나오게 했을 것이다. 가장 간단하고 쉬운 일을 알려 주었다면 바로 따랐을 것이다. 매년 정상적으로 인파는 해 오던 대로 질서 정연하게 움직였지만 3년간 코로나에서 벗어나서 밖으로 나오고 싶은 갑갑했을 시민들이기에 얼마가 참여할지 모르기에 "행정 안전부, 서울특별시, 용산구청", "경찰청, 서울시 경찰청, 용산경찰서" 거대한 국가 조직이 서울에 있으면서 축제에 참석하는 인원들을 몇 시까지 안내를 잘해 주라는 간단히 지시하고 통제를 잘 하는지 개인 휴대폰으로 한 번 정도 물어보면 되는데. 다른 때보다 인파가 몇 배로 많을 것이기에 지시만 잘했다면 아래서 잘 따르는 공무원들이다. 골목으로 가는 그 길을 정리해 주고 통제하고 옆으로 안내하는지 확인해 보면 되는 일이다.

## ■ 공기를 마시고 공기를 품어 냈다

내용을 잘 알고 있을 누구도 아래쪽이 막힌다고 되돌아가게 지시하는 공무원들이 없었다는 게 이해할 수 없다. 폭이 4m 정도 좁은 골목의 3~4층 낮은 건물들이 벽을 만든 아래로 내려가고 계속해서 밀려 내려가면서 수백 명씩 밀리면서 빠져나가지 못하고 숨 쉬는 시간이 길어질수록 사람들의 숨 쉬는 공기를 다시 마시면서 허우적거렸고 고통스러웠던 것이다. 공기를 마실수록 지쳐 가면서 옆 사람이 내뿜는 공기만 계속 마시고 있었다. 마시는 공기에 의해 서서히 힘이 빠질 것이고 앉고 싶어도 너무 밀착되어 앉을 수 없이 서서 밀리면서 손과 몸만 허우적거렸고 빨리 정신을 잃어 갔던 안타까운 현실을 보여 주었다.

## ■ 왜 이런 현상이

좁은 골목이 길게 형성되고 하늘은 바람이 불더라도 낮은 곳에는 공기가 흐를 수 없는 위치로 숨을 내쉬면 공기는 주변 쪽으로 흐른다. 그 속으로 너무 많은 인구가 밀집되어 내려가면서 양쪽 3~4층 건물 벽이 높게 막혔고 날씨는 조용했다. 외부 공기의 유입이 없거나 적었다면 많은 인파가 숨 쉬는 공기만 주변을 맴돌면서 살기 위해 마시는 공기가 탄산가스였다. 매년 다니던 길이지만 너무 많은 인파를 따라 내려간 죄밖에 없는데 매년 하던 간단한 지시할 일도 더 많은 인파가 모일 이태원 대응을 기업에서는 심각하게 받아들여야 하고 공무원들처럼 거대한 여러 조직들처럼 피해 버리는 행동을 한다면 어떨까. 기업에도 어떤 위험이 생길지 모르지만 기업은 실적으로 월급을 받기에 위험을 예상하고 피해버린다면 대단히 위험한 미래가 기업을 붕괴시킬지도 모른다.

■ **소형 헬기 활용**

이태원에서 골목에 밀집된 군중들이 있는 골목 4~5층 건물들 위에 헬기를 10초 정도 대기하면 날개의 회전으로 신선한 공기가 강제로 주변을 소용돌이치면서 탄산가스를 밀어 내 버렸을지도 모른다는 생각도 후일 해 봤고 좁은 곳에는 위에서 휘저어 주면 좋을 것이다. 주변이 막힌 내부 운동시설 같은 많은 사람들이 밀집된 넓은 공간에 헬기가 주변을 촬영할 수도 있을 것이다. 사고가 발생하고 모두 모여 함께 단합했더라면 두려워서도 정부도 심각하게 관심을 가졌을지 모르는데 뒤로 서다 보니 대응할 시기를 놓쳤는지 모른다는 생각이다.

## 다. 세계 청소년 잼버리 대회

제25회 세계 잼버리 대회가 무안군 새만금에서 2023년 8월 1일 ~ 8월 12일까지 170여 개 국가에서 4만 3000명 참여하여 축제의 장을 만들려고 했다. 14~17세까지 자신들이 어리기에 부모가 사회가 모든 걸 해결해 주어야 하는 나이들이다. 여름에 35도 이상 폭염 속에 너무 더운 날씨로 흘리는 땀 냄새로 모기들은 몸에 달려들었고 천막 속은 한증탕으로 고향을 떠난 어린 새싹들에게 감당할 수 없는 악몽의 시간들이 다가왔다.

더운 열기 땀 냄새에 벌레들의 극성은 참기 힘든 환경에 부모들 곁을 떠나서 머나먼 외국에서 혼자일 때 당하면 더욱 견디기 어려울 것이다. 하루에 온열환자가 1400명씩 속출하고 수백 명은 피부를 벌레가 물어서 자식들이 고통을 겪는 걸 휴대폰 영상을 보는 부모들은 왜 보냈는지 잘못을 스스로 원망했을 것이다. 장애물이 없는 맨 땅에 비가 내릴 것이기에 가장 쉽게 개선할 수 있었다. 경기 불황으로 전국에 놀고 있는 수많은 장비들을 투입시켜 가로 6.1km 세로 1.8km 야영지에서 물이 빠질 배수로를 30cm 낮게 고랑을 파고 바닥에는 골재를 깔아주어 물이 잘 빠지게 해 주고 위에는 걸어 다니기 쉬운 모래 등을 깔아 평탄하게 로라로 밀어 주면 간단하게 해결될 작업을 다음에 다른 행사도 할 수 있도록 하는 좋은 기회를 지자체와 정부는 미래까지도 좋은 환경을 만들지 못하고 사람들 기억에서 사라지게 해 버렸다. 속으로 전기배선 식수라인 화장실 정화조 시설 앉아서 이야기할 의자 햇빛가리개 천막 등 에어컨 시설 등 세계 젊은이들은 훗날 170개 나라의 리더들이 될 최고의 홍보 자리는 쉽게 만들 수 없는 귀한 기회다.

자신들 어린 아이들이 생활할 공간을 만든다고 생각했다면 그렇게 만들 수 없을 것이다. 어린 새싹들이 참석하여 친구가 될 것이고 자기 나라로 돌아가서 가장 보람찬 공부를 했다고 학교에서 친구들에게 쉽게 말할 수 있다면 모두 다 한국을 선망의 대상으로 삼을 기회를 정부가 추진을 잘못하여 다시는 오고 싶지 않은 나라로 만들었는지 모른다. 여름은 더운 날씨가 될 것이고 모기벌레들이 들끓을 것이고 언제든지 비가 내릴 날씨를 대비할 필요가 있었다. 행사를 밤마다 한증막에 모기에 물려야 했던 지겨운 낮과 밤이 되었을 것이다. 어린 아이들에게 보여 준 감당할 수 없는 고통을 세계가 다 보면서 너무 간편하고 간단한 행사도 준비와 대비를 못하는 걸 어떻게 이야기할 수 있을까.

### 라. 부산 EXPO

11월 28일 (화) 파리에서 한국의 부산, 사우디의 리야드, 이태리의 로마. 165개국이 2030년 EXPO를 유치하려는 3 나라에 표 대결을 실시했다. 사우디는 풍부한 자원으로 승부수를 띄울 것이다. 거대한 중국의 만리장성이나 한국의 비무장 지대를 연상했는지 모를 길이 170km 높이 500m 유리벽으로 된 미래형 스마트 시티로 미러라인 신도시. 세계는 건설 참여를 기대했을 것이고 구미가 당기게 그 시기에 발표했다. 한국의 추진자들은 무엇으로 165개국을 휘어잡아 표를 얻을 것인지 뚜렷한 전략은 보여 주지 못하면서 자신감만 충천했다. 표를 줄 외국에는 전략이 무엇이었을지 언론에서는 어떤 근거로 49:51까지 추격하에 막판에 대역전극이 펼쳐질 것이라고 국민들만 꿈에 부풀게 만들어 기대감만 높이는 중요한 허수를 정부가 쉽게 말하면 안 된다.

### ■ 결과는 165개국 = 사우디: 119표, 한국: 29표, 이태리: 17표

상상할 수 없을 정도로 추락해 버린 대한민국의 평가. 최고 권력 주변서 나온 역전의 기회를 만든다던 그들을 믿으면서 기대했던 국민들은 너무 실망했을 것이다. 국가가 나서서 추진했던 한국의 위상이 이 정도 추락한 줄은 표 대결 후에 한국이 올림픽, 월드컵, 동계올림픽을 성공적으로 치른 나라가 코로나19 바이러스 대응에서 세계에 찬사를 받았던 나라가 1년도 안 되어 치명적인 참패를 안길 줄 누구도 상상할 수 없었다. 국가가 움직인 거대한 프로젝트를 패배의 분석도 내놓지 않았다. 대통령과 그룹 회장들이 앞장서서 뛰었고 정부와 부산시가 추진하면서 장담했던 과정은 참담한 결과만 주었다. 네옴시티를 건물 외벽은 거울로 시공할 더 라인 첨단 산업단지인 옥사곤 산악지대에 건설하는 친환경 관광도시 트로제나 섬 신달라 등으로 다른 프로젝트들을 모으면 2100조 원 소요된다고 하지만 네옴시티 170키로미터 미래는 무엇을 담을지 궁금하다.

### ■ 29표를 분석해 볼 때

8월 달에 청소년들이 참여한 세계 170개국 참여한 잼버리 대회의 미숙함이 대한민국은 큰 대회를 치를 수 있을지 의문을 세계에 보여 주었다. 어린 아이들에게 큰 아픔을 주었는데 해당 국가들은 무엇을 기대할 것인가. 중국과 러시아와 멀어짐으로 수십 개 나라들도 멀어졌을 것이다. 미국의 코로나 백신 독점으로 아프리카 가난한 나라 등은 울었고, 일본의 핵 처리수 무단 방류 등은 2나라와 밀착관계인 한국의 기후환경을 잘 지킬지 의문을 나타냈기에 영향을 주었을지 모른다.

자연보국인 사우디의 지원과 네옴시티 등 미래 투자 참여 독려는 다른 국가들이 군침을 흘릴 만큼 매력적이었다. 2020년 코로나 19를 세계에 기여했던 위상을 복구할 수 있을 것인가. 대통령이 사우디 방문을 안 하고 사우디 왕세자가 한국에 오지 않고 일본에 가고 표 대결을 했더라면 어떤 평가를 할 것인가. 한국에 많은 일감만 몰아 줄 것이라고 오해는 안 했을 것이다. 그룹 회장들이 따로 따로 각 나라들에 다니면서 득표 활동을 별도로 추진했다면 그룹들 이미지는 좋았다.

## 3) 3대 발명품

세계 최대의 업적인 3대 발명품인 원거리 항해술이 가능한 "나침판"

전쟁의 칼 화살 기술에서 현대전으로 대포와 미사일을 발전시킨 "화약"

수천 년 동안 기록으로 남긴 인류 최대의 혁신은 "종이"

발명은 중국에서 하고 유럽에서 발전시켜 중국을 침략했다. 주나라 때 나침판을 발명하여 정승 판사를 배출하려고 명당자리 집터 찾는 데 이용했다. 서양으로 흘러간 나침판을 가지고 신천지 더 큰 세상을 찾으려고 바다로 나가서 항해술을 발달시켜 55개국을 식민지로 만든 영국이다. 화약을 발명하고는 폭죽놀이 불꽃놀이 구경거리에 사용했다. 서양으로 흘러간 화약은 총과 대포를 만들어서 중국을 침략했다. 목판이나 대나무로 글을 새겨 들고 다니기 무겁고 의사 전달이 다양해지면서 후한 말기 채륜이란 환관이 나무에서 섬유질을 추출하여 종이를 만들었다. 권세가들은 종이에 대나무를 휘갈겨 감상하면서 기생을 옆에 끼고 술잔을 기울이면서 풍류를 즐겼다. 서양은 중국으로 가는 바닷길을 나침판으로 항해하고 섬들을 종이에 지도를 그려 중국에 상륙하여 아편과 대포로 중국을 유린했다. 중국이 모두 발명을 하여 풍류로 후손들 왕후장상 만드는 데 집중할 때 서양은 국가를 위해 국력을 키우는 데 기여하는 걸 보던 리더가 있었다. 모택동은 수천 년 내려온 두뇌가 우수한 전략가들이 만든 것이기에 100년 후 2050년까지 군사와 경제로 강대국을 만들어서 세계 종주국이 되라고 했다. 1997년 7월 1일 홍콩 반환을 4개월 남기고 모택통이 사망하기 전 유해를 홍콩 앞바다에 뿌리고 홍콩의 흙 한 톨도 버리지 말라고 했듯이 시진핑 주석은 조용히 입을 닫고 귀와 눈을 열고서 유훈을 간직한다. 미국의 견제를 견디면서 미국을 넘으려고 위기 속에 전진하고 있다. 한국은 5천년 중국의 영향을 받을 수 있었고 수출수입으로 부강해지기에 행운인데도 미국 쪽으로 다가가는 만큼 수출 물량은 줄어들었다.

# 3. 법 앞에 서야할 사업주를 보호할 자료들

산업안전보건법 환경법 건축법등 수백 가지 항목 중에 위법을 찾아서 중대재해법으로 무거운 죄를 씌우려고 수십 년 단련된 법 전문가들 앞에서 어떻게 대응하여 무죄나 집행유예를 어떻게 만들 것인가.

## 1) 안전 시공 계획서 발표 후 사업주 결제와 두 가지 의미

• 건설공사는 공사 착수하기 전 (공사 중인 사업장은 연초)
• 제조업도 연초
• 사업주 앞에서 공정별 위험을 제거하는 시공기법을 포함하여 안전시공계획서를 잘 만들어서 발표한 후 질의응답을 하여 이상 없을 때 작업을 승인한다.

날인을 받은 후 사고가 발생하더라도 사업주가 사고 예방을 위해 할 업무를 했다고 할 것이고 관리자도 법적으로 싸울 수 있으며 중대재해법에 대응력을 높일 것이다.

### 가. 사업주가 출장 방문

사업주는 바쁜 시간에도 매년 상, 하반기 개별 사업장들을 순찰하면서 공정 현황을 직접 듣고 직원들을 격려하고 사업장을 지원하면서 주변의 사업장 책임자들을 같이 참석시켜 해당 연도 사업장별로 안전시공계획서를 발표하여 어떻게 안전하게 작업할 것인지 질의응답을 듣는다. 중대재해법에 대응할 질의응답을 거쳐서 승인하는 과정도 필요하다. 사업장을 순찰하지 못할 때는 먼저 화상영상으로 안전시공계획서를 발표하게 한 후 질의응답을 하고 후일 사업장을 방문하여 세부적으로 보고 받을 것이다.

### 나. 안전계획서와 위험성평가 작성

중소기업에서는 안전관리계획서나 위험성 평가를 작성하려면 시간이 부족할 것이고 내용도 복잡하고 작성도 어려울 것이다. 오랜 경험을 보유한 안전 전문가들이 소속된 전문 단체들을 인터넷으로 찾을 것이다. 단체들을 사업장에 참여시켜 적합하게 만들어 검토를 같이해 보고 사업장의 공정에 맞게 위험요인을 제거하도록 개선시켜 근로자들까지 숙지시켜 사고를 예방하는 데 주력할 것이다. 전문가들이 만든 자료들을 잘 활용한다면 적은 인력으로도 모두 다 안전 관리자가 되어 중대재해법에 대응할 것이다. 대기업에서 활용하고 있는 안전계획서 등을 얻어서 사업장에 맞도록 개선시켜 활용할 수 있을 것이다. 원청사의 잘 만들어진 안전시공계획서를 복사하여 사용한다면 현장에 맞도록 개선시켜 활용하므로 적합한 여러 방법들이 있을 것이다.

여러 방법들이 있기에 개선하려는 의지만 있으면 다양한 자료들을 구해서 사업장에 가장 적합한 방식으로 개선시켜 활용해 볼 것이다. 직원들 중에 경력 조건이 맞으면 안전 관리자 양성 교육 기회도 있기에 찾아서 중소기업에 유리한 길은 있을 것이다.

### 다. 사업장에서 안전시공계획서 발표 자리

고용 노동부 담당청 담당자(과장, 지청장)를 참석 요청. 초청하는 이유는 발표했던 공정에서 사망 사고가 발생하면 자문받을 수 있을 것이다. 무재해 활동을 추진하면서 어렵게 무재해를 달성한다면 무재해 달성장에 도전하여 상을 추천해 줄 수 있는지 건의해 볼 수 있는 기회가 될 것이다. 중대재해법이란 무서운 법이기에 도움 될 기회를 모두 찾아서 활용해야 사업주에게 위험을 막아 줄 것이다.

## 2) 사망 사고 발생 시 절차

가장 힘들고도 어려운 과정이 작업자가 일하러 왔다가 집으로 돌아가지 못하고 세상을 하직하는 일이다. 사망 사고가 발생하면 먼저 119가 후송해야 하며 2명일 때는 집 근처로 모시라는 유족 의견도 있을 것이다. 장례식장을 각각 분리해 주는 게 기업도 유가족도 서로에게 좋을 것이다. 최우선 사고 현장 촬영 후 보존과 신속하게 목격자 진술서를 확보하고 작업지시 반장의 진술서를 받으며 며칠분 작업일지도 확보한다.

이유는 누구의 과실인지 나타날 것이고 많은 인원들은 반장이나 업체서 추천하는 연결고리로 얽혀 있기에 중요한 것이 변절될 수 있어 몇 번이고 질문하고 원인을 찾는 것은 목격자 진술서가 대단히 중요하다. 모든 것은 육하원칙에 의해 작성해야 한다.

- 안전 작업계획서와 위험성 평가도 안전 관리자가 있는 기업들은 잘 만들어서 활용할 것이고 중소기업은 만들기도 어려웠을 것이지만 법이 요구하는 중요한 항목들은 준비해 두어야 할 것이다.
- 안전시설물은 어떤 상태로 유지되어 있었는지 작성하며 사고가 어떻게 발생했는지 철저한 조사와 주변 사진을 확보해 두어야 한다.
- 고용 노동부와 경찰은 각각 기업의 위법을 찾아내는 데 집중하여 조사기관과 자신들의 능력을 우수성을 보여 주려고 할 것이다.
- 다른 부서장들이 업무를 분담하여 처리하고 언론과 홍보는 대외업무 담당 부서가 협의 후 준비하여 한 목소리로 대답해야 한다.
- 본사는 변호사의 자문을 받아 유족합의와 중대재해법에 유리하게 대응할 것이다.

## 3) 사망자의 유족과 합의할 때 중요한 확인

중대재해법을 벗어날 중요한 내용을 제시할 수 있어야 한다.

【망자의 과실】

　작업하는 과정에 망자가 위험을 발생시켜 사망 사고가 발생했다는 말을 기록할 수 있다면 유가족에게 가장 어렵고도 가혹한 감당할 수 없는 폭행당할 제일 중요한 말이다. 합의할 때 유가족이 보는 데서 과실을 확보해 두어야 사업주가 법과 싸울 때 중대재해법에서 가장 중요한 보호막이 될 것이다.


- 산재보험 근재보험에서 구상권 청구를 망자에게 요구할 수 있기에 사업주를 보호해 주려다 합의금이 너무 적을 수도 있기에 주의해야 한다.


**가. 가 보지 않은 길은 어떤 위험이 있는지 모르며 사람이 하는 일 중에 어려울수록 당황하고 조급한 행동은 더욱 꼬일 수 있기에 위기가 닥쳐도 여유를 가지고 대응할 수 있으려면**

- 대답할 여러 대안들을 이것저것 기억해 여유롭게 대답할 것이다.
- 안전 시설물은 안전 법규를 잘 지켰으며 작업지시도 정상적으로 추진했고
- 사고 발생 전에 어떤 과정으로 작업했는지 목격자들도 같은 시간들을 같이 보냈기에 자신들 입장으로 생각할 수 있어 중요한 시간이 지나기 전에 빨리 진술서를 확보한다.


**나. 사망 사고는 화상 영상으로 4~5번 이상 원인 분석**

　어떤 원인으로 어떻게 사고가 발생했는지 안전하게 작업하고 관리했을 방법은 무엇이었는지 사고보고서 작성 후에도 본사와 사업장은 여러 번 화상 영상으로 분임토의식으로 질문하고 협의해야 하고 개인의 생각이 시시각각 변할 수 있기에 여러 번 질문과 답을 할수록 사업주에게 유리한 답을 얻을 것이다.


- 사고 보고서 1번으로 끝내면 중대재해법에서 빠져나가기 어려울 것이다.
- 원청사: 사업장 책임자(현장소장)→ 시공 부서장 → 과장 → 대리, 기사
- 하청업체: 업체 책임자(현장소장) → 업체 과장 → 업체 관리자 → 업체 작업 반장 → 목격자(근로자) 등 사고 원인과 대응력을 반복해서 질문과 답을 해 보면 중대재해법과 싸울 수

있고 기업 사업주에게 유리하게 만들어 줄 여러 지혜들을 관련자들에게서 찾아 낼 것이다.

- 무서운 법이 사업주에게 적용되기에 몇 번씩 질의응답으로 무죄의 답을 찾아서 만들어 내야 한다.

사고 보고서 한 번 작성한 후 쉽게 넘기면 절대 안 되고 귀찮을 정도로 관련 직원 근로자들에게 질문하면서 걸리지 않을 답을 구하고 찾아내야 한다.

### 다. 수사에 대응할 전략이 필요하다

관련 직원 목격자들을 불러서 조사한 걸 취합 후 사업주를 소환하여 죄를 씌울 항목을 찾아 낼 것이므로 사고 원인에 대답할 여러 가지 묘수들을 만들어야 할 것이다.

### ■ 수사의 질문이 무서운 점

"예"라는 대답하는 순간 자신이 법적 책임을 짊어져야 한다. "아니요"라고 대답하면 윗선으로 조사가 올라간다. "조사의 맥을 끊어야 안전할 수 있다." 어렵고도 어려운 시간은 사망 사고가 발생한 기업이기에 최악의 환경인 구속이라는 법 앞에 구속이냐 불구속이냐를 두고 조사 받아야 한다. 기업의 사업주들은 어떤 각오로 경영했는지 생각해 봐야 한다. 사망 사고를 당했던 기업들은 어떤 환경이었는지 알아본다. 자신의 기업은 어떤 대응력을 갖출 수 있는가. 자신을 어떻게 안전하게 지킬 수 있을지 스스로 생각해 본다. 기업에 유리한 것이 무언지 평소 근로자들이 어떤 여건에 놓였을지 잘 관리했는지 알아야 한다. 당하는 건 사업주이기에 사업장들을 직접 가서 점검해보고 직원들을 격려해 주고 경각심을 가지게 할 필요도 있고 근로자 식당에서 같이 식사를 하면서 고맙다고 격려해 주는 시간도 필요하다.

- 구속까지 가지 않는 방법은 사업주는 안전시공계획서를 임직원들이 발표할 때 철저히 검토하여 시공방법을 안전하게 하도록 지시했고 법이 요구하는 위험 공종에는 법적 조건을 갖춘 인력관리와 시설을 설치하도록 안전관리 비와 예산 인력을 사용하도록 지시했다는 걸 기록으로 남겨야 할 것이다.

- 관리자는 사망자가 어떤 원인으로 발생했는지 과실은 무엇인지 벗어날 방법을 다각도로 질의와 답을 해 보고 죄를 위로 올라가게 하면 안 된다. 자기 선에서 죄에 엮이지 않아야 하고 윗선으로도 번지지 않으려면 유사한 내용들도 관심을 가지고 여러 내용들을 듣고 읽어 보고 자문 받으면서 자기 것으로 만들 수 있어야 할 것이다. 사고에 대해 다양하게 대응력을 만들어야 할 때이다.
- 사망 사고에 기업의 사업주가 법에 걸릴 수 있는 위기를 당하게 하면 안 되고 자신이 자신 있게 관리했다면 당당해져야 하며 회사가 주는 자료 속에서 변호사가 무죄를 만들거나 짧은 유예를 만들 수 있어야 한다.

### 라. 프레젠테이션과 분임토의

사망 사고가 없게끔 사업장관리를 철저히 하지만 발생하는 순간 사업주는 형사법이나 민사법으로 걸어 두려고 조사를 하는 것이므로 중대재해법은 일반 조사와 다르기에 사업주는 빠져 나갈 수 있는 길도 만들려면 임직원들이 앞장서서 여러 방법을 찾아보고 법의 허점도 찾아내야 한다.

### ■ 프레젠테이션

조직의 전문가들 외부의 전문가들 법 전문가들 여러 명이 시설물 인력 작업 여건 등 사망 사고는 사업주 구속의 결과를 두고 법이 엮으려고 하기에 원인과 대책을 프레젠테이션으로 4~5번 이상 발표해 본다.

### ■ 분임토의

직원들도 여러 방향으로 분임토의식으로 토론회를 할 때 반박하면 절대 안 되고 대책을 발표해 보는 시간도 중요하고 도움 받을 길도 죄를 벗어날 방법도 찾아낼 수 있을 것이다. 근로자들도 참여시켜 재발 방지 차원에서 어떻게 어떤 원인으로 발생하게 되었고 잘못은 무엇인지 상대를 비판하지 않는 방법으로 토론한다. 사람은 화장실 들어 갈 때와 나올 때 생각이 다르듯이 생각을 깊이 있게 정리해 보고 수없이 많이 여러 방향으로 수정해야 한다. 프레젠테이션 자리와 분임토의 발표를 경청하면서 법과 싸울 수 있는 축적된 자료들을 얻을 것이다. 변호사에게 사망이라는 조건에서 무죄를 만들어야 하기에 다양한 자료들을 보여주는 게 중요할 것이다. 법 고수들을 한분야만 매달려 근무했기에 사망 사고가 발생된 여건에서 조사를 받아야 하기에 경찰과 검찰에 쉽게 걸려들 수 있다. 경영과 관리를 발주처의 공기 납기에 미래 성장의 시간에 매달렸던 유능한 사업주는 기업을 경영하면서 위기와 난간을 겪으면서 살다보면 경륜도 넓어진다.

- 안전은 인력과 공정으로 풀어야 한다면 좋은 묘수도 찾아낼 것이다.
- 가장 위험한 환경에서 살아남는 지혜를 찾아내야 하고 몸은 늙어도 마음은 더 성숙해지는 지혜가 있어야 조사에서 당당해지고 살아남는다.
- 똑같은 사람이고 갑과 을이지만 우리가 납부하는 세금으로 법이 먹고 산다고 하는 배짱도 가지자.
- 작업자들은 오랜 세월 현장에 근무했기에 사망 사고들의 원인과 대책을 가장 많이 알고 있고 가장 쉬운 내용을 제시할 수 있기에 그런 내용들을 변호사에게 제시하여 다양한 생각을 할 수 있게 해야 가장 무서운 중대재해법으로부터 기업의 사업주를 구할 것이다.

주눅이 들어서 유도하는 대로 끌려가면 안 된다. 기업도 많은 경력과 경험들이 축적되어 있다. 임직원, 과장 부장급, 기사 대리급, 작업반장, 하청업체 관리자들 근로자들은 단계마다 위기 대응력을 수년씩 겪으면서 싸우면서 근무했기에 그들의 능력을 끄집어낼 수 있으면 중대재해법의 무서운 질문에 사업주를 보호해 주고 싶은 대응력과 순발력이 생긴다. 기업을 경영하면서 임직원들과 하청업체들 근로자들에게 신뢰를 보여 줄 때 그들도 도와주려는 마음이 생겨나서 유가족에게도 회사의 고마움 등을 전해 줄 것이다.

- 사망 사고 발생은 사업주에게 구속을 만들려고 법이 조사하므로 기업은 최고의 수를 두어야 하는데 대한민국은 우수한 학벌의 직책이 우선하지만 이때는 산전수전 겪은 잡초 같은 직원과 근로자들도 모두 같이 참여시켜서 유리하게 만들려고 해야 한다.

양반 기질은 배고프지 않으면 단순한 생각밖에 안 할 것이지만 시련을 겪은 놈들은 벗어나려고 기상천외한 답을 제출할 수도 있기에 근로자들은 그 당시 실정을 제일 잘 알기에 참여시켜 보는 것도 유리할 것이다. 모시던 사업주가 구속기로에 놓였다면 그들의 생각은 전혀 다를 것이다.

## 4) 책임자들 반성의 시간

2m × 2m 철판을 17m 철골 트러스에 얹어서 체인블럭으로 달아 두고 임시 용접을 해 두고 시공부서에서 아래쪽 안전망을 복구시켜 두었다. 주변 작업들이 끝내고 보름 정도 지난 후 안전망을 부분 해체하고 로프를 내려서 용접 홀더선 가스 절단기 그라인드 호스들이 무거워서 따로따로 달아 올린 후 체인블럭이 철판을 달고 있기에 호스를 트러스에 묶어 두고 철판에 두 명이 앉아서 본 용접을 하려고 철판과 트러스에 가용접해 둔 걸 절단했을 것이다. 체인블럭에 달려 있던 철판이 두 명 앉은 무게 때문에 기울어지면서 아래로 추락하여 집이 가까운 장례식장을 유가족이 요구하여 분리 안치시켜 회사는 최대한 지원하여 협의를 끝내고 장례를 잘 치를 수 있었다.

### 가. 사죄의 방법

그때 어깨띠를 두르고 재발방지를 위해 고함치는 결의 대회로는 사고의 고리를 끊는 건 불가능하다는 걸 알았고 소장들이 그렇게 할 수 없었을 것이다. 4일 후 근로자들을 8개 현장별로 모여서 직원들을 앞세우고 소장들이 업체와 근로자들 맨 앞에 도열하여 회사를 도우러 왔는데 소장으로서 지켜 주지 못했다고 근로자들에게 솔직하게 사죄의 시간이 있었다. 남은 공사기간 동안 책임자인 소장으로서 자신이 관리하는 근로자들을 안전관리를 어떻게 하겠다는 걸 현장별 근로자들 앞에서 각자 제시했다.

현장 소장들이 협력사 근로자들 앞에서 진심으로 힘을 함께 모아 사고를 끊자고 직접 부탁하면서 소장의 역할인 안전시설물 설치와 점검과 개선은 어떻게 할 것이고 최선을 다해서 마감 시까지 자신들의 역할을 다해 참여한 근로자들을 안전하게 지켜 줄 것이라고 직접 말하는 시간이 있었다. 늦었지만 소장들과 근로자들이 함께 사망 사고를 끊자고 다짐했다. 현장 소장들이 안전관리를 주도하여 2년간 준공 시까지 경미한 산재사고 1건도 없었다. 공장을 준공시킬 때 까지 귀한 시간들을 소장들과 근로자들이 합심하여 만들었다. 사고를 예방해야 하지만 발생했을 때 어떻게 처리하는 게 유가족에게 조금이라도 위로가 되는지 생각했으며 현장에 왔다가 집으로 돌아가지 못한 죄송스러움은 소장으로서 유가족에게 최선을 다해 도와주려고 직원들을 독려하는 소장들의 진심을 보았다.

# 4. 기업 로비에 사망 사고 제로 추진판 배치

　기업 본관 1층 로비에 사업장별 사망 사고 제로 전광판을 배치하고 50~100개 사업장이 많으면 산재사고까지 막기는 어려워질 것이다. 사망 사고만 기록한다는 기준이 정해지면 전력 질주해 볼 수 있다. 임직원들과 외부인들이 출입하면서 모두 쉽게 볼 수 있도록 LED 전광판에 사업장들의 시간이 자동 입력되게 배치한다. 기업 브랜드를 외부에 홍보할 수 있고 어떤 기업도 지금까지 해 보지 못한 기회를 당당하게 보여 기업은 외부에 홍보 시켜볼 때이다. 기업이 주관하고 사업장 이름을 걸고 동시에 출발하고 모두 다 같이 추진한다면 중대재해법을 유예해 주라는 기업들보다 전혀 다른 도전을 할 기업이 될 것이다. 현황판에는 사업장들을 나열하고 시작 날짜를 기록하고 시작한다. 임직원들이 경각심을 가지고 추진하므로 인적사고, 물적사고를 예방하자고 모두 다 앞장서서 막으려고 안전 활동을 전개하려고 노력할 것이다. 사업장 별 현황판을 배치하고 모두 도전해 보는 것이다.

　진행하다가 어떤 사업장에서 사망 사고가 발생하면 전광판을 빨강색으로 표시하여 다른 사업장들에 경각심을 주어 철저한 대비를 할 것이다.

- 50~100개 사업장은 사망 사고를 근절하자고 도전하여 이룰 수 있다.
- 부산신항만에서 10개 공동도급사 직원들 22개 하청업체. 1000명의 근로자들. 265대의 크고 작은 장비. 3.2km × 60만 평 바다를 매립하여 안벽과 컨테이너 부지 3건의 사망 사고를 반성하고 3년간 무재해를 달성했다. 큰 위험을 겪으면서 반성하고 해 보자는 오기가 생겨야 가능한 일이다.

## 가. 무과실책임주의에서 무재해 활동

산업안전 보건법에서 무과실책임주의 때는 사망 사고가 발생해도 사업주에게 임직원들에게 피해가 적었기에 안전 관리자의 사명감이 없으면 시설비를 투자하고 관리자 근로자들을 동원시켜 무재해 활동은 어려웠고 안전 관리자들도 무재해 운동은 어렵게 추진했을 것이다.

## 나. 사업주가 구속되는 중대재해법

- 사망 사고가 발생하면 회사의 사업주가 직접 중대재해법에 걸린다.

임직원들의 노력과 근로자들의 헌신으로 무재해를 달성해야 한다. 안전 관리자들은 무재해 운동은 날아다니면서 할 수 있는 기회를 중대재해법이 사업주 구속이라는 큰 위험을 가했기에 마음껏 무재해 활동을 펼칠 수 있었다.

사망 사고를 막을 시설물과 계획서 등을 현장에 맞게 잘 만들 수 있는 환경을 국가가 만들어 마음껏 펼치게 법이 지원했다. 능력이상으로 펼쳐서 사망 사고를 막아서 기업의 사업주를 보호해 주는 게 회사의 직원들이 해야 할 의무이고 책임이다. 대리가 지적서를 부장에게 개선하자고 요구할 정도 되고 부장도 잘 지켜 주어야 사업주를 보호할 것이다.

## 1) 무재해 달성장을 세계 문화유산에 신청

중대재해법에 걸리지 않는 최고의 묘수는 일정 기간까지 사망 사고 산재사고가 없는 무사고 사업장을 만들 때 가능하다. 고용 노동부로부터 무사고 사업장에서 받을 수 있는 최고의 영광은 "무재해 달성장"이다. 끝나는 시간이 정해지지 않는 무재해 얼마나 어려운 것인가. 무재해 목표를 달성하여 고용 노동부 장관상까지 수상할 수 있는 기회가 온다면 사업주와 기업은 영광이지만 기업마다 상을 다 받을 수 있는 건 아니다. 사망 사고 산재사고 산안법에 관련된 인적 물적 사고가 없어야 할 것이다.

사업장에서 사망 사고와 산재사고가 없다는 사업장에 무재해를 인정한다는 상을 받고 싶은 실적이 우수한 기업들이 많이 활동하면서 받고 싶어도 3년 동안 무재해 사업장을 만드는 건 대단히 어렵고 힘들 것이다. S건설은 사업장이 100개 이상 되므로 사망 사고는 제로와 시키기도 대단히 어려운 현실이다. 무재해를 달성하여 세계문화 유산에 도전하는 기술은 세계 어떤 그룹과 기업들이 상상할 수 없는 새로운 영역에 어떻게 도전할 것인가.

최고 우수한 무재해 기법들을 펼쳐서 임직원들과 근로자들이 앞장서서 기업과 한 몸이 되어 도전해 볼 때 최고의 보람을 안겨 줄 것이다

### ■ 3년 동안 사망 사고를 제거한 후 세계문화유산에 신청해 본다

건설사가 50개 이상 공사 현장이나 생산 제조업체를 가지고 동시에 3년 동안 사망 사고를 근절시키겠다고 도전하는 자체도 중요하다. 사망 사고를 제거한다면 세계에 우뚝 서는 선진 기업으로 인정받을 것이다.

건설은 공정이 다르고 수십 미터 바닷속에서 수백 미터 하늘에서 수십 미터 땅속에서 없는 걸 무에서 유를 만드는 100개 이상 사업장을 운영하는 건 대단히 위험한 공사들을 잘 관리하여 그 속에서 3년간 사망 사고를 제거한다면 한국의 산업계에 신기록을 세울 중요한 일이고 도전해 볼 일이지만 쉽게 달성하기 어렵다. 사망 사고만 분리하여 3년간 추진하여 분리 신청해 보는 것도 어려울지 모른다. 근로자들 수만 명 이상을 참여시켜 사망 사고를 제거시킨 건설사라면 더욱 빛날 것이다.

사망 사고를 3년간 제로화시켜 문화유산에 신청할 수 있으면 세계 최초로 아무도 못하는 전혀 불가능한 악조건을 이겨 내고 도전에 성공했기에 산업계가 세계 어떤 기업도 해 보고 싶은 욕심은 있지만 수십 년간 못한 일을 도전하여 달성했다면 어떻게 평가할 것인가. 대한민국을 넘어 세계의 어떤 기업들 모두 전무후무한 기업을 대표해 세계 문화유산에 신청해 보는 게 희망일 것이고 불가능한 일에 도전하는 것이다.

### ■ "세계문화 유산에 산업계 최초로 등재"

얼마나 보람찬 일이며 사업주들의 꿈일 것이다. 매년 사망 사고는 제거도 어렵고 산재사고를 같이 근절시키는 건 더욱 어려울 것이다. 수만 명의 근로자들이 100개 정도 다른 작업 조건

의 사업장에서 가장 열악한 환경에서 작업하면서 산재사고까지 제로화시킨다면 대단한 안전 관리 기법이다. 기업은 위험을 제거하면서 수십 개 사업장을 동원하여 시작해 보는 것이다.

누구나 달성해 보고 싶을 무재해를 기업이 노력하여 달성했을 때 세계문화유산에 등재할 수 있다면 세계를 상대로 수주와 비즈니스에 원하는 걸 모두 얻을 수 있을 만큼 효과는 클 것이고 매출 22조5천억 원~7천7백억 원 사이다.

100대 건설사 2017년~2019년 3년간 1위~50위까지 경기 활성화 시기 산재사고 총 7339건 중 6337건. 사망 사고 종 214건 중 181건 발생 84% 차지 사망 사고 0건 달성 건설사는 7개사로 사망 사고 제로화가 어려운 건설이다.


## 2) S건설을 벤치마킹하여 무재해 시작

편안하고 안전하게 일한 만큼 돈을 벌어 가게 해 줄 때 근로자들도 스스로 안전한 행동을 하려는 마음이 들게 되면 "무재해 시작"될 것이다.

### 가. S건설 무재해를 견학

매년 도급금액은 가장 높아도 사망 사고는 없거나 낮기에 몇 년간 같이 참여하므로 벤치마킹 할 수 있는 좋은 기회가 될 것이다. 공동도급으로 S건설사가 리딩사로 선정된다면 참여 기업들은 무재해 기법을 보고 배울 수 있어 자신들 회사에 안전을 활성화시킬 수 있다. 하청업체도 참여한다면 S건설의 안전활동을 몇 년간 직접 보면서 좋은 기회를 보고 활용할 수 있다면 회사와 직원들 근로자들은 큰 도움 받는 것인데 어떻게 활용할지는 참여한 사업주들의 안전을 하려는 의지에 달렸다.

S건설의 안전시공계획서와 여러 안전기법들을 복사하여 해당기업 사업장에 활용하도록 변경시켜 적용한다면 남들보다 더욱 안전한 사업장이 될 것이다. 울산 삼성석유화학 3차 현장에서 BS7750 환경인증을 직접 준비하여 받았으며 ISO9001 품질경영 시스템을 품질팀에서 준비하여 받을 때 BS7750 경험이 있었기에 도와주었다. 안전관리를 하면서 주변의 품질작업

도 안전하게 하는지 같이 보면서 지적도 할 수 있는 계기가 되었다. 외부에서 견학을 오면서 현장의 상태를 보고는 일본에 비싼 경비 들여서 가지 말고 울산 현장에 견학 가 보라는 이야기들도 본사를 통해서 알려질 만큼 책임자들의 의지에 따라 무재해도 만들 것이고 사업장도 달라진다.

### 나. 지역별 Chief 제도

선임된 안전 관리자들이 다른 지역 사업장들을 반기별 같이 다니면서 점검을 해 주고 품평회도 하고 우수 안전 환경 활동을 발표를 해 보게 하고 위기가 될 수 있는 공정들을 보면서 비교하여 개선해 나갈 것이다. 근로자들이 많은 협력사의 안전 관리자를 다른 사업장에 같이 동행시켜 보여 준다면 도움 될 것이다.

하루 이틀 본다고 쉽게 배울 수 있다면 모두 다 무재해를 만들 것이지만 누구처럼 대기발령 등을 당해 보고 이빨을 갈면서 배우고 싶었고 근로자 관리자들에게 물어보면서 도움이 되는지 등 기회를 스스로 만들어 나갈 것이다.

## 3) 사망 사고를 감소시키지 못하는 환경

산업안전보건법은 거창하게 시작했지만 무과실책임주의를 수십 년간 집행하면서 왔기에 기업이나 사업주는 안전할 줄 알고 경영에 전념하면서 기업에 사망 사고가 발생하면 관리자들에게 가벼운 처벌로 대처하면서 흘러왔다. 코로나로 산업계도 침체되고 왕래도 끊긴 환경에서 중대재해법이 먼저 등장하면서 사업주에게 무거운 구속이라는 법을 등장시켰기에 어려운 경영이 되었다.

### 가. 한국과 일본의 안전의식

일본의 안전관리를 비교해 보는데 그들은 1994년 견학 가서 본 것은 그때 수백 톤 타워크레인을 배치하여 고소 지역 작업을 획기적으로 줄이고 있었다. 지진의 나라이기에 공정 자체가 고소작업을 줄이는 공정이고 대형 물량을 부두에 하역 후 트란스포터에 실어서 도로를 운전하여 건설 현장까지 대형 크레인으로 인양 후 설치하는 공정이 그 당시부터 시공되고 있었다. 사회의 환경이 복잡하지 않았을 때 정부가 주도로 사망 사고 근절에 나서야 했는데 무과실책임주의로 적용시켜 기업이 스스로 사망 사고를 근절시키는 공법들을 오랜 세월 개발하지 않고 추진하지 않으면서 최고의 강한 중대재해법만 바로 펼쳐 보인다. 2020년 한국은 사망 만인율 2.0일 때 일본은 0.5로 4배나 낮았다.

- 일본은 근로자들이 안전의 주체가 되어 안전보호구를 직접 구매하여 착용하므로 자신의 생명을 스스로 보호하려고 한 몸으로 여긴 세월이 수십 년이다.
- 한국은 안전보호구를 지급해 줄 때까지 기다리므로 생명을 남이 보호해 준다는 생각이기에 적극적으로 착용할 책임감이 적어진다.

중대재해법에서 무재해 활동은 기업은 자체 규정에 따라 강화시킬 것이고 직원들도 적극적으로 사업주를 보호하겠다는 생각이 강할 때 동참할 것이다.

**나. 대한민국 산업계 무재해 활동 공유**

130만 기업 산업계가 사망 사고 예방에 적극적으로 동참하면서 서로의 안전활동 계획서를 모두 다 공유하면서 어떤 여건에서 사망 사고가 어떻게 발생하는지 원인을 공유할 수 있다면 산업계는 무재해를 하자고 서로 격려하고 활동을 공유하며 추진할 것이다. 사망 사고가 발생한 기업들을 보면 공사현장이 많은 대기업일수록 산재사고가 많이 발생하고 사망 사고는 줄거나 그대로 이어진다. 사망 사고를 줄이려고 정책을 펼치다 보면 산재사고가 많을 수 있다.

**다. 건설업 제조업 등은 무재해를 추진하면서 최고의 안전활동을 각 기업마다 추진하는 활동들을 무재해 방에 공유할 수 있다면 기업별 적합한 활동을 펼치므로 좋은 활동들을 찾아서 개선시켜 운영해 볼 수 있을 것이다**

법이 앞서서 무재해 기법을 전파하고 어려운 기업들을 격려하면서 사망 사고 예방에 주력했다면 모두 우수한 기법들을 공유할 수 있었을 것이다. 중대재해법이 죄를 주려는 취지로 출발했기에 모두 다 재해 예방에 우수한 기법들을 공유할 수 없어서 각자 힘들게 추진한다.

# 제8장

# 미래를 창조할 새로운 경영층

60대는 40대들보다 몇 배 이상 더 노력해도 성공할 기회가 어렵다고 한다.
한국은 특이한 구조로 되어 있다.
비무장 지대 아래 국가의 기능이 집중하고 모든 권력과 중요한 군의
조직이 언제든지 동원 가능한 인력으로 주요 시설을 장악할 수 있다.
학맥 인맥을 동원 가능한 조직에 모아 두면 국가가 위험하다는 걸 보였다.
나는 사람에게 충성하지 않는다는 걸 12월 3일 군의 중간 아래 군인들은 그 말
을 뒤시기고 윤 대통령에게 충성하지 않고 국민들께 충성을 보여 주었다.
계급이 있을수록 말을 쉽게 하게 되면 다시 자신에게 되돌아간다.
80년대가 아니고 2016년이 아니고 인터넷이 전국을 장악하고 개인들
휴대폰이 1개 이상 되기에 젊은 군인들의 행동은 질서 있는 국민편에 섰다.
추운 날 아스팔트 위에 앉아서 응원하던 젊은이들이 주도하는 민주주의
당당하게 보여 주는 새로운 시대로 진입하고 그들이 리드하는 세상이다.

기업에서 진행되는 공정을 관심만 있으면 동시에 볼 수도 있는 조직들은 중요한 공법들을 가장 많이 알 수 있고 가장 많은 직원들과 접하고 대화할 수 있다. 안전 분야는 능력과 두둑한 배짱이 꼭 필요하며 남들은 하찮게 여기는 부서일지 모르지만 사람의 생명을 지켜 주는 일만큼 중요한 게 없을 것이다. 새로운 분야를 만들 만큼 개발되지 않는 여러 안전 기법들이 많기에 깊이 있게 공정속의 지식들을 많이 축적할 수 있는 안전, 품질, 환경. 기후변화, 사막의 녹색화, 쓸모없이 방치시킨 산림 등 일을 찾는 분야가 많이 있다. 쇠퇴기 시대에는 자신들이 행하는 분야를 축소하여 보므로 시야가 좁아지고 빈틈이 많이 생기면서 실패를 한다. 이때는 사람들이 성장하려고 창조성도 키우는 성숙기 시대로 다시 도전해야 할 것인데 오랜 시간 안주하다 보면 기업도 30년 주기설이 있듯이 서서히 석양의 지는 해가 될 것이다. 이때는 일하고 싶은 이익을 내고 싶은 극소수 두뇌들은 개발되지 않은 숨은 곳을 찾아 주거에서 벗어난 자유로운 유목민이 되고 싶을 것이다. 세계 최고의 영토를 점령한 징기스칸은 하늘을 보면서 꿈을 키웠고 늑대를 보면서 정복의 힘을 키웠듯이 미래는 위아래 진동 소음으로 싸우면서 살 것이 아니고. 어린아이들 힘껏 뛰놀면서 성장할 환경은 콘크리트 닭장 속이 아니고 넓은 환경, 수풀 속에 살아갈 주거 공간으로 변화할 때이다.

한국의 현실은 똑똑한 머리로 돈을 벌어 가려고 50년 대출로 도와주는 척하면서 아직도 로또 분양이라고 순진한 사람들을 열광하게 만든다. 기업과 그룹의 주요한 위치를 경영할 젊은 인재라면 젊어서 미래를 대비해야지 지금의 기업에도 AI가 적용된다면 변화가 다가올 것이다. 코로나19를 겪으면서 준비 없이 불시에 재택근무를 하면서 기업들은 장단점을 파악하면서 미래는 직원들이 전 세계 뉴욕에서 황산에서 어디서나 노트북과 휴대폰 1대만 들고서 근무할 시대가 머지않아 올 것이다. 불시에 닥친 IMF에서 기업들은 살기 위해 개인들의 성과 연봉제를 도입시킨 시간이 25년이 흐르면서 적용 자체가 성과였고 많은 실적을 만들었다. 일본은 전쟁으로 남자 씨가 마르자 평생 근무 조건으로 호봉제를 정착했고 한국은 그대로 도입하여 경쟁이 두려워서 승진은 세월에 맞기고 고액연봉만 챙기는 근무자도 같이 가는 시대이다. 성과 연봉제를 오래 시행하면서 재택근무를 할 수밖에 없는 코로나19가 불시에 닥치면서 우수한 기업들은 최고의 성과를 만들 성과 위주의 비법들을 이미 만들었을 것이고 기회만 되면 달릴 것이다. 축적된 노하우를 더욱 개선시키고 개인들의 실적을 창출하려면 기법 개발과 신뢰성을 가질 때 미래는 가고 싶은 곳으로 이동하는 유목민 생활과 인터넷 환경으로 주거도 새롭게 바뀔 것이다. 문제는 강력한 태풍과 집중 폭우가 쏟아진다는 환경위기의 시대에 진입했다. 생존을 찾아서 편리한 위아래 층 눈치 안보고 살아갈 주택을 만들어서 전기는 지붕에 설치한 태양광으로 공급받고 거대한 드론이 주택을 인양 후 원하는 지역으로 옮기고 물과 정화조처리는 캠핑장에서 사용하고 택배 기술은 더욱 발달되어 배달해줄 것이다. 인터넷으로 업무를 보고 콘서트를 대형 TV로 집에서 보고 화상영상으로 업무를 회사와 처리하면서 간다면 강남의 콘크리트 고층에 살아야 할 필요가 없고 S대를 졸업해도 큰 미래가 필요 없는 AI 시대가 다가올 것이다.

새로운 미래는 안전 품질, 환경, 기후변화에 통달한 전문가가 사전 주거지를 외부와 같이 검토하여 최적의 주거환경을 제공할 것이다. 가장 낮은 직책인 기사 대리 때 정식으로 당당하게 입사하여 평범한 프로젝트이고 가장 꺼리는 안전 업무를 3년 정도 근무하면서 누구도 관심이 없기에 마음껏 원하는 기술과 여러 관리 능력을 세계를 상대할 수 있는 기회를 만들어 볼 때이다. 임원급에서 안전팀장으로 근무하면 팀원들은 근무하기 편하다고 다른 부서와 업무는 협조가 가능할 것이다. 자존심 때문에 다른 부서와 관습되는 걸 언성을 높이고 해결은 못 할 것이고 기업의 중요한 바닥이 어떻게 돌아가는지 뻘땅인지 단단한 기초가 다져졌는지 볼 수도 알 수도 없을 것이다. 기사 대리급에서 안전관리로 근무해 보는 게 잡다한 잡일을 경험하고 바닥을 볼 수 있다면 미래 그룹의 경영층이 된다면 탄탄한 기초를 자연스레 다지게 될 것이지만 대부분 직원들은 바닥에 근무하는 걸 자존심이 허락지 않을 것이다. 회사가 망하거나 위기를 만드는 건 가장 낮은 바닥에서 일어나기도 하는데 경영진들은 그 원인을 아직도 잘 모른다. 험한 밑바닥 업무를 경험하려면 어떠한 위기나 자존심을 뭉개는 한직이기에 똥물을 퍼 낼 정도 강한 인간일 때 가능하다. 성질 난다고 직원들 정강이 걷어차고 서류 던지는 그런 갑질 생각으로 근무하면 절대 안 되는 게 훗날 긴급 결정해야 할 큰일이 닥치면 기초가 약해서 아래 직원들 앞에서 서류나 던지고 성질이나 내면서 자릿값을 하면서 자신감이 없어 언론에 안 끌려가려고 뒤로 숨을 것이다. 명나라 주원장이 황제가 되어 토호족 기득권들이 백성들의 피를 빨아먹는 걸 알고는 수만 명을 죽여 버린 것은 거지 땡중이 되어 천하로 돌아다니면서 참담한 실상을 보았기에 백성들이 환영했기에 가능했다. 세상에 부러움 없이 잘 살면서 성장한 자녀들은 이웃에 대한 베풂과 배려를 배우지 못해 자기중심적으로 생각하고 착각하고 위에서 조그만 부추겨 주면 엉뚱한 돌발적인 행동을 잘한다. 그들은 부모들의 많은 부를 물려받으면서 살아갈 것이기에 국가나 사회에 기여할 수 있는 기회를 모르고 제시하지 못한다. 성장하면 함께 살아가는 사회를 생각해 보지 못했기에 자신의 생각이 잘못된 것이 아니고 국가의 미래 비전에 넣어서 성장시킬 기회를 국가의 능력이 부족했기에 알려 주려는 리더가 없었기에 국가보다 개인의 조직에 충성하다 몰락한다.

대부분의 젊은이들이 미래 살아갈 재산을 만들려고 허우적거릴 고통을 걱정하지 않아도 되고 그 시간을 더욱 활용할 수 있는 최고의 자산을 만들 수 있기에 행복할 것이다. 국가가 큰 틀에서 교육시키면서 세계적인 강자들 속에서 큰 야망을 키우게 교육의 기회를 만들지 못했지만 부모들의 부를 만든 능력을 물려받았기에 국가에 기여할 수 있는 야망을 조금씩 만들어 줄 때이다. 최고의 자산이 있는데도 국가가 찾아내지 못하고 활용할 자산에는 관심도 없을 만큼 생각 안 했을 것이지만 특출한 리더들은 스스로 성장할 줄 알았다. 대한민국에서 그룹 회장급이나 기업의 사업주가 젊어서 가장 낮은 직급에서 한직이라고 여기는 안전 품질 쪽으로 근무해 본 적이 없기에 쉬운 결정이 절대 아닐 것이고 도전한다면 대단한 안목의 소유자로 성장하게 될 것이다. 그룹 회장이나 기업 사업주가 경영에 위기가 와서 대중 앞에 서서 이것이 아니요 당당하게 대응했던 기업주는 아직까지 없었다. 좋은 꽃길만 걸으면서 성장했다면 위기를 겪어보지 못했다면 언론이 여론화시키고 원인을 파헤치는 데서 대답을 못해서 쩔쩔 헤매게 될 것이다.

간단하게 목적을 달성시킬 방법이 있다. 2년제 전문대 안전학과를 야간에 다니면서 안전 관리 자격증을 취득하고 졸업할 것이다. 그 2년 기간에 주간에는 자신의 전공학과를 4년간 공부하면서 갈 것이고 남은 2년은 야간에는 대형 사고들이 많은 토목. 건축분야에 학원에서 야간에 공부해 본다. 유치원부터 초, 중, 고, 대학까지 똑같은 절차 속에서 배우고 똑같은 생각을 주입시켰기에 특별한 인물로 성장시킬 수 없는 한국의 구조이다.

한때 세계갑부 29위였던 헝가리 출신 조지 소로스도 살고 싶어서 국경을 넘었고 일하다가 다쳐도 치료받지 못하고 빈민가에서 살면서 영국 전경 대학에서 법학과 경제학을 복수로 공부했듯이 죽음의 길목에서 살아남은 특출한 인간들은 남들이 안하는 짓을 스스로 찾아서 해 보면 훗날 큰 리더로 성장한다. 수천 명 근로자들을 안전하게 관리하면서 공사마다 각양의 시설물을 개선하고 건설업 제조업 여러 분야의 공정을 다루는 기술은 안전분야가 유일하다. 그 속에는 기교도 배우고 다양한 인간들과 부딪히기도 하고 대응하는 기술을 배우면서 성장할 것이다. 짧은 기간에 정밀하게 깊이 있게 알기는 어렵지만 미래 경영층으로 가는 코스라고 생각한다면 한국에서는 새롭고 필요한 분야가 될 것이다.

기업의 중요한 위치로 성장하려면 대중들이 상상할 수 없는 국가 사회 기업들의 큰 사고 처리하는 걸 관심 있게 지켜보고 시뮬레이션 해 봐야 하는 게 한국의 구조는 같은 큰 사고들이 반복하는 구조로 되어 있다. 여러 기업들의 다양한 대응방식을 볼 것이고 자신이 부당한 처우를 당할 수도 있기에 참고 견딜 수 있을지 선택할 시간이 올지도 모른다. 기업에 닥치는 위험한 상황을 누가 어떻게 처리하는지 어떻게 대응하는 능력을 배워 둔다면 훗날 유리할지 모른다. 죽은 사람이 떠나는 길에 회사와 유가족과 합의하는 업무는 세상에서 가장 험악하고 가장 말하기 힘들고 가장 위험하고 장례 합의는 죽은 사람을 두고 밀고 당기는 합의 시간은 짧아야 3~4일이다. 사고가 발생한 협력업체가 직접 나서서 합의해야 하므로 아무도 모르게 근처에 가서 고성이 오가고 맞을 수도 있는 협의하는 과정을 몰래 지켜보거나 CCTV로 본다면 어떨까. 합의장에 참여하여 협상하는 과정을 배울 것이고 발각되면 유가족에게 유리하게 해 주려고 업체나 원청사 안전팀 소속이라고 말하는 순간 감당하기 어려울지 두드려 맞을지도 모른다. 유가족에게 알려져 몰매를 맞을지도 모르지만 죽이기야 하겠는가. 협의 과정을 지켜보면 훗날 대한민국 원청사들 고급 인재들 누구도 겁이 나서 못 하는 최고의 위기처리 협상 능력을 배우게 될 것이다. 노사 협상, 기업 M/A 어떠한 협상력도 죽은 망자를 앞에 두고 하는 협상만큼 어렵겠는가. 그런 단계를 겪으면서 성장하여 언론 여론 정계 그들 앞에 등장하여 해결책을 제시하면서 기업의 경영자가 새롭게 탄생하는 것이다. 아직까지 대한민국 산업계는 책임자들이 나서서 이것은 아니라고 당당하게 대응하는 걸 한 번도 보여 주지 못한 세월이 40년이다. 내용을 모르고 아래서 보고하는 걸 믿고서 언론에 미숙하게 대응하다가 욕은 욕대로 듣고 줄 것은 다 주고 세상이 원하는 걸 들어 주면서도 질질 끌려가는 것이 권력자들 기업의 리더들이다. 청문회에 끌려 나가고 권력의 밥이 되고 언론 앞에서 약한 건 지금까지 기초가 약해 당당하지 못했기 때문이다. 기업에 커다란 문제가 생기면 젊어서 안전 쪽으로 근무했던 기초가 있다면 안전모 쓰고 작업복 입고 안전화 신고 사고 장소로 가장 먼저 달려가서 휘어진 철근을 잡고 원인 파악을 한다면 임원들 간부들이 옆에서 숨기지 못하고 정답을 보고하는 걸 자신의 기초에 믹싱시켜 본다면 한국의 언론 여론 정부 누구도 그렇게 못했기에 누가 감히 최고 실력자에게 반격하겠는가. 길이 있는데도 인간은 꽃길을 걷고 싶기에 쉬운 길로 가다가 이빨 센 놈들에게 당하는 것이다. 이런 험한 일은 험한 걸 겪어 보지 못했고 기초가 없기에 자신감이 없어 못하는 것이다. 그기에 자신이 경험했던 과정들을 짜깁기해 보면 정답을 만들 수 있고 대책까지 만들어서 기업에 유리하게 발표할 것이고 언론보다 앞설 것이다.

젊어서 기업의 기초 바닥을 쇠말뚝처럼 단단하게 박아 두지 못해 내성이 약하고 단단하지 못해 누구나 근무하고 싶은 관리 기획 재무 쪽으로 성장해도 1위가 되지 못하면 직원들에게 넘겨야 한다. 훗날 위기에 처하면 겪어 본 것이 없기에 쉽게 휘둘리고 위기가 생겼을 때 뒤로 숨었기에 기업이 세상의 언론과 여론에 대응한번 제대로 못하면서 동네북이 되어 버린다. 그런 세월을 수십 년 흘러왔기에 더 이상 물러 설 곳이 없다면 방향을 바꾸어 당당하게 반격할 실력을 배워서 보여주어야 할 것인데 보이지 않는다. 그러려면 젊어서 해당 분야에서 기초가 단단해야 할 것이다. 기업의 생사가 걸린 위기가 닥치면 한 번도 이긴 적이 없는 건 가장 낮은 곳의 잡초 같은 바닥 생리를 모르기에 경험해 보지 못했기에 언론과 여론은 주가를 올려 인기를 과시하고 돈을 벌어 가는 상대에 뭇매를 가해 쓰러지게 만들어야 언론 가치가 올라간다. 그것이 세상의 진심이고 실력보다 이빨 센 놈이 이기는 세상이다.

## ■ 기간은

기업인들은 모두 양지쪽만 바라보면서 근무하지만 중요한 결정은 음지에서 이루어져 왔다는 점이다. 로스차일드 가문도 남들 모르게 5형제가 부를 창출하려고 남들이 하지 않는 남들이 모르는 음지에서 워털루 전투를 주시했고 그들의 전략을 나폴레옹을 무너뜨려 사라지게 하는 전략 과영국이 이기게 만들어 주면서 국가와 부자들 재산을 모두 토해 내게 하는 전략은 최고의 두뇌들만이 남모르게 거대한 음모를 추진할 수 있었다. 위험한 기회를 만들어서 쉽게 부를 거머쥐었다. 안전에서 힘든 경험들을 해도 주변 조직은 관심도 없으며 힘든 걸 알려고도 하지 않고 도와주지도 않기에 외롭게 3년 정도 굽실거리면서 푸대접 받으면서도 견딜 수 있다면 자신의 실력을 마음껏 깊이 들어가서 공정들을 파헤쳐 보는 것이다. 고통을 감수하면서 준비하면서 간다면 대한민국 누구도 덤빌 수 없고 기업들도 넘볼 수 없는 모방할 수 없는 당당한 새로운 리더가 탄생할 것이다. 재무 기획 해외 영업은 수십 년간 대한민국 기업들 똑똑한 두뇌들이 거쳐 가는 코스를 수십 년 거치고도 한국은 10배씩 매년 성장시킨 기업은 없었다. 기업도 위기가 닥치면 여론과 언론을 상대로 정확하고 솔직하게 대책을 제시하고 앞서 나간다면 누구도 공격 못할 것인데 지금까지 어떤 기업도 위기에서 당당하지 못했고 자유롭지 못했고 끌려 다녔다.

### ■ 고 정주영 회장님은

남다른 경영감각으로 그룹을 성장시키고 세수도 제일 많이 국가에 봉사했는데 매년 청문회장에 서는 게 괘씸하여 대권에 도전도 했다. 13대 총선에서 통일 민주당은 31석을 얻을 만큼 위력을 발휘했지만 조직의 열세와 집권당이나 제1야당이 되지 못하면 이길 수 없는 구조였지만 기업인인 도널드 트럼프 대통령처럼 기업가이면서 자신의 기업을 파산시키면서 영업력을 전 세계로 펼칠 정도로 무시할 수 없는 리더로 성장하여 미국 공화당 후보로 대통령에 당선되었다. 고 정주영 회장은 14대 대선에 출마했지만 388만 표를 얻는데 거치듯이 기업의 조직으로 대권에 지원받는 건 한계를 보였다. 시련을 당하면서 자금줄도 끊기면서 어려웠지만 채무가 적어 IMF 때 살아남았다고 했다. 조직도 해체되는 등 위기를 극복하려는데 트럼프와 같은 결단력도 필요하다. 발목을 잡아서 현대를 세계에 팔아 버리면 세수가 외국으로 간다고 말해볼 수도 있었다. 거북선 500원 1장 울산 백사장 사진 1장을 들고 유럽으로 조선소 지을 자금 얻으러 떠났던 그 정신으로 대한민국을 일으키겠다고 국민들에게 호소해볼 통큰 배짱을 보였다면 능력을 알아주고 국민들의 지지를 더 받았을 것이다.

### ■ 고 삼성그룹 이건희 회장님도

1995년 중국의 베이징에서 특파원들에게 기업규제와 허가 등을 겪으면서 한국의 기업은 2류, 정치는 4류라고 말할 수 있었기에 불이익을 감수하면서 작심하고 이야기할 수 있던 리더들이 있었기에 한국정치가 이만큼 성장할 수 있었을 것이고 12월 14일 정치가 나라를 구했다.

# 3. 참다운 주인상

　기업의 미래 주인이 된다는 각오라면 쉬운 일 재무, 기획, 관리 등 아무리 똑똑해도 애플, 구글, 엔비디아가 될 수 없다면 생색내는 일은 누구나 덤비게 두고 누구나 해 왔기에 다른 직원들이 하도록 두어야 한다. 험한 일, 남들이 꺼리는 일에 더 적극적으로 덤벼야 남들이 모르는 유익한 걸 새로운 걸 찾아 낼 것이다. 여론과 언론 앞에서 최대한 예의를 갖추고 유방처럼 항우가 버린 인재들을 받아 주고 백성을 위로하고 사마의처럼 목구멍으로 넘어오는 성질도 삼키면서 온화하고 헛말을 하지 않고 대선에서 진 쪽의 인재들을 가려서 활용해 보고 그들을 도와준다면 훗날 우군이 될 숨은 인재들은 있을 것이다. 대기발령을 당했고 금융 위기 때 실패의 고통을 만회하지 못하고 시련을 오랜 세월 견디면서 보험 부동산 경비들을 하면서 본 것은 권력으로 재력 옆에서 풍요롭게 살았던 사람들일수록 한때는 잘 살았기에 뒤로 숨는 가벼운 처세로 쉽게 자신의 감정을 잘 숨기고 헛말을 정답처럼 말해 줄 것이기에 정답처럼 들으면 망가질 수도 있기에 누구의 말도 다 믿지를 말자. 인간의 내면까지는 못 들어가도 참고 인내하고 벗어나려고 남들이 모르는 인간의 깊고 깊은 곳을 파보려고 인내했고 낚으려던 세월은 달랐다.

# 중대재해법과
# 사업주

ⓒ 김재준, 2025

초판 1쇄 발행 2025년 3월 27일

지은이      김재준
펴낸이      이기봉
편집        좋은땅 편집팀
펴낸곳      도서출판 좋은땅
주소        서울특별시 마포구 양화로12길 26 지월드빌딩 (서교동 395-7)
전화        02)374-8616~7
팩스        02)374-8614
이메일      gworldbook@naver.com
홈페이지    www.g-world.co.kr

ISBN    979-11-388-4110-8 (03360)